10 consejos básicos
para el hombre gay

10 consejos básicos para el hombre gay

Joe Kort

Traducción de Josep Escarré

Segunda edición: 2010

Título original: *10 smart things gay men can do to improve their lives*
Alyson Publications

© Joe Kort, 2003

© Editorial EGALES, S.L. 2005
Cervantes, 2. 08002 Barcelona. Tel.: 93 412 52 61
Hortaleza, 64. 28004 Madrid. Tel.: 91 522 55 99
www.editorialegales.com

ISBN: 84-95346-98-2
Depósito legal: M-40400-2005

© Traductor: Josep Escarré

© Fotografía de portada: Stockbyte. Quickimage.

Diseño gráfico y maquetación: Cristihan González

Diseño de cubierta: Nieves Guerra

Imprime: Lankopi. Ctra. Bilbao-Galdakao, 18. Edificio Arzubi. 48004 Bilbao

Índice

Introducción

¿Qué funciona? ¿Qué no funciona?

Alan, de 34 años de edad, trabajaba como asesor en una empresa automovilística de Detroit. Vino a verme tras sufrir una depresión provocada por su condición de gay y la relación que mantenía desde hacía cinco años con su pareja. Había acudido a un psicoterapeuta heterosexual, pero tenía la sensación de que eso no le llevaba a ningún sitio, tanto en la aceptación de su homosexualidad como en la resolución de sus problemas de pareja. Su psicoterapeuta le habló de mí y le comentó que yo también era gay.

Alan tenía un aspecto juvenil, era guapo, con el pelo rapado. Su cuerpo daba fe de que hacía deporte; solía jugar habitualmente al fútbol y al béisbol. En su primera sesión, se presentó vestido con el uniforme de trabajo: camisa blanca, corbata y zapatos de vestir.

«¡Míreme! —me dijo—. No parezco gay. Y usted tampoco. Tal vez estemos locos. ¡Esto es un error! No era así como imaginaba que sería mi vida. Yo quería ser hetero, tener mujer e hijos.»

Alan me contó su historia: seis años atrás había estado saliendo con una mujer y luego rompió con ella. Se había prometido a sí mismo que si esa relación no funcionaba, seguiría sus instintos gays y saldría del armario. No quería hacer sufrir a otra mujer por culpa de su incapacidad para comprometerse con ella; sabía que era incapaz de hacerlo porque era gay, y aunque podía tener relaciones sexuales con una mujer, las encontraba frustrantes.

Por otro lado, a Alan no le gustaba ser gay. Tenía la sensación de que seguía unos impulsos que supuestamente debía reprimir. Le horrorizaba la idea de salir del armario y que la gente, en especial su familia, supiera que era gay.

Alan había nacido en un pueblo de Michigan; su familia aún vivía en la casa donde se había criado, que nunca había sido pintada y seguía conservando los mismos muebles de siempre. Los electrodomésticos que tenían cuando era niño, además de otras cosas que también deberían haber tirado, seguían allí. Era como si el tiempo se hubiera detenido. Sus padres se habían quedado anclados en el pasado, persistiendo en sus empleos de toda la vida y tomando copas en el bar del pueblo, al que acudían todos los fines de semana. Alan recordó que en algunas —pocas— ocasiones, cuando era un niño, sus padres le llevaban con él y le dejaban con sus hermanos en el salón de juegos recreativos lleno de humo mientras ellos tomaban algo en el bar.

Alan no podía concebir la idea de admitir ante sus padres que era gay. «Eso no ocurrirá nunca ?me dijo?. ¡Se morirían! No puedo hacerles eso.»

Fue poco después de ir a un bar de ambiente cuando Alan conoció a su pareja, Matthew. Antes de eso, Alan apenas había salido con hombres. Al principio, estar con él le resultaba divertido y excitante, pero tras el segundo año de relación Alan se sentía desgraciado, porque ésta cayó en la rutina; deseaba mantener una relación más estrecha con Matthew, y que vivieran juntos. Al principio, Matthew estuvo de acuerdo, pero cada vez que se planteaba el tema de que uno se trasladara a casa del otro, o de vender ambas casas y comprar una nueva, Matthew encontraba algún motivo por el cual creía que eso no iba a funcionar. El tema siguió en el aire durante tres años.

Además, Alan estaba molesto con Matthew porque éste no quería que pasaran más tiempo juntos. Solían verse una vez entre semana y otra durante el fin de semana. Matthew decía que compartiendo la cama con Alan no podía dormir bien y luego no rendía en el trabajo. Cuando Matthew se negó a dar el paso y a cambiar su actitud, Alan arremetió contra él. Discutieron, Alan gritó, enfurecido, y se fue dando un portazo.

Alan reconoció que parte del problema era debido a su preocupación por lo que podría pensar la gente si sabía que era gay. Si salía a cenar con un compañero de trabajo no tenía la sensación de que se le quedaban mirando, pero creía que si lo hacía con

Matthew, todo el mundo se enteraría de que era gay y se sentiría muy avergonzado.

Aunque Alan se quejaba de las evasivas de Matthew, también insistía en un inútil modelo de conducta que arrastraba una gran carga de homofobia; echaba la culpa a los problemas de seguir dentro del armario y al hecho de que vivía en Michigan, y estaba resentido con Matthew porque no participaba de forma más activa en su relación.

En nuestras sesiones, traté de ayudar a Alan para que se concentrara en su infancia, porque parecía estar repitiendo lo que le había ocurrido entonces, cuando sus padres no se ocupaban de él. Ahora se encontraba con una pareja que, en su opinión, también le desatendía. La frustración que sentía con Matthew era comprensible, pero como reacción, su enfado resultaba excesivo; en realidad, éste tenía que ver con sus padres.

Alan me dijo que era lógico que yo intentara relacionarlo todo con su infancia, pero que él no estaba furioso con sus padres ni sentía que le hubieran hecho daño. «Actuaron lo mejor que pudieron, y me siento mal al pensar que hicieron algo negativo.»

A pesar de su esfuerzo, tanto en terapia individual como de grupo, Alan fue incapaz de reconocer sus verdaderos sentimientos con respecto a sus padres. Asistió a mis cursos de ayuda para que los gays superen y se libren del odio hacia sí mismos y de la homofobia, participó en algunos actos gays de la comunidad, y aun así seguía viviendo mal el hecho de ser gay. Su relación con Matthew seguía igual, a pesar de que Alan amenazó con acabarla en muchas ocasiones.

Sin embargo, al final fue Matthew quien lo dejó. Una noche, en su casa, Alan se puso tan furioso que arrojó un objeto y rompió el cristal de una ventana. Matthew le dijo que ya tenía bastante y cortó con él.

Alan se encontró en un callejón sin salida. Al ver que no hacía progreso alguno, abandonó el grupo de hombres gays el año pasado y no siguió ningún programa de apoyo. Los síntomas de su depresión empeoraron; no podía contarle a su familia lo que le ocurría y no podía hablar con nadie salvo conmigo.

Solo y aislado, volvió al mismo punto en el que se encontraba siendo un niño, pero seguía negando que su infancia tuviera alguna relación con su situación actual o que la reacción excesiva que había tenido con respecto a la relación que mantenía con Matthew fuera una repetición de lo que había vivido durante su niñez.

No creo que Alan pueda progresar mientras no decida vivir su vida de una forma más abierta, y así se lo hice saber. Yo estaba convencido de que, dentro del armario, descubriría muchos otros sentimientos y recuerdos sobre su infancia, pero que aún no estaba preparado para enfrentarse a ellos. Le di a entender que me preocupaba que continuara sintiéndose solo, aislado y abandonado, y que debía abordar el tema de la falta de atención de sus padres durante su infancia.

Muchos de nosotros nos encontramos en situaciones parecidas. Como psicoterapeuta, estoy especializado en Psicoterapia Afirmativa para Gays y Lesbianas y en Terapia de las Relaciones Imago, un programa especializado en ayudar a la gente en temas vinculados a las relaciones, la masculinidad, los abusos sexuales durante la infancia y la adicción/compulsión sexual. Durante los últimos dieciocho años he tratado a centenares de gays del área de Detroit, en terapias individuales, de grupo y en talleres para solteros y parejas.

Una y otra vez, veo pacientes que cometen los mismos errores y, de forma inevitable, les repito una y otra vez idénticos consejos.

Espero que leyendo este libro sepas identificar los escollos, tanto internos como externos, que te han impedido llevar una vida gay plena y satisfactoria. Cada uno de estos diez consejos es un antídoto para un problema concreto que los pacientes me han planteado repetidamente.

Gracias al trabajo llevado a cabo con mis pacientes durante estos años, he podido ver lo que funciona y lo que no. Y ahora me gustaría poner al alcance de todo gay, en forma de libro, estas «recetas».

Estos diez consejos reúnen una serie de respuestas a los desafíos a los que puede enfrentarse un gay en un momento u otro de su vida. En efecto, *todo* gay puede, si se lo propone, alcanzar la máxima puntuación. Sin embargo, ninguno de estos diez capítulos es una panacea ni una receta universal. A lo largo del libro propongo ejemplos de casos reales basados en el trabajo con mis pacientes que ponen en funcionamiento estos principios básicos, casi siempre con resultados satisfactorios y un considerable éxito.

Siempre conmino a mis pacientes (y a todo aquel que lea este libro) a admitir que son únicos como individuos, y que la salud y la felicidad son derechos que uno adquiere al nacer. Y, sí, en efecto, se da la casualidad de que son gays. Así pues, para vivir una vida gratificante como gay debes adaptar cualquier consejo, incluidos los míos, a tus circunstancias y objetivos personales, conservando en todo momento tus propios valores, estilo de vida y entereza.

En los capítulos que vienen a continuación te presentaré casos de gays que se han automutilado emocionalmente (y al mismo tiempo han saboteado también sus relaciones sentimentales) al no salir del armario salvo para sí mismos, sus parejas o unos pocos amigos íntimos. En la mayoría de los casos, su instinto de conservación sólo les sirve para aislarse del mundo. También encontrarás casos sobre hombres heterosexuales casados que a los 40 ó 50 años dejan de negarse a sí mismos y admiten que son gays; estos hombres experimentan un profundo sentimiento de liberación cuando se arman del valor necesario para salir del armario y se sinceran consigo mismos y con sus familias.

Comprobarás cómo saliendo del armario ante tu familia pueden volver a ponerse de manifiesto —o incluso empeorar— los problemas que han permanecido latentes mientras seguías metido en él. Pero también aprenderás cómo hombres de entre 15 y 60 años han establecido lazos más profundos y estrechos con sus padres, hermanos, ex familia política y, en algunos casos, con sus hijos.

Explicaré por qué los gays son tildados tan a menudo de «infantiles» o «inmaduros», y cómo evitar sucumbir a la excesiva importancia que la cultura gay otorga a la apariencia, la juventud y el *glamour*. Te propondré un montón de remedios, incluyendo el significado que puede tener participar activamente en tu comunidad gay ejerciendo como instructor y ofreciendo a otros gays (ya sean más jóvenes o mayores que tú) tu propia y ardua experiencia.

Investigaré contigo las formas en que la adicción al sexo se manifiesta en la comunidad gay masculina. La mayoría de casos de adicción al sexo tienen su origen en abusos sexuales durante la infancia y a menudo se tratan con una combinación de las terapias individual y de grupo. Descubrirás por qué las llamadas terapias reparativas —las terapias para «curar» la homosexualidad— no funcionan. Además, conocerás las «actividades terapéuticas» que sí están al alcance de todo gay y que pueden ayudarte. ¿Cuál es el psicoterapeuta más indicado para ti? ¿Un hombre? ¿Una mujer? ¿Un gay? ¿Un hetero? ¡Tenlo en cuenta!

Y tal vez lo más importante: te enseñaré cómo mantener viva y desarrollar una relación sentimental con otro hombre cuando ambos superéis las primeras fases del enamoramiento y paséis por la inevitable lucha de poder, hasta alcanzar un amor más profundo y duradero.

Me creas o no, tus más serias disputas y desavenencias son potencialmente sanas y pueden conducirte a un tremendo desarrollo personal, como pareja y como persona.

Aunque no consideres apropiada para ti una boda o una ceremonia de compromiso, puede que te apetezca leer sobre otras parejas gays que han dado ese valiente paso con todas las frustraciones, sorpresas y alegrías que conlleva.

No es necesario ser miembro de Mensa para seguir estos consejos y empezar a notar sus efectos. Centenares de pacientes ya han comprobado, para satisfacción mía (y, aun más importante, para la suya), que estos consejos *funcionan*.

Puede que la psicología nos parezca desalentadoramente compleja, y en ocasiones llegue incluso a darnos miedo. ¿Esconde tu subconsciente cosas de las que preferirías no oír hablar? No seas tímido. Yo te ayudaré a verlo todo de la forma más clara, accesible y práctica posible. Mis pacientes —desde los adolescentes a los que han pasado de los 70 años, de cualquier condición social— me ayudan a plantear los temas y los problemas a los que debe enfrentarse todo gay. Gracias a su experiencia, sinceridad y comprensión, podrás dar grandes pasos a la vez que disfrutas de las ventajas que la cultura gay te puede ofrecer.

No es necesario que estés de acuerdo con todo lo que digo. Sin embargo, leyendo sobre los casos de decenas de gays que acudieron a mí en busca de ayuda, descubrirás con toda seguridad muchos de los desafíos a los que debes hacer frente.

Introducción

Cada uno de estos diez consejos tienen un mismo objetivo: ayudarte a vivir *feliz, seguro de ti mismo* y *con éxito*, dentro y fuera de la comunidad gay.

Capítulo 1

Sé responsable de tu vida

ES DIFÍCIL QUERERTE A TI MISMO
MÁS DE LO QUE TE HAN QUERIDO.
—Charlotte Davis Kasl, doctora en filosofía,
autora de *Finding Joy: 101 Ways to Free Your Spirit*

Es cierto: es difícil quererte a ti mismo más de lo que te han querido. Pero, aunque sea difícil, ¡no es imposible! Vamos a ver cómo puedes quererte y fortalecerte a ti mismo como gay.

Muchos gays que acuden a mi consulta saben que soy especialista en adicción y compulsión sexual. Puede que parezcan una misma cosa, pero en realidad son bastante distintas. Patrick Carnes, que acuñó en 1983 el término *adicción al sexo*, considera el problema como una adicción, cuyo mejor tratamiento es el programa de los 12 pasos y una terapia conductista. Eli Coleman, un galardonado sexólogo y autor de numerosos libros y artículos sobre la compulsión sexual, opina que se trata de un comportamiento sexual compulsivo definido por mecanismos de reducción de la ansiedad más que de un deseo sexual. Dicho de otro modo: cree que las conductas sexuales son medios para reducir el nivel de ansiedad que sufre una persona y no una adicción al sexo o un alto deseo sexual. Y aún hay otros que opinan que la compulsión sexual es un desorden que puede tratarse mejor al comprender cualquier conflicto subyacente que llegue a exteriorizarse. (Para una información más completa, ver el capítulo 7.)

Nick y su pareja, Rolf, estaban juntos desde hacía cinco años y acababan de trasladarse desde California. Vinieron a verme porque un año atrás Nick había estado investigando en el ordenador que compartían y había encontrado e-mails de otros hombres, algunos de ellos con fotografías de desnudos. Al enfrentarse al tema, Rolf admitió que había tenido problemas para exteriorizar su sexualidad y confesó que hasta ese momento de su relación con Nick había mantenido relaciones sexuales con muchos otros hombres. Desde entonces, ambos han luchado para recuperar una relación más sana y basada en la confianza.

Rolf afirmó que desde que lo había confesado todo sólo había mantenido relaciones sexuales con Nick, y se mostró inflexible: «¡No he hecho nada!». Pero Nick aún desconfiaba y no le creía.

Durante los seis meses que acudieron a mi consulta, Nick afirmaba que la actitud de Rolf no hacía sino confirmar lo que siempre había opinado sobre la comunidad gay: ¡la monogamia es una falacia y un mito! Todos los gays son promiscuos y tienen unos ínfimos valores morales. Nick estaba furioso y decepcionado porque «la vida gay tenga que ser así». Siguió con Rolf sólo porque, como confesó, «no creo que haya alguien mejor ahí fuera, entre esos tipos que desfilan vestidos de mujer o de cuero y que dan mala fama a los gays».

Nick simplemente quería «reparar» a Rolf, y no estaba dispuesto a considerar el papel que jugaba él en el problema de su relación. Rolf empezó a asistir disciplinadamente a mi terapia de grupo sobre la adicción al sexo, así como a Obsesos Sexuales Anónimos, una variante de Adictos al Sexo Anónimos para gays. (Para más información acerca de grupos sobre los programas de los 12 pasos, ver el capítulo 5.)

En las sesiones, comenté que la adicción al sexo y la promiscuidad no son algo exclusivo de la comunidad gay masculina, sino que afectan a todos los hombres. Echemos un vistazo a los titulares de las revistas gratuitas que hay en las cajas de los supermercados y veremos que los engaños y la promiscuidad también se dan entre los heterosexuales. Nick se había tragado el tópico que predican muchos ignorantes: que los gays sólo piensan en el sexo. (El comportamiento que podríamos definir como promiscuidad es, en algunas ocasiones, el síntoma de una adolescencia pospuesta. Más información sobre este tema en el capítulo 4.)

Con mucha frecuencia, la adicción al sexo es el resultado de abusos sexuales durante la infancia. Existen soluciones para estos casos, y Rolf decidió solicitar ayuda. Sin embargo, Nick no estaba dispuesto a descubrir hasta qué punto su pasado había influido en su relación de pareja. Sus padres le habían abandonado, separándole de sus hermanos y dejándole al cuidado de unos tíos. A pesar de esta experiencia sin duda alguna dolorosa, Nick pensaba que lo único que había que tratar era el comportamiento de Rolf.

Aunque lo negaba, yo sospechaba que en realidad no era a Rolf sino a sus padres a quien Nick pretendía condenar por haber incumplido el compromiso de cuidar de él. En el capítulo 9 analizo las razones por las que elegimos parejas que nos recuerdan a personas que quisimos durante la infancia y lo que se deriva de esa elección. En este caso, Nick estaba proyectando y transfiriendo a Rolf sus ideas y sentimientos negativos con respecto a su familia y a la vida gay en general.

Al final, Rolf continuó trabajando su problema, pero Nick le dejó sin conseguir que se resolviera la situación entre ambos. Como era de esperar, Nick encontró otras parejas que le dieron la razón en su convencimiento de que los gays no podían ser monógamos y comprometerse con él. A causa de su incapacidad para analizarse a sí mismo y resolver sus propios conflictos, nunca consiguió ver el problema desde otra perspectiva.

Dice un antiguo proverbio chino que un largo trayecto se inicia dando un paso. La idea, por supuesto, es que la determinación es la clave de cualquier esfuerzo. Sin esta resolución personal para *provocar* acontecimientos (y no *esperar sentado* a que éstos se produzcan), cualquier intento por lograr una vida satisfactoria —sea gay o no— está condenado al fracaso desde el principio.

Con mucha frecuencia, mis pacientes empiezan hablando sobre cómo la sociedad margina a los gays y los obliga a convertirse en adictos al sexo. Se quejan de que no pueden hacer nada al respecto porque la cultura gay apoya la adicción al sexo. Yo les recuerdo que son los heterosexuales recalcitrantes y los homofóbicos quienes nos marginan. Y sí, de acuerdo, nuestra comunidad hace mucho hincapié en el sexo, pero eso no significa que tengamos que comulgar con ello. (En el capítulo 5 explicaré cómo prevenir la adicción al sexo.)

Los gays que acuden a mi consulta también saben que soy especialista en Terapia de las Relaciones Imago. A menudo, como en el caso de Nick, quieren que les ayude a descubrir qué es lo que falla en sus parejas y quién debe cambiar. En lugar de eso, sin embargo, hablamos de lo que sus parejas podrían decir de *ellos* y de los problemas que éstas puedan tener con *ellos*. Sólo cuando cada parte asume su propia responsabilidad y promete no señalar con el dedo al otro podemos empezar a estudiar qué contribuye a causar problemas en una relación.

Tratar de que sea la otra persona la que cambie conduce a un callejón sin salida. Lo más importante —y, con mucho, lo más eficaz— es hacer un esfuerzo para solucionar nuestros propios problemas. Una vez que los pacientes se ven capaces de hacerlo, pueden analizar de forma realista si podrán seguir adelante con sus respectivas relaciones. Afortunadamente, como podrás comprobar en el capítulo 9, a menudo lo consiguen.

La oración de la serenidad del programa de los 12 pasos dice: «Concédeme la serenidad para aceptar las cosas que no puedo cambiar, el valor para cambiar las que puedo y la sabiduría para reconocer la diferencia». Con el paso del tiempo, hay gente que la ha modificado así: «Concédeme la serenidad para aceptar a la gente que no puedo cambiar, el valor para cambiar a la única persona que puedo cambiar y la sabiduría para reconocer que esa persona... ¡soy yo!».

En el ejercicio de mi profesión veo que muchos gays no son capaces de hacer esto. Hasta que no logran entender quién es esa persona, el cambio está fuera de su alcance.

Otros pacientes se quejan de que la comunidad gay (en especial la de Detroit) es «superficial», «cerrada», «melindrosa» o «crítica». Después de haber hablado largo y tendido, es evidente que están verbalizando la homofobia que llevan dentro. En el próximo capítulo podrás leer algo acerca de uno de estos pacientes, Carl. Una vez que Carl fue consciente de que observaba el mundo desde una perspectiva negativa, sus opiniones sobre la comunidad gay cambiaron considerablemente. Al sentirse mejor como gay, empezó a dejar de lado los juicios que emitía sobre otros gays y se dio cuenta de que no hacían sino reflejar cómo se sentía o, para ser más precisos, cómo le habían enseñado que debía sentirse con respecto a los gays.

En efecto: algunos de los juicios de hombres como Carl están basados en la realidad, pero el auténtico desafío consiste en aprender a crear nuestra propia realidad.

Otros hombres hablan sobre por qué no salieron antes del armario. Le echan la culpa a la sociedad: «Estábamos en los años cincuenta [o en los sesenta], y en esa época no había modo de hacerlo». Pero eso no explica por qué tantos otros gays se sintieron lo bastante seguros de sí mismos como para salir del armario en aquellos tiempos. No hay una explicación en términos absolutos. Como veremos en el capítulo siguiente, un hombre puede tener muchas razones para no salir del armario y éstas pueden ser tan importantes, si no más, que el miedo a ser estigmatizado por la sociedad.

A menudo, un hombre puede pensar, a veces inconscientemente, que al salir del armario tendrá que enfrentarse a «partículas de polvo» psicológicas que había barrido debajo de la alfombra, a temas como su verdadera personalidad y al hecho de tener que hacer frente a los traumas y problemas familiares.

Hay pacientes que, como Nick, critican a la comunidad gay y en ocasiones incluso hacen comentarios homofóbicos sobre los actos del Día del Orgullo Gay. «¿Por qué *debemos* organizar un desfile? Los heterosexuales no organizan desfiles.» Y yo les contesto: «¿Piensas lo mismo del desfile del día de San Patricio, del desfile judío por Israel o de los diversos festivales étnicos que se celebran aquí, en Detroit?».

Normalmente suelen decir que no, y añaden: «Pero eso es distinto. Esos festivales no tratan sobre la sexualidad». Ni tampoco son fiestas del Orgullo Gay. Es cierto, algunos hombres desfilan vestidos de mujer o de cuero, pero, ¿acaso los que participan en los desfiles irlandeses y en los festivales étnicos no visten también con sus trajes típicos «de mujer»?

Se trata tan sólo de un filtro negativo que nos marca como gays desde nuestra infancia. Tenemos toda una cultura que celebrar, honrar y de la que dar testimonio, tal y como lo hacen todos esos otros actos y festejos.

La homofobia interiorizada es algo muy frecuente. Una vez más, se trata de un proceso inconsciente, sin razón aparente. Desde la infancia, recibimos mensajes que nos dicen que ser gay es «un error» y algo «malo». Muchos gays (y también muchas lesbianas) creen en los mitos y las mentiras perpetuados por los heterosexuales... ¡y también por los gays y las lesbianas!

Entonces, un buen día, por lo general al principio de la adolescencia, descubrimos que nuestra verdadera y auténtica naturaleza es lo que nos han enseñado a odiar. Echamos mano de la homofobia que nos han inculcado y nos la aplicamos a nosotros mismos. En mi consulta veo sin cesar lo dañino y destructivo que resulta el hecho de que los gays sean incapaces de aceptar lo que son y, lo que es incluso peor, que se juzguen a sí mismos y a los demás según los parámetros heterosexuales. A menudo, esta homofobia interiorizada obliga a los gays a comportarse de forma cruel consigo mismos y con los demás.

En primer curso de psicología se enseñan los conceptos de proyección y transferencia. La *proyección* consiste en aplicar las características de uno a otras personas, y pueden ser tanto positivas como negativas. Constantemente nos inventamos historias —a menudo fantasías totales— sobre las ideas, motivaciones e intenciones de otras personas; sólo en raras ocasiones las verificamos o les damos a los demás la oportunidad de que nos digan quiénes son en realidad. Pensamos que conocemos a alguien, y ya está. El problema es que nuestra historia suele tratar más sobre nosotros mismos que sobre los demás. Hace un tiempo, impartiendo un curso sobre relaciones Imago para psicoterapeutas, me quedé desconcertado al oír que una mujer, después de treinta años de matrimonio, ¡estaba empezando a saber quién era su marido! Hasta entonces había estado inventando historias sobre su esposo, ¡y muy pocas eran ciertas! Ella daba por sentado que sus opiniones secretas y sus juicios se correspondían con lo que él había sentido y vivido.

En realidad, las historias de aquella mujer acerca de su marido se referían a ella misma. Siempre que se sentía abatida, se convencía de que él era incapaz de respetar sus «estados de ánimo» y que no soportaba sus depresiones. ¡Ni mucho menos! Él sólo trataba de animarla y ayudarla a sentirse bien, siempre con la mejor intención. Las proyecciones de la mujer surgían de la creencia de que si él la quería realmente, debía comportarse de determinada manera con ella. Esto se denomina «pensamiento mágico», y consiste en creer que los demás deben saber lo que queremos sin necesidad de decírselo. Era responsabilidad de la mujer decirle a su marido que sentía la necesidad de enfrentarse por sí sola a sus depresiones.

Hemos nacido en una cultura que, en general, estimula las proyecciones negativas hacia los gays. Diles a unos cuantos heterosexuales que eres gay y automáticamente te imaginarán en la cama con otro hombre y te acusarán de echarles en cara tu sexualidad. Pero eso es la proyección: te culpan de que les hagas pensar en tu comportamiento sexual.

En una ocasión, el director de una escuela me invitó a dar una conferencia sobre la homosexualidad a un grupo de profesores. Sabían que iba a ir y sabían qué tema abordaría. Poco después me enteré de que algunos profesores se habían sentido tan incómodos que habían dejado de escuchar —algunos incluso se habían ido— sólo porque cité a mi pareja. Encontraron «poco apropiado» que hablara sobre mi vida «privada» y les pareció «demasiado didáctico» que me refiriera a mi pareja y a mi «condición de gay» en su presencia. Todo lo que hice fue hablar sobre Mike, de forma honesta y natural, como una parte importante de mi vida como gay. Si un hombre heterosexual se hubiera referido a su mujer o a su novia, ¡la gente no se habría levantado para abandonar la sala! Nunca habrían acusado al conferenciante de echarles en cara su vida sexual.

Los juicios son algo inevitable en la vida cotidiana. Pero, para los gays, los juicios a menudo suponen un peligro, desde el momento en que somos considerados indignos en cuanto decimos lo que somos. El efecto acumulativo de estos juicios negativos supone pagar un peaje en nuestras vidas, aunque, al mismo tiempo, pueden contener elementos de gran valor que no deberíamos pasar por alto.

Me mostré de acuerdo con un paciente que me dijo: «Nuestro creador nos dio dos orejas y una boca, ¡por lo que podemos escuchar dos veces más de lo que hablamos!». Esta idea es fácil de verbalizar pero difícil de llevar a la práctica. Nos exige que dejemos de señalar con el dedo a los demás y nos plantea qué dicen nuestras reacciones —en especial cuando son desproporcionadas con respecto a una situación— acerca de nosotros.

Si reaccionamos de forma contundente con la gente que se comporta de determinada manera o dice determinadas cosas, nuestra reacción dice más de nosotros que sobre aquellos que provocan nuestra reacción. En realidad, un 90% de las reacciones desproporcionadas lo son con respecto a nosotros mismos.

Las reacciones excesivas resultan adecuadas para fenómenos como las agresiones a los gays, el holocausto, el abuso de menores o los asesinos en serie. Sin embargo, si alguien nos corta el paso mientras conducimos y le hacemos un gesto ofensivo con el dedo, nuestra reacción resulta desproporcionada con respecto a la situación. Tal vez el otro conductor no nos vio o en realidad no quería cortarnos el paso. Lo adecuado sería irritarse, pero enfurecerse o alimentar ansias de venganza sería algo excesivo como reacción.

La *transferencia* consiste en tomar los aspectos positivos o negativos de gente significativa e influyente que nos rodee y, de forma inconsciente, transferirlos a otra persona, como por ejemplo nuestra pareja, un amigo, un compañero de trabajo o un psicoterapeuta. En general, se trata de gente a la que nos sentimos próximos. Nosotros, como profesionales, deseamos que eso ocurra; queremos que nuestros pacientes nos transfieran sus sentimientos a fin de poder ayudarles a plantearse los temas que tienen pendientes con otras personas, resolverlos y seguir adelante con sus vidas.

Los psicoterapeutas especializados en las relaciones Imago entendemos que este fenómeno es algo normal en las relaciones. Tratamos de ayudar a las parejas a que haya una transferencia mutua entre sus miembros, ya que eso es una señal positiva de que una pareja mantiene una relación sana.

Nadie está libre de la proyección, la transferencia o los juicios; el punto fundamental consiste en aprender a enfrentarse a ellos. Los juicios no son «malos» por definición. Podemos utilizarlos de forma muy eficaz una vez aceptamos que nuestras reacciones son nuestras y que nos dicen muchas más cosas acerca de nosotros mismos que de la gente que estamos juzgando.

La cultura gay y lesbiana es víctima de constantes agresiones. Prácticamente todos los días hay algún artículo en un periódico o un programa de televisión que no está de acuerdo con la gente que se muestra abiertamente como gay. Los Boy Scouts no nos quieren en sus filas, el Pentágono no nos admite en el ejército o la marina, y las iglesias no quieren vernos en el púlpito.

¿Cuál es la mejor manera de enfrentarse a la intolerancia? Todo gay que lea este libro debería dejar de sentirse una víctima y convertirse en un adulto lleno de fortaleza. De acuerdo, los problemas sociales existen. Todos debemos combatir los insultos, las ofensas y los dramas, pero, en primer lugar, debemos ocuparnos de nosotros como personas. Sólo después de que determinemos los efectos psicológicos del abuso cultural podremos olvidarnos de todo eso y seguir adelante con nuestras vidas.

Sólo entonces podremos ser unos activistas eficaces y trabajar en nombre de la comunidad gay.

El psicólogo Carl G. Jung acuñó el término «sombra» para referirse a las partes de la personalidad que uno reprime, deja de desarrollar o niega. Pensaba que si estamos a la sombra, proyectamos en los demás algunos aspectos de nuestra personalidad que estamos negando. Las dinámicas internas «a la sombra» son aquellas de las que no somos conscientes, aunque sin embargo funcionan a gran velocidad.

Contrariamente a la creencia popular, la sombra puede ser tanto positiva como negativa. Es cierto que, si se reprime, puede causar mucho daño. Pero, en cuanto la reconocemos y la aceptamos, puede proporcionarnos una tremenda salud psicológica.

Robert Bly, un poeta muy respetado, es más popular por un libro básico sobre la condición masculina, el *best-seller Iron John*. En su última obra, *A Little Book on the Human Shadow*, comenta que las proyecciones absorben nuestra energía personal[1]. Dicho de otro modo: cuando atribuimos las mejores cualidades y aspectos de nuestra personalidad a otra persona, estamos negándolos y mer-

---

1. Bly, Robert. *A Little Book on Human Shadow*. HarperCollins*Publishers*. Nueva York, 1988.

mándolos en nosotros mismos. ¡No podría estar más de acuerdo! Las cosas que realmente detestamos —o que nos gustan, tanto da— de los demás (incluida la sociedad heterosexual) suelen reflejar habitualmente temas personales que están pendientes de resolución.

Por ejemplo: si idealizamos a una persona y, en consecuencia, reaccionamos de forma desproporcionada ante ella, podríamos pasar por alto aspectos positivos de esa persona que se reflejan en nosotros. De forma parecida, si nos concentramos en detestar el comportamiento o la personalidad de otros, no tendremos la capacidad para enfrentarnos a esos mismos defectos en nosotros.

Al estar a la sombra, nos infravaloramos a nosotros mismos. Siempre que un paciente reacciona de forma desproporcionada ante alguna situación ajena a su propia vida, lo interpreto como una señal de que en realidad está refiriéndose de forma indirecta a sí mismo.

Dispongo de una extensa lista de direcciones de centenares de personas, tanto gays como heterosexuales. Cuando elaboré mi primera lista para hacer publicidad de mi terapia de grupo para gays y mis talleres de fin de semana, tuve que echar mano de las guías telefónicas, directorios gay y empresas *gay-friendly*, y conseguí elaborar una lista con unas quinientas direcciones.

Hice imprimir unos folletos, los doblé en forma de tríptico y les pegué una etiqueta adhesiva para asegurarme de que quedaban bien sujetos. Les puse un sello, escribí el remitente, una solicitud para ser reenviada y los eché en el buzón. Imaginé que si a los destinatarios no les interesaba el folleto, simplemente lo tirarían o se lo pasarían a algún amigo.

En aquella época, hacía doce años que me había declarado públicamente gay. Había crecido bastante alejado de la homofobia a la que tendría que enfrentarme. Después del envío, recibí algunas alentadoras llamadas telefónicas de hombres del área de Detroit ansiosos por inscribirse en el grupo gay. Pero hubo otros que llamaron ofendidos, diciendo: «¿Cómo se atreve a enviarme propaganda sobre un grupo gay sin sobre?». Es posible que, si estaban dentro del armario, tuvieran miedo de que sus hijos, su marido o su esposa vieran mi folleto y ataran cabos. Otros simplemente se habían enfado porque había supuesto que eran gays. ¿Se hubieran ofendido igualmente si hubiera supuesto que eran heterosexuales?

Todos los días recibo decenas de cartas de Apoyo a Afectados por el Déficit de Atención a la menopausia, la diabetes y la violación. Nunca me preocupó por qué decidieron enviarme esa información ni me lo tomé como una ofensa, pero hay un montón de gente que sí se siente ofendida... si recibe correspondencia sobre temas relacionados con gays y lesbianas.

La mayoría de la gente que reacciona de forma desproporcionada vive a la sombra de sí misma. Lo único que hacen mis envíos es activar sus conflictos internos. Recuerdo muy bien lo que tuve que aguantar en mi adolescencia y mi juventud con los psicoterapeutas que eran cualquier cosa menos pro-gays. Habría salido mucho antes del armario si no hubiera sido por esos bienintencionados profesionales que querían «convertirme» en heterosexual. Decidí no permitir que las reacciones homofóbicas me impidieran aprender —y promocionar— eficaces terapias de apoyo para la comunidad gay.

Espero que leyendo este libro identifiques tus propias proyecciones, transferencias, sombras y juicios. Reclama para ti el bien que has dejado pasar por alto o que has traicionado. Aumentar la consciencia de ti mismo y ser responsable de tu vida son las únicas —y sin duda las más rápidas— vías para obtener la libertad personal como gay. La responsabilidad y la integridad implican ser consciente de lo que dices y lo que haces. Seguir concentrándote en lo que dicen y hacen —o no dicen ni hacen— los demás significa hacerles responsables de tu felicidad. Dejando tu bienestar en sus manos sólo conseguirás sentir rabia y vacío, y serás prisionero de lo que los demás quieren o esperan que seas.

Capítulo 2

Sé tú mismo y sal del armario

Es mejor ser odiado por lo que eres
que amado por lo que no eres.
André Gide

El primer paso que hay que dar para vivir una vida plena —salir del armario— no es tarea fácil. La sociedad acepta que dos mujeres sean muy buenas amigas, que tengan una relación profunda y llena de complicidad y que expresen el cariño que se tienen en lenguaje amoroso. Oprah Winfrey suele hablar a menudo sobre su mejor amiga, Gail, y nunca se ha dicho de ellas que sean amantes. Pero cuando Ben Affleck y Matt Damon comentan que son grandes amigos y asisten juntos a algún acto público, la gente sospecha que están enamorados y que se acuestan juntos.

Cuando ve que sus profesores, sus padres y otras figuras dotadas de autoridad practican la homofobia y el heterosexismo, el joven gay aprende a ocultarse. En realidad, puede que ocultarse sea una reacción inteligente por su parte, porque salir del armario —en un lugar inoportuno y en una época inadecuada— puede traer consigo el ostracismo, el insulto e incluso el maltrato físico y psicológico. A menudo, los gays adolescentes deben fingir ser algo que no son. Tienen que tomar muchas decisiones, consciente o inconscientemente, sobre cómo enfrentarse a su homosexualidad.

Durante mi trayectoria como psicoterapeuta he conocido a muchos hombres gays que se sentían avergonzados por haberse escondido, casado e incluso por haber criado hijos. Algunos reconocen sinceramente que no sabían que eran gays. Siempre dicen que sus intenciones eran buenas y que creían que sus inclinaciones homosexuales, de alguna manera, «desaparecerían».

Resulta irónico que cuando estos hombres no pueden seguir viviendo sus vidas ocultándose, la gente de mentalidad conservadora les *culpa* por salir del armario y les pregunta: «Si sabías que eras gay, ¿por qué decidiste casarte? ¿Cómo pudiste hacerle eso a tu mujer y a tus hijos?».

Cuando se inicia el proceso para salir del armario se desencadenan muchos y diferentes acontecimientos. En general, si una mujer mantiene relaciones sexuales con otras mujeres, empieza a plantearse la posibilidad de que sea lesbiana. La sociedad acepta que una mujer demuestre abierta y cariñosamente en público que quiere a otra mujer, pero considera un tabú que mantenga relaciones sexuales con otra mujer, a menos que lo haga para excitar a un hombre heterosexual.

Por el contrario, a menudo hay hombres que mantienen relaciones sexuales con otros hombres sin etiquetar de homosexuales dichas relaciones. Es más: pueden mantenerlas en secreto y negarlas. Puede que acudan a un parque público, que alquilen los servicios de un acompañante o que tengan relaciones con un gay que haya salido del armario... y luego olviden todo eso a fin de no tener que enfrentarse a sus encontrados sentimientos. No será hasta que se enamoren de otro hombre cuando empiecen a plantearse que tal vez sean gays. Una emoción tan poderosa como el amor resulta muy difícil de negar.

Victor, un vendedor de coches de 25 años de gran éxito en su trabajo, casado y padre de gemelos en edad preescolar, empezó una terapia porque había descubierto que era gay. Hasta ese momento, nunca había pensado que pudiera serlo. Entre sus amigos íntimos se contaban hombres, y nunca se cuestionó lo que sentía por ellos. Nunca había tenido encuentros sexuales con personas de su mismo sexo, aunque sí había tenido algunas fantasías sexuales con hombres. Pero pensó simplemente que todo el mundo debía tenerlas, y decidió no concederles demasiada importancia. Estaba felizmente casado y se sentía bien como marido y padre... hasta que se fue de viaje de negocios a otro estado.

En el avión, el hombre que se sentaba a su lado entabló conversación con él. Confuso al principio por lo que estaba ocurriendo, Vic se sintió sexualmente atraído por aquel hombre y sintió que la atracción era mutua. Cuando aterrizaron, Andy le dio su tarjeta a Vic y le dijo en qué hotel iba a estar alojado. Después de haber recogido el equipaje, Vic no podía dejar de pensar en él. Tras cumplir con sus obligaciones profesionales, por la noche sintió la necesidad de llamarle. Durante la cena, Andy le dijo a Vic que era gay y que quería acostarse con él. Vic no daba crédito a lo que oía. Por primera vez en toda su vida empezó a preguntarse si no sería gay. Sentía una gran atracción hacia Andy... y no sólo sexualmente, sino en muchos otros aspectos.

Esa noche, Vic aceptó la propuesta de Andy. ¡Nunca había disfrutado de un sexo tan fantástico, entregado y excitante! Después del viaje regresó a casa, corroído por la culpa. El engaño no formaba parte de su escala de valores, y sintió una llamada que venía de lo más hondo de sí mismo: tenía que separarse de su mujer. Vic y Andy siguieron en contacto por teléfono y descubrieron que tenían mucho en común. Vic se estaba enamorando de Andy. Volvieron a verse en los siguientes viajes de negocios, y, tras pasar una semana juntos, Vic se convenció de que estaba enamorado... y de que era gay.

La tensión, la culpa y la desesperación emocional que sentía Vic eran abrumadoras. ¿Qué debía hacer? Los gemelos tenían tres años recién cumplidos. ¿Qué pasaría con su matrimonio? Aunque el divorcio no encajaba con su forma de pensar, el engaño le torturaba. Vic decidió salir del armario. Eso, tal y como le previno su abogado, sólo jugaría en contra de su régimen de visitas.

Su mujer, sus padres y su familia política se pusieron furiosos. Todos le hacían la misma pregunta: ¿cómo podía haberse casado, sabiendo que era gay? Nadie le creyó cuando dijo que no lo sabía. En cuanto Andy apareció en su vida, confesó, se abrieron las compuertas que confirmaron su verdadera identidad.

La mujer de Vic trató de utilizar la homosexualidad de su marido para impedirle que viera a sus hijos. El juez desestimó la moción. No todos los gays tienen esa suerte.

Vic y otros hombres que he tratado no son, en realidad, bisexuales. Cuando les pregunto, me dicen que las mujeres no les excitan sexualmente. Pueden mantener relaciones sexuales con sus esposas porque las aman, pero no se sienten atraídos por otras mujeres. En el conocido síndrome de la cárcel, los reclusos mantienen relaciones sexuales con otros hombres —a veces incluso se enamoran—, pero no son bisexuales. Cuando salen de prisión, vuelven a una conducta estrictamente heterosexual, porque ésa es su orientación.

A los gays les lleva un cierto tiempo conocerse a sí mismos. Aun así, los chicos suelen descubrir antes que las chicas que son homosexuales. Algunos de mis pacientes afirman que se enteraron de que tenían inclinaciones homosexuales a la temprana edad de tres años, aunque no sabían cómo definirlas. En general, los gays toman conciencia de su orientación sexual en torno a los catorce años, mientras que las mujeres suelen hacerlo cuando tienen dieciocho o más[2].

Un muchacho ve en seguida lo que es admisible y lo que no. Si se disfraza de Barbie, toca a otro chico o juega a las cocinitas, se da cuenta rápidamente de que sus impulsos y sus deseos son inaceptables. Le avergüenza comportarse así. En cambio, las chicas gozan de cierta libertad para divertirse con juegos de chicos o practicar los deportes que ellos practican; pueden pasar una noche con otra chica y peinarse mutuamente el cabello.

El hecho de jugar a cosas de chicas no es exclusivo de los gays adolescentes. ¡Hay heterosexuales que también lo hacen! Pero el chico que se comporta como un «mariquita» aprende que en él hay algo «que es diferente y que está mal». Durante este período de introspección, descubre su condición de gay antes que una lesbiana.

A mi hermana, que es heterosexual, no le gustaba llevar vestidos y se sentía identificada con los chicos. Hay una fotografía suya en la que está jugando a baloncesto, otra con un bate de béisbol y otra vestida de uniforme. Al verlas, nos reímos y comentamos lo «mona» que estaba en su época de marimacho. Para ella, es una etapa superada.

---

2. Hanley-Hackenbruck, Peg, doctora en medicina. «Psychotherapy and the 'Coming Out' Process», en *Journal of Gay and Lesbian Psychotherapy*, Vol. 1 (1), 1989.

En el ensayo *Sissies and Tomboys: Gender Nonconformity and Homosexual Childhood*, Diane Elise afirma: «La de marimacho es una fase efímera y poco importante de nuestra existencia que ignoramos o nos tomamos con sentido del humor, como un mero lapso en el curso de nuestro desarrollo femenino»[3]. Entonces, ¿por qué damos tanta importancia a los mariquitas?

Cuando era un adolescente, me puse las mallas negras de mi hermana en la cabeza y uno de los vestidos de mi madre para disfrazarme de Cher y hacer el *play-back* de sus canciones. Os aseguro que no hay ninguna fotografía de la época mariquita de Joey. Para mí también fue una fase.

No hay un período de tiempo aceptado para que un muchacho explore su lado femenino, porque dicha exploración daría a entender que tal vez fuera diferente. Los chicos no pueden tocarse entre ellos a menos que se trate de un contacto suscitado por la práctica de un deporte, por lo que el *deseo* de tocar a otro chico es una señal de alarma. La tendencia a romper tabúes culturales no indica necesariamente la orientación sexual de un joven, aunque sí le invita a ser introspectivo —y a darse cuenta de que es diferente— a una edad temprana.

Muchos pacientes me cuentan «historias de mariquitas» muy parecidas a la mía. La disconformidad con lo que se espera de un género no crea una orientación homosexual, pero es una señal significativa para la posterior evolución de un joven gay. De modo parecido, la asfixiante combinación de madre/padre ausente no *convierte* a un joven en gay, pero es una *reacción* habitual de los padres de un hijo gay.

Son experiencias de este tipo las que obligan a los jóvenes a permanecer dentro del armario, y eso supone abandonar una parte esencial de sí mismos para cumplir con las convenciones sociales. Reprimimos (de forma inconsciente) y suprimimos (conscientemente) impulsos y fantasías sexuales, y, cuando maduramos, evitamos a otros hombres que podrían ser gays.

---

3. Elise, Diane. «Tomboys and Cowgirls», en *Sissies and Tomboys: Gender Nonconformity and Homosexual Childhood*, editado por Matthew Rottnek. New York University Press, 1999.

Carl, de 31 años de edad, vino a verme porque tenía problemas para iniciar una relación. Hacía diez años que había salido del armario ante sus amigos y su familia, pero era incapaz de encontrar pareja. Él lo atribuía a su baja autoestima, y estaba convencido de que no resultaba lo suficientemente atractivo a la comunidad gay.

Al repasar su historial personal, pude comprobar que todos los amigos que sabían que había salido del armario eran heterosexuales. ¡No tenía ningún amigo íntimo que fuera gay! Carl sólo se sentía atraído por chicos más jóvenes que él, de alrededor de 20 años, y sus lances siempre acababan en desengaño: los jóvenes de esa edad son emocional y mentalmente distintos de alguien de 31 años.

A Carl no le gustaba que le tacharan de homofóbico. En su segunda visita me confesó que estaba enfadado y que estuvo a punto de no volver. Durante la terapia, se dio cuenta de que algunos de sus actos y de sus ideas eran, en realidad, homofobia interiorizada. Desde que había salido del armario no se había enfrentado a ella.

Empezó a asistir a mis talleres para gays, en los que examinamos el impacto de la homofobia interiorizada. Carl fue sintiéndose más cómodo con su condición de gay y, mientras se doctoraba en filosofía, salió del armario ante sus compañeros y profesores, algo que nunca había hecho hasta ese momento. Se sintió mucho mejor siendo abiertamente gay y empezó a plantearse la posibilidad de dejar la terapia. Sin embargo, aún había algunas cosas que le preocupaban.

Comprendió muy pronto por qué le gustaban los chicos de 20 años: él tenía esa edad cuando dejó la universidad para evitar llevar una vida abiertamente gay. Había estado sufriendo durante once años, y, cuando salió del armario, emocionalmente seguía siendo un joven de 20.

Pero ésa era sólo una parte de la historia. Durante nuestras primeras sesiones, le pregunté a Carl si había sufrido abusos en el pasado, y él me dijo que no. Como era de esperar, sólo lo estaba negando: un tío suyo había abusado sexualmente de él durante su infancia. En cualquier caso, Carl no hubiera podido enfrentarse a eso hasta aceptar que había salido del armario y que padecía homofobia interiorizada.

Los abusos sexuales hacen que quien los sufre no se sienta querido y se considere desgraciado e indigno. Carl había guardado esa experiencia en el armario, y relacionaba el hecho de no sentirse querido con el hecho de ser gay, el origen de su homofobia interiorizada. Tuvo que plantearse los abusos sufridos durante la infancia, y eso implicaba evocar recuerdos que había negado y afirmar que lo que le había ocurrido no estaba bien.

Cuando a los gays les enseñan a desplegar en público un falso yo y a esconder sus verdaderos sentimientos, inician un proceso de socialización por el que pasan todos los niños. En el seno de una familia donde los padres le dicen a su hijo: «No te enfades», el niño aprende a disimular su enfado o encuentra otras formas de manifestarlo. Si un estudiante aprende lo que debe hacer para conseguir el reconocimiento social, se ajusta a ello. Es lo que llamamos la presión del entorno, y sólo los «cretinos» y los «idiotas» que están «fuera de» la sociedad son inmunes a ella. Pero los gays y lesbianas tienen una tarea adicional: mostrarse públicamente como heterosexuales. El núcleo de su identidad sexual y sentimental queda enterrado, junto con otros rasgos que deben ser necesariamente ocultados para moverse en sociedad.

En *Keeping the Love You Find: A Guide for Singles*, Harville Hendrix se refiere a la trayectoria que debemos recorrer en sociedad para desarrollar nuestro sentido del yo[4]. Nacemos con la mayor parte de nuestras ideas, sentimientos y sentidos intactos. En una familia sana, los padres les dicen a sus hijos que es bueno que sean ellos mismos, que experimenten todos sus sentidos, que tengan sentimientos y los expresen, que solucionen sus problemas, que sean resueltos. Pero eso no es siempre así, y a menudo recibimos mensajes conflictivos.

Los mensajes que aceptamos —o que decidimos obedecer— nos ayudan a decidir qué lugar ocupamos en la familia en cuyo seno estamos creciendo, incluso en la sociedad que nos ha tocado vivir. Hendrix afirma que el individuo desarrolla un «yo fugitivo» que se

---

4. Hendrix, Harville, doctor en filosofía. *Keeping the Love You Find: A Guide for Singles*. Owl Books, Nueva York, 2001.

esconde debajo de la superficie y que en algunas ocasiones incluso los heterosexuales deben ocultar. A fin de que nuestros padres y seres queridos nos devuelvan el amor que sentimos por ellos, decidimos —con nuestra infantil brillantez— renunciar a estos aspectos potencialmente problemáticos de nosotros mismos y fingir que no existen. Por supuesto, no han desaparecido para siempre, y no pueden ser sometidos a un examen consciente. Yo empleo las ideas de Hendrix en mis talleres para poner énfasis en cómo el corazón de la identidad sexual de los gays se entierra junto con otros rasgos «inaceptables» y «poco recomendables».

Al igual que Carl, todos nosotros desarrollamos una pérdida o una negación del yo. Básicamente, el individuo oculta su verdadera personalidad y ofrece al mundo un falso yo. Al final, puede que él mismo acabe creyéndose su propia mentira.

Existe un trastorno de salud, afortunadamente no muy habitual, en el cual el «enfermo» no siente ningún dolor físico en sus extremidades. Se supone que las terminaciones nerviosas mandan mensajes de dolor para que el cerebro deje de funcionar adecuadamente. ¿No sería estupendo librarse para siempre del dolor? ¡No! Se ha dado el caso de padres que descubrieron con horror a sus hijos pintando con los dedos empapados en su propia sangre, o el de un hombre que se clavó un clavo en el pie y que no se dio cuenta de ello hasta que se le infectó la herida y tuvieron que amputárselo. Necesitamos *sentir* el dolor para darnos cuenta de que nos hace falta atención médica.

El paralelismo está claro: un yo perdido o negado no puede «captar» aquello que lo amenaza —y por extensión, que amenaza al individuo en su conjunto— hasta que ya es demasiado tarde. En primera instancia, suprimimos conscientemente esas partes de nosotros mismos que consideramos extrañas; luego, *in*conscientemente, las reprimimos, de modo que acaban «desapareciendo» literalmente.

Del mismo modo, un chico a quien le dicen que no debe sentarse, moverse o caminar de determinada manera, pierde contacto con su propio cuerpo y se convierte en un gay que no es consciente de sus impulsos.

Los aspectos de la personalidad «perdidos», negados y suprimidos son distintos en cada caso. Lo que sí pierden todos los gays es, sin embargo, la posibilidad de una relación romántica y sexual. «Cuanto más tiempo estéis dentro del armario —les recuerdo a mis pacientes—, más se parecerá éste a un ataúd, donde sólo hay muerte. Ahí dentro no hay espacio para desarrollarse.»

Para disfrazar su auténtico yo, los gays dedican muchísimo tiempo a despistar a los demás. Este destructivo consumo de energía puede conducir a crisis de pánico, problemas de erección, abuso de drogas y alcohol, compulsión y adicción sexual, anorexia sexual (ausencia total de libido) e incluso intentos de suicidio.

Un mínimo de un 30% de adolescentes que protagonizan un intento de suicidio lo hacen porque están en conflicto con su identidad sexual. En casos como el de Carl, en los que se da un episodio de abusos sexuales, cuando el autor de éstos es del mismo sexo que la víctima, el muchacho se pregunta: «¿Soy gay o hetero? ¿He sido yo quien lo ha provocado?».

Harry, un gerente de empresa de 34 años de edad, se quejaba de su asexualidad: no se sentía atraído por ninguno de los sexos. La sola idea de la sexualidad —incluida la masturbación— le provocaba náuseas y una gran angustia psicológica. Su médico de cabecera había descartado cualquier tipo de enfermedad.

Harry se sentía identificado con gran parte de lo que había leído en *Sexual Anorexia*, de Patrick Carnes[5]. Nunca había pensado en sí mismo como gay o heterosexual ni había mantenido una relación sentimental, sólo relaciones sexuales con algunos hombres y mujeres. Le atraían tanto unos como otras, pero le preocupaban —y le avergonzaban— sus relaciones gays. Tenía pánico al VIH, y no quería compartir apartamento con gays, por miedo a que también a él le consideraran gay y a contraer el sida por vías no sexuales.

Durante nuestros encuentros, Harry descubrió que evitaba a los demás, sexual y socialmente, para no tener que abordar su propia orientación. Estuvo de acuerdo en asistir a una de mis terapias sexuales de grupo para hombres, pero su aislamiento le hacía muy

---

5. Carnes, Patrick. *Sexual Anorexia*. Hazelden Publishing. Center City, MN, 1997.

difícil acercarse a los otros miembros del grupo, que decían que se sentían «distantes» con respecto a él.

Harry empezó a sentirse cada vez más incómodo dentro del grupo. También asistía a mis talleres, donde se reconoció bisexual. Ponía peros a la estructura de los talleres, a la disposición de las sillas y a las horas que había que dedicarles. Más adelante, durante la terapia, admitió que estas absurdas quejas eran tan sólo válvulas de escape para la incomodidad que sentía al estar en compañía de otros gays. Estaba preocupado durante todo el fin de semana por si alguien que le conocía le hubiera visto entrar en el edificio donde se desarrollaban los talleres.

Tras seis meses de terapia individual y de grupo, Harry decidió no seguir intentando resolver el problema de su orientación sexual. Me confesó que estaba mejor solo, y que la terapia únicamente conseguía aumentar su ansiedad. En ese momento no estaba preparado o no tenía suficiente voluntad para seguir adelante. Como grupo, todos respetamos su decisión. La gente tiene derecho a seguir su camino a su propio ritmo.

En mis talleres suelo contar a menudo el siguiente chiste: «Un hombre le pide a un sastre que le haga un traje; después de que le hayan tomado las medidas, se va, vuelve al cabo de una semana y descubre que una de las mangas de la chaqueta le queda corta. El sastre le dice: "Baje el brazo y levante los hombros. Ahora le queda perfecto". "Pero la otra manga es demasiado larga". Una vez más, el sastre le dice que suba y baje el brazo. ¡La manga le queda perfecta! "¿Y qué me dice de los pantalones?", pregunta el cliente. "Tienen una pierna más larga que la otra". El sastre le enseña cómo ajustar las piernas hacia arriba y hacia abajo hasta que el traje le queda perfecto. El hombre está retorcido como un *pretzel*[6], pero el traje le ajusta como un guante. El cliente paga al sastre y sale a la calle. Dos mujeres ven cómo cojea, y una de ellas dice: "¡Si es capaz de hacer un traje tan elegante para ese pobre lisiado, ese sastre debe ser una maravilla!"».

---

6. Galleta salada en forma de lazo. *(Nota del Traductor.)*

A los gays nos enseñan a ajustarnos un traje que no nos queda bien, pero nosotros, armándonos de valor, fingimos lo contrario. Hay quien nos llama «lisiados», y empezamos a pensar que realmente lo somos. Pero no hay nada malo en nosotros; lo malo es lo que nos han hecho *a nosotros*. Tenemos que quitarnos los trajes psicológicos que los demás nos han asignado y empezar a no sentirnos avergonzados de nosotros mismos. ¡Y debemos cambiar de sastre!

¿Y cómo hacemos eso? Pues saliendo del armario.

Muchos de mis pacientes deciden salir del armario de diversas —y las más de las veces limitadas— maneras. Algunos sólo salen del armario ante sí mismos y ante mí. Gran parte de esta reticencia está justificada: como demuestran las historias publicadas por los medios de comunicación sobre agresiones a gays, salir del armario en un momento y un lugar equivocados puede tener graves consecuencias. Pero incluso en los sitios donde los hombres pueden salir del armario sin poner en peligro su empleo o su integridad física, aprender a vivir fuera del armario es algo fundamental.

Muchos de los gays que he tratado dicen que quieren salir del armario, pero no creen necesario informar a todo el mundo de lo que hacen con su sexualidad. «La gente no tiene por qué estar al corriente de mi vida sexual», suelen decir con frecuencia. Y yo puntualizo que ser gay no es algo relacionado exclusivamente con la sexualidad. Aun en el caso de que sean célibes, los gays y las lesbianas siguen siendo lo que son. Cuando un hombre decide salir del armario debe ser consciente de que con ese acto no admite sólo lo que hace con su sexualidad, sino que se trata de una afirmación de quién es sentimental, espiritual, emocional y psicológicamente.

Hay pacientes que no sienten la necesidad de salir del armario ante su familia o sus amigos. «Ya saben que soy gay», dicen algunos. Pero yo les desafío: «Entonces, ¿qué pierdes con decírselo?». Aunque la gente ya lo *sepa*, ¿por qué no ser sincero? A menudo, los pacientes me dicen que no sienten la necesidad de comunicarlo, porque, según afirman, «¡los heterosexuales no me informan de su heterosexualidad!». Yo les replico que los heterosexuales no deben salir formalmente del armario.

El heterosexismo asume simplemente que todo el mundo es heterosexual hasta que se demuestre lo contrario. Los heterosexuales hablan abiertamente de sus mujeres, sus novias y sus novios, y de los bares que frecuentan. Si un paciente gay omite esta clase de información, suelo pensar que padece homofobia interiorizada.

Muchos pacientes suelen decir: «Estoy esperando al hombre perfecto. Cuando aparezca, tendré un motivo para salir del armario». A lo que yo respondo: «¿Por qué no eres *tú* lo bastante perfecto? ¿De qué te sirve estar esperando a otro hombre?». Analizamos esto como una racionalización, una defensa psicológica para posponer el momento de salir del armario. Y lo que es peor: esta estrategia reduce las posibilidades de que un paciente encuentre pareja.

A menudo, lo que quieren los gays y lesbianas que desean encontrar pareja antes de salir del armario es emular el mundo heterosexual, donde estar en pareja está mejor visto que estar solo. Para muchos gays, estar soltero es un duro golpe para la autoestima. Cuando Rosie O'Donnell salió del armario en *Prime Time Live*, Diane Sawyer le preguntó: «¿Por qué has decidido salir del armario ahora?». «Quería esperar hasta que tuviera una relación seria», contestó Rosie. Muchos gays y lesbianas se sienten con más fuerzas en una situación así.

¿Cuáles son las expectativas de un gay cuando decide salir del armario? *Model of Homosexuality Identity Formation*, de Vivienne C. Cass, expone muy bien la forma en que yo mismo salí del armario y las fases que he observado en mis pacientes.

Primera fase: Confusión de la identidad

Según Cass, el primer paso consiste en salir del armario ante uno mismo. Durante esta fase, un hombre empieza a comprobar y a reconocer que se siente atraído sexualmente por otros hombres. No se consideran ni remotamente gays, sino que siguen viéndose como heterosexuales; no se trata de un papel que estén interpretando, sino que creen sinceramente que son heterosexuales.

Durante los años de ejercicio de mi profesión, he conocido a muchos pacientes a quienes preocupaba la posibilidad de ser gays, ya que tenían fantasías o incluso encuentros con personas de su mismo sexo. Pero el hecho de preguntarse si uno es gay o de tener encuentros con otros hombres no es necesariamente la primera fase para salir del armario. Hay un montón de cosas que considerar y descartar. Las fantasías o los encuentros podrían ser una exteriorización por haber sido sometido a abusos sexuales por un hombre durante la infancia, o un arrebato propio de la adicción sexual en el que la inclinación homosexual, considerada «tabú», sería un aliciente añadido. Algunas tendencias bisexuales no tienen nada que ver con la identidad sexual de un individuo.

Ésta es la fase en la que muchos psicoterapeutas pueden hacer daño a sus pacientes; la mayoría de ellos ni siquiera conocen las fases para salir del armario y muchos tratan de tranquilizar a sus pacientes ofreciéndoles toda clase de explicaciones para su conducta homosexual. Con frecuencia pasan por alto la posibilidad de que su paciente esté iniciando un proceso de autorreconocimiento que acabará revelando su identidad gay. Creo que es importante ir más allá e informar a los pacientes de que el sexo con otros hombres puede significar muchas cosas, incluida la posibilidad de que estén en la primera fase de su proceso para salir del armario. Pero como esto resulta muy incómodo para muchos hombres, las buenas intenciones de los terapeutas (y, a menudo, su propia homofobia) les empujan a tratar de que sus pacientes —en especial chicos adolescentes— sean ajenos a ideas como éstas.

Muchos terapeutas me han comentado su reticencia a informar a un adolescente sobre la homosexualidad por miedo a asustarle o a que se pregunte por qué su terapeuta está analizando este tema. Normalmente me dicen que en su intento por no preocupar en exceso a un paciente —adolescente o no— dejan «que estas ideas sigan su propio curso» y no las analizan a fondo. Algunos terapeutas bien intencionados no las analizan en absoluto e incluso eluden los comentarios de sus pacientes sobre la atracción que sienten por personas de su mismo sexo.

Creo que esta elusión es perjudicial. Normalmente suelo decirles a los pacientes: «Existen muchas posibilidades». Si un hombre lucha contra los sentimientos que le despiertan otros hombres, no insisto en la palabra *gay*, porque creo que es un término afirmativo que define todo un estilo de vida, incluidas las relaciones sentimentales, espirituales, psicológicas y sexuales con otros hombres. Muchos hombres tienen deseos homosexuales, pero son estrictamente «hetero-emocionales». Aunque se sientan atraídos sexualmente por otros hombres, en el plano sentimental sólo les atraen las mujeres.

Una vez he realizado un minucioso estudio sobre los antecedentes del paciente y le he explicado las fases para salir del armario, éste puede tomar su propia decisión. Como terapeutas, resultaría muy arrogante por nuestra parte decidir quién es o no es un paciente o qué debería o no ser.

Asimismo, en esta primera fase de indecisión los hombres empiezan a considerar la posibilidad de asistir a terapias reparativas que les proponen «curar» su homosexualidad. En mi opinión, los hombres que se deciden por esta opción perjudican mucho su autoestima y, por extensión, también sus vidas. Es posible que no decidan seguir sus impulsos homosexuales o ni siquiera salir del armario, pero es su decisión. A mi juicio, no hay que «curar» o «reparar» los impulsos homosexuales.

Segunda fase: Comparación de la identidad

Durante esta etapa, un hombre empieza a aceptar la posibilidad de que tal vez sea homosexual. Una vez más, no emplea la palabra *gay*, porque la asocia a un estilo de vida muy concreto. *Homosexual* es sólo una palabra que usa para empezar a analizar sus sentimientos a una distancia «prudencial».

En esta segunda fase, los hombres empiezan a ver de forma positiva el hecho de que son diferentes. Puede que también admitan que su *comportamiento* es homosexual, aunque aún rechazan la homosexualidad como la esencia de su identidad. Finalmente, es posible que acepten su identidad, pero inhiben su conducta homosexual o gay casándose con una mujer o, por ejemplo, teniendo relaciones sexuales anónimas «sin ataduras».

Es aquí donde los psicoterapeutas —en especial los especializados en gays y lesbianas— se equivocan al forzar la situación. Tras analizar su homosexualidad, algunas personas deciden que eso no va con ellas. Esa decisión no se debe a que se sientan avergonzados o culpables; son pacientes que no piensan que la homosexualidad deba ser curada o reparada, sino que sencillamente descubren que no tienen ninguna relación con una identidad gay. Al igual que los adultos que habiendo sido educados como católicos o judíos deciden cambiar de religión, optan por la identidad que mejor se ajusta a ellos.

Sí, soy consciente de que estoy pisando un terreno resbaladizo. Muchos me acusarían de contribuir a que la gente viva una vida cargada de depresión, lo que, de acuerdo con la Asociación Americana de Psicología (APA), es el destino habitual de aquellos cuya vida transcurre dentro del armario. Estoy de acuerdo con la APA, pero, como psicoterapeuta gay, mi obligación es ayudar a los pacientes a sentirse a gusto con sus sentimientos homosexuales y su identidad gay. Y ayudar a la gente a convertirse en lo que *quiere* ser y no en lo que yo creo que debería ser.

Si un paciente que está siguiendo una terapia reparadora quiere venir a verme, le digo que considero que esa clase de terapia es un insulto y le mando a otra parte. Sin embargo, he apoyado a algunos hombres que decidieron por sí mismos que la identidad homosexual no se correspondía con ellos y optaron por un matrimonio heterosexual. En este caso, mi función consiste en informarles sobre lo que significa vivir dentro del armario y las advertencias de la APA. Para ayudarles a tomar una decisión con conocimiento de causa, les explico que no deben sentirse mal por tener esos sentimientos, y que es a partir de ahí que deberíamos tomar cualquier decisión importante en la vida. También les invito a que sean comunicativos con cualquier mujer con la que se relacionen en el futuro.

Darryl, de 36 años de edad, vino a verme porque le deprimía su situación laboral. Su empresa acababa de ser vendida, y con el nuevo jefe había aumentado el volumen de trabajo. Aunque no tenía hijos, estaba casado desde hacía casi catorce años, y amaba profundamente a su esposa. Darryl le comentó a una compañera de trabajo sus inclinaciones homosexuales, y ella, sabiendo que estoy especializado en tratar a gays y lesbianas, le dijo que viniera a verme.

Darryl me contó que había «exteriorizado» su homosexualidad al final de su adolescencia —antes de conocer a su mujer— y dijo sentirse muy avergonzado por ello. Durante años fue a ver a muchos terapeutas, y todos ellos le dijeron que el origen de sus sentimientos estaba en la mala relación que había tenido con su padre. Según estos terapeutas, Darryl habría «sexualizado» su deseo de contar con una figura paterna más fuerte. En sus primeras terapias de grupo para heterosexuales, estos terapeutas le recomendaron que guardara para sí mismo sus sentimientos homosexuales, para evitar una reacción o un juicio negativo hacia él por parte de sus compañeros de grupo.

Darryl obedeció. No compartía demasiadas cosas con sus terapeutas, porque éstos solían decirle: «Si no das rienda a tus impulsos, verás como desaparecen». Nunca desaparecieron, por supuesto, y Darryl se sentía avergonzado de esa parte de sí mismo, que consideraba como una patología.

Antes de decirle que viniera a verme, la compañera de trabajo de Darryl ya le había contado que yo era gay. Cuando le pregunté si eso suponía un problema, me dijo: «No. Quizás puede ser de ayuda analizar mi caso desde la perspectiva de un gay».

Durante las visitas, Darryl fue finalmente capaz de hablar sobre su sexualidad. Me dijo que las relaciones sexuales que mantenía con su mujer le resultaban satisfactorias y placenteras; era capaz de sentirse totalmente atraído por ella, sin pensar en otros hombres o mujeres. (Muchos hombres que admiten ser gays dicen que tienen que pensar en un hombre para mantener relaciones sexuales con una mujer.) Darryl me dijo que las otras mujeres no le excitaban en absoluto. Siempre se había sentido atraído por los hombres, y todas sus otras experiencias sexuales las había tenido con otros hombres.

Darryl consideraba que sus impulsos homosexuales eran algo de lo que debía avergonzarse, y dijo que se sentía «menos hombre». A menudo, sus padres le comparaban desfavorablemente con otros hombres. Estaba convencido de que eso había despertado sus sentimientos homosexuales, y los terapeutas que había consultado anteriormente apoyaron esta conclusión. Aunque soy consciente de que una experiencia como esta puede conducir a un hombre a sentirse atraído por otros hombres, no creo que fuera cierto en el caso de Darryl. Él se sentía atraído sexualmente por otros hombres y no por mujeres. Una vez más, la atracción romántica que sentía hacia su esposa condujo a la sexual, y la experiencia le resultó positiva. Dicho de otro modo: aunque a Darryl no le atraían sexualmente las mujeres, la suya podía satisfacerle sexualmente porque se sentía sentimentalmente unido a ella.

Resulta significativo que, con mucha frecuencia, esto también sea así en el caso de las mujeres: se sienten atraídas por un hombre de una forma romántica, y el sexo pasa a un segundo plano; a menudo afirman que necesitan del romanticismo para poder hacer sexo.

Darryl era incapaz de imaginarse en una relación con otro hombre. Al no poder establecer una relación sentimental con otro hombre, consideraba frustrante cualquier clase de relación gay. Se quedó «alucinado» al enterarse de que yo llevaba mucho tiempo con mi pareja (en ese momento unos seis años) e incluso más cuando supo que planeábamos casarnos. Solía decirme a menudo que pensaba que yo sólo estaba «haciendo sexo» y que me estaba «engañando a mí mismo» cuando le decía que era feliz.

Este es un ejemplo de transferencia negativa; puesto que Darryl no creía que pudiera vivir una vida gay satisfactoria, proyectaba en mí sus ideas negativas sobre la homosexualidad.

Darryl asistió a una terapia sexual de grupo para hombres de la que le hablé, en la que había gays, bisexuales y heterosexuales. Por primera vez en su vida, escuchó a homosexuales hablando de amor, cariño y relaciones íntimas bajo una luz sana y positiva. Aun así, seguía pensando que su atracción sexual por los hombres era un reflejo de su baja autoestima. No se identificaba como gay, e interpretaba su homoerotismo como una forma de patología.

Durante los cinco años que siguió la terapia conmigo, tanto individual como de grupo, disminuyeron los sentimientos negativos con respecto a su homosexualidad. Más adelante le contó a su mujer que su terapeuta era gay. Yo pensé que eso era un primer paso para acabar diciéndole que él también lo era. Me contó que ella era tolerante y que aceptaba a los gays cuando se planteaba la cuestión, pero que no creía que le pareciera bien que él tuviera esas mismas inclinaciones.

Durante su matrimonio, Darryl nunca había seguido esos impulsos. Sin duda, haberle sido fiel a su mujer era todo un acto de amor hacia ella. Muchos miembros del grupo le alabaron por su fidelidad y por haber actuado con tanta integridad, pero él no podía entenderlo. Aceptar eso significaría tenerse en consideración como hombre, lo cual entraría en contradicción con lo que le habían dicho sus padres de que no era «un hombre de verdad».

Creo que es importante que alguien pueda decir a los demás quién es en realidad, por lo que hice que Darryl considerara la posibilidad de contarle a su mujer la atracción que sentía por otros hombres. Él se resistió a hacerlo porque no quería dejarla, tener relaciones homosexuales con otros hombres o «salir del armario». Nada de eso iba con él. Le preocupaba que ella pensara que quería romper su matrimonio o dejarla después de habérselo confesado.

Darryl accedió a asistir a mi taller para gays y a seguirlo a rajatabla. Después del fin de semana y tras volver a la terapia de grupo, empezó a identificarse como bisexual y a sentirse más cómodo con su atracción sexual por otros hombres.

Finalmente decidió hablar con su mujer. Su esfuerzo por ser sincero fue todo un éxito. Aunque sorprendida, su esposa le felicitó por su valor y su compromiso con el matrimonio. Darryl se sintió menos deprimido, su autoestima mejoró y finalizó su terapia. Es un ejemplo del hombre que se detiene en la segunda fase para salir del armario y decide seguir casado con la mujer a la que ama. Acepta la parte homosexual de su identidad, pero inhibe la conducta.

Creo que Darryl es hetero-emocional y homosexual. En mi opinión, si los terapeutas homofóbicos que había consultado antes no le hubieran dicho que sus inclinaciones tenían su origen en una figura paterna erotizada —y si él hubiera tenido una visión más positiva de la cultura gay—, Darryl podría haber entendido que no le ocurría nada malo y habría aceptado antes sus impulsos homosexuales. En cualquier caso, lo importante es que vive la vida que *él* quiere vivir. Lo que necesitaba era quitarse el estigma de lo que sentía por otros hombres y afirmar su derecho a tener inclinaciones sexuales complejas.

Por desgracia, durante esta segunda fase hay muchos gays que deciden seguir terapias reparadoras. El odio y la negatividad que despiertan este tipo de terapias hacen que el gay se sienta más avergonzado, reforzando la creencia de que su condición es algo «malo». Las terapias reparadoras no ofrecen un enfoque equilibrado para que un hombre pueda tomar decisiones con conocimiento de causa que le reafirmen como persona. Menospreciar la propia homosexualidad plantea serias consecuencias para la autoestima de una persona.

Tercera fase: Tolerancia de la identidad

En esta fase, el individuo acepta la posibilidad de que sea homosexual y empieza a emplear la palabra *gay* para describirse a sí mismo. No es el caso de quienes deciden no seguir adelante con el proceso para salir del armario. Cuando Darryl inició la segunda fase, por ejemplo, no se identificó a sí mismo como gay. En esta tercera fase, el paciente empieza a considerar la identidad homosexual y a intentar descubrir si encaja con él; sin embargo, puede que aún tenga dudas para adentrarse en la cultura gay. Las malas experiencias tal vez le impulsen a decidir que aunque se acepte a sí mismo como gay, no quiera vivir abiertamente como tal.

Ahmed era un ayudante de chef de 24 años de edad que vivía con su madre, una mujer argelina viuda. Le acomplejaba su piel oscura y su prematura pérdida de cabello. Se había considerado gay durante algún tiempo, pero tuvo demasiadas malas experiencias al intentar integrarse en la comunidad gay. Los hombres que conoció en los bares de ambiente se mostraron muy críticos con su marcado acento argelino; algunos de los que abordó llegaron a decirle que la pérdida de cabello le hacía parecer muy poco atractivo.

En el centro gay de la comunidad, Ahmed descubrió que la gente se mostraba igualmente fría. A pesar de estos contratiempos, sintió la necesidad de mostrarse tal como era e integrarse en el mundo heterosexual como gay. A fin de lograr este objetivo, adoptó un *nick* que incluía la palabra «gay» y se metió en *chats* que eran básicamente heterosexuales. Ahmed era consciente de que se trataba de una experiencia virtual y que la gente no le conocía de verdad, pero las emociones que sintió fueron muy reales. Se encontró con crueles usuarios del *chat* que le hacían comentarios sarcásticos, como «La sala de los tíos que buscan otros tíos está más abajo», o «Aquí no queremos tíos que quieran que les den por el culo».

Uno de los efectos benéficos del *chat* es que permite a la gente mostrarse como realmente es y expresar sus deseos. Al escuchar a Ahmed me di cuenta de que el hecho de que hubiera entrado en un *chat* para heterosexuales fue algo muy bueno para él. Aprendió a responder de una forma sana desde el anonimato a las ideas de los heterosexistas.

Otro factor que llevó a Ahmed a someterse a tratamiento fue la oposición de su familia a su condición de gay. Pacientes y estudiantes me han advertido que en las culturas islámicas es peligroso salir del armario.

Ahmed conocía a muchos otros árabes que estaban dentro del armario y que no se relacionaban con otros gays fuera de lugares exclusivamente gays. Esta generalizada negación alejó a Ahmed de los árabes y de la vida gay. En la comunidad gay, en los *chats* y en su familia, todas sus experiencias habían sido negativas. Como último recurso, decidió iniciar una terapia conmigo. «Si esto no funciona, me quedaré dentro del armario durante el resto de mi vida», me confesó.

En opinión de Ahmed, la comunidad gay era superficial y demasiado sexual, y la heterosexual solía mostrarse en general fría y hostil. En el Talmud figura esta frase, llena de sabiduría: «No vemos las cosas tal como son, sino tal como somos». Ahmed lo contemplaba todo desde su propia y limitada perspectiva.

No hay *una única* comunidad gay ni *una única* comunidad heterosexual. Es posible encontrar lo que se anda buscando, pero hay que perseverar. Ése fue el objetivo de la terapia con Ahmed: ayudarle a encontrar un lugar adecuado para él. Para los principiantes, como le dije a él, ¡los bares no existen!

Ya sean de ambiente o heterosexuales, los bares son el sitio donde la gente busca un ligue para el momento y no al hombre perfecto. Hablando en general, los bares son como un enorme instituto, donde, a nivel mental y emocional, todo el mundo tiene una media de 16 años de edad. Lo que no significa que no exista un lugar y un momento para ir a los bares. Yo insto a muchos pacientes a que vayan de bares para relacionarse y pasar un buen rato. ¿Que conocen a alguien? ¡Fantástico! Algunos hombres han conocido a la pareja de su vida en un bar, pero a mis pacientes les advierto que no entren en ellos con esa expectativa.

Ahmed asistió a mis talleres para gays. Como «buen hijo», las partes relacionadas con la familia le parecieron muy duras. Para él, lo peor era el miedo a defraudar a los suyos. Sabía que nunca aprobarían su condición, que tendrían que pasar por un proceso muy penoso al tener que admitir que eran madre y hermanos de un gay, algo inaceptable para su cultura. En los talleres hizo grandes amistades e incluso quedó con uno de sus compañeros después del fin de semana. Aumentó su autoestima, y estas experiencias positivas ayudaron a Ahmed a aceptar de una forma positiva su condición de gay.

Cuando volvió al centro gay de la comunidad, conoció a más gente con la que podía relacionarse. En efecto: algunos hombres seguían criticándole por su «calvicie y el marcado acento», pero era capaz de pasarlo por alto y relacionarse con otros hombres que no se mostraban críticos con él. Entonces, Ahmed siguió adelante para entrar en la siguiente fase para salir del armario.

Cuarta fase: Aceptación de la identidad

Éste es el paso de la simple tolerancia a la aceptación —y la identificación— de uno mismo como gay. El individuo descubre un nuevo sentido de pertenencia y busca la forma de encajar en la comunidad gay en su conjunto. Se siente cada vez más disgustado ante las facciones antigays de la sociedad, ¡y eso también es bueno! Exterioriza todas las dudas y el odio que sentía hacia sí mismo y que solía guardarse dentro, dirigiéndolos hacia el blanco que más lo merece.

Una vez más, y eso es bueno, se aleja de la gente y las circunstancias que interferirían en su nueva forma de pensar y esa nueva aceptación de sí mismo. Eso es muy parecido a lo que le ocurre al joven adolescente que, tras haber pasado la pubertad, empieza a identificarse con su sexualidad. Y, del mismo modo que los adolescentes necesitan disfrutar de mucha intimidad, se distancia de su familia. El adolescente cierra la puerta de su habitación a cal y canto, escucha una música muy concreta y viste de una forma determinada (que sabe que no gustan a sus padres) para marcar las distancias con respecto a los demás, y estrecha los lazos con sus amigos, que son conscientes de su recién descubierta sexualidad. Son pocos los padres que demuestran entusiasmo cuando un adolescente pasa por esta fase, pero los asesores pedagógicos y los terapeutas normalizan este proceso. Es una fase pasajera, necesaria para que el adolescente desarrolle un sentido de pertenencia y forje su identidad personal.

Esto es normal, no hay que preocuparse por ello. Del mismo modo, la Psicoterapia Afirmativa Gay considera como algo normal la aceptación de la identidad en personas de cualquier edad. Al igual que un adolescente que acepta su nueva identidad, un gay puede hacer nuevos amigos y frecuentar sitios nuevos para protegerse de cualquier consideración negativa sobre su homosexualidad o la de cualquier otro. La Psicoterapia Afirmativa Gay considera esta fase como un paso adecuado.

Quinta fase: Orgullo de la identidad

La fase siguiente tiene incluso más paralelismo con las etapas de desarrollo de un adolescente. Aquí, el individuo acepta totalmente su imagen, al mismo tiempo que es igualmente consciente del rechazo que la sociedad siente hacia ella. Para enfrentarse a esta situación, un gay reforzará e incluso pondrá énfasis en las diferencias entre ser gay y heterosexual. Un adolescente tal vez se tiña el pelo de azul, se coloque un *piercing* o haga que sus padres se horroricen por su comportamiento «escandaloso». Puede que un gay pegue en su coche un adhesivo del arco iris, se vaya de vacaciones a San Francisco o a Cayo Hueso o salga del armario ante todo el mundo.

Todo lo que hasta ahora había reprimido explota hacia fuera. Es cuando quiere ir al programa de Ophra y salir del armario ante el mundo. Sólo leerá literatura homosexual, devorando todo lo que haga referencia a la cultura gay, y empezará a menospreciar el mundo heterosexual: ahora se trata de «ellos contra nosotros».

¡Esta fase es la que crea los mejores activistas! La combinación de rabia y orgullo enciende la chispa en el gay para implicarse a fondo y con pasión en organizaciones que defienden los derechos de los homosexuales y en los desfiles del Día del Orgullo Gay. Lo malo de esta situación es que se puede considerar a este individuo «demasiado» gay. (En 1997, Ellen DeGeneres decidió salir del armario —como persona y como personaje de ficción— en su serie televisiva *Ellen*. El resto de la serie fue un ejemplo del orgullo de la identidad, ya que básicamente giró en torno a temas gays. Incluso los gays acusaron a Ellen y a *Ellen* de ser «demasiado gay».)

Es importante admitir el orgullo de la identidad. A mi consulta suelen venir con frecuencia hombres de más de 50 años de edad. Algunos visten camisetas con la frase «Ni siquiera pienso como un hetero», llevan una gorra con la bandera gay o conducen un coche con un adhesivo del arco iris. A menudo afirman que son gays y que están orgullosos de serlo, a pesar de que crean que es una insensatez comportarse de esta manera a su edad. Ni siquiera comprenden esa clase de conducta. Asimismo, sienten una gran pena en su interior por no haber hecho este cambio antes, y confunden este comportamiento con «la crisis de los cuarenta». Yo les digo que se trata de un nuevo despertar a la vida y les ayudo en las fases para salir del armario, informándoles de que están en la etapa del orgullo de la identidad del «gay adolescente», un paso necesario para reconocerse a sí mismos como gays. Casi siempre suspiran aliviados al saber que hay una explicación para la experiencia que están viviendo.

En algunas ocasiones, hay pacientes que temen que esta fase llegue a su fin... o que tienen miedo de quedarse estancados en ella. «No quiero convertirme en alguien que va a todas partes enarbolando la bandera gay.» Mientras les aseguro que esto no tiene por qué ocurrir, también analizo su posible homofobia: ¿qué tiene de malo un poco de extravagancia?

En 1993, cuando volví a casa tras participar en el desfile del Orgullo Gay de Washington, muchos amigos —y pacientes— gays estaban enojados porque los informativos de televisión sólo habían prestado atención «a las *drag queens*, a los que vestían de cuero y a los que enarbolaban la bandera gay». Yo les pregunté si habían estado, y la respuesta más habitual era ésta: «No iría ni muerto».

Muchos pacientes se sienten frustrados porque la sociedad heterosexual sólo se fija en los transexuales y las *drag queens* de Wigstock, y no en el gay de aspecto normal y corriente. Aun así, las *drags* y los activistas tienen el suficiente valor para salir a la calle y luchar en nombre de todos nosotros.

La última fase del proceso para salir del armario es la siguiente:

Sexta fase: Síntesis de la identidad

En esta fase de la integración, la idea de «ellos y nosotros» ya no sirve. El gay empieza a comprender que no todos los heterosexuales están en contra de los gays. Al igual que un joven al final de su adolescencia, puede dejar de lado su militancia y volver a integrarse en la sociedad. Comprende que el heterosexismo y la homofobia existen, y que en el mundo hay un desequilibrio de poder, pero se trata de un estado de cosas que no controla su vida. Es capaz de relacionarse tanto con gays como con heterosexuales sin perder la confianza en sí mismo.

Salir del armario es un proceso que dura toda la vida: nunca termina. Cass describe las seis fases como un proceso paso a paso, pero éste es distinto para todos. Algunos hombres salen del armario ante un numeroso grupo de personas en diferentes etapas de su vida. Cuando salí del armario ante mí mismo, buscaba la palabra «homosexual» en los libros de la biblioteca y en todos los libros de texto del instituto. Luego, durante la adolescencia, volví a salir del armario ante los terapeutas, después ante mi familia y finalmente ante mis amigos de la universidad. Pero no salí del armario profesionalmente hasta 1988. Cada día ofrece nuevas ocasiones para avanzar en este proceso.

Capítulo 3

Resuelve los problemas con tu familia

NO ESPERES HACERTE UN LUGAR BAJO EL SOL SI SIGUES
REFUGIÁNDOTE A LA SOMBRA DE TU ÁRBOL GENEALÓGICO.
Helen Keller

En el conjunto de relaciones de nuestra vida, las familiares suelen ser las más intensas y estrechas. La mayoría de la gente quiere mantener la relación con su familia; en ella se halla consuelo, se tiene la sensación de estar a salvo al lado de personas que conocemos desde siempre. Normalmente, son relaciones gobernadas por una gran lealtad.

Sin embargo, con demasiada frecuencia, cuando alguien le comunica a su familia que es gay, se convierte en un extraño para ella. Piensa en el miedo a contar algo tan inesperado, considerado tal vez despreciable, que puede hacerte perder el apoyo y el respeto de la familia. La perspectiva es escalofriante.

A los 42 años, Paul se había convertido en un radiólogo de éxito. Era un hombre atractivo y simpático que vino a verme solicitando ayuda para salir del armario. No quería convertirse en una amenaza para su familia, que estaba muy unida, diciéndoles que era gay. Durante las visitas, comprendió que había estado dentro del armario durante mucho tiempo para evitar tener que revelar su secreto a miembros potencialmente hostiles de su familia. No había hecho amistades ni había tenido citas con gays, y tampoco se había integrado en la comunidad gay. ¿Y si algún amigo o pariente le reconocía y hablaba con su familia? Su sueño era trasladarse a otro estado para que le fuera más fácil salir del armario, evitando así «preocupar» a su familia.

Paul empezó a reconocer que, al no hablar con su familia, había tenido que sacrificar muchas cosas. Al haberse visto obligado a mantener las distancias para no ser «descubierto», las relaciones con su familia eran superficiales. Le preocupaba que si su hermana se enteraba de que era gay le prohibiera seguir en contacto con sus sobrinos, a quienes adoraba.

Paul tenía un profundo y reprimido resentimiento contra su familia. Él pensaba que sabían que era gay. «Sería mucho más fácil si me lo preguntaran. Entonces sólo tendría que decir: "Sí, soy gay".»

Comentamos la necesidad de dar los pasos adecuados. La cuestión no era si sabían que era gay, sino que él debía tomar la delantera.

Nuestro trabajo se centró en que reuniera el valor necesario y encontrara el modo de decírselo. Sólo después de haberlo hecho podría seguir adelante con su vida. Y, a medida que avanzaba en la terapia, Paul se iba convenciendo cada vez más de ello.

Cuando finalmente habló con su familia, su madre y sus hermanos respiraron aliviados. Todos lo sospechaban, pero no se atrevían a preguntárselo por miedo a que él aún no estuviera preparado para hablar. Confiaban en que fuera él quien se lo comunicara cuando estuviera listo para hacerlo. Aliviado, Paul podía empezar a hacer su vida, integrarse en la comunidad gay y dejar de preocuparse por con quién iba a encontrarse.

En efecto: un gay que se manifiesta abiertamente como tal corre el riesgo de ser rechazado por su familia. Pero, paradójicamente, *callar* lleva a un gay a rechazar a su familia. Normalmente, los gays y las lesbianas *desean* hablar con sus familias, pero, comprensiblemente, tienen miedo. El mero acto de hablar con la familia deja claro el fuerte deseo de relacionarse con ella.

A los 18 años les dije a mis padres que era gay; fue una de las cosas más difíciles que he hecho en toda mi vida. No tenía modelos ni nadie que me aconsejara sobre cómo debía actuar. En esa época, todos los terapeutas y los libros de psicología afirmaban que los chicos gays lo eran por la forma en que se les había educado. ¡La culpa era de mis padres! Cuando se lo dije, tenía miedo de perderlo todo.

Un poco antes, a los 15 años, intenté decírselo a mi madre. Fue en la autopista; yo ya tenía el permiso de conducir, y ella iba en el asiento del acompañante. Estábamos en *Hanukkah*, unos días llenos de luz y alegría. Sin embargo, yo no estaba en mi mejor momento, y mi actuación al volante no fue precisamente memorable.

Me puse a llorar, diciéndole que tenía que contarle «algo horrible» y tratándole de explicar que era «diferente». No pude continuar. Ella me dio una palmada en el hombro y me dijo que todo iría bien. Al cabo de un tiempo, me apuntó a una terapia.

El primer terapeuta al que acudí definió mi homosexualidad como una «patología» y me dijo lo siguiente: «Tú tenías que ser heterosexual, como todo el mundo, pero debido a tu educación, tu sexualidad se ha desviado. Creo que eres bisexual, aunque la heterosexualidad es lo más habitual y lo más fácil». Al menos, me ofreció un espacio para poder hablar sobre mi homosexualidad. Cuando finalmente salí del armario ante mi familia, necesité la ayuda de ese terapeuta para crear un entorno seguro donde poder expresarme sobre el hecho de ser gay. Me hizo hablar detalladamente sobre mis sentimientos homosexuales, mis fantasías y mis sueños, y cada vez me sentía más cómodo hablando sobre mi homosexualidad.

Me hacía falta eso, pero también me hacían falta otras cosas, y la más obvia de todas era el reconocimiento a mi valor para hablar sobre mí mismo. Los adolescentes heterosexuales siempre reciben ese reconocimiento cuando se sinceran con su padre o su madre. Necesitaba a ese terapeuta para ser consciente de la fortaleza que había que tener para poder hablar sobre algo tan difícil. Necesitaba que alguien confirmara la sabiduría de mi decisión al hablar abiertamente sobre quién era. Y necesitaba analizarme a mí mismo y mi sexualidad sin que nadie me dijera que lo mejor era ser heterosexual.

En un artículo titulado «Lesbians, Gay Men, and Their Families: Common Clinical Issues», Laura S. Brown habla de lo que ocurre cuando los gays y las lesbianas *callan*[7]. Hay tres modelos típicos que

---

7. Brown, Laura S. «Lesbians, Gay Men, and Their Families: Common Clinical Issues», en *Journal of Gay and Lesbian Psychotherapy*, Vol. 1 (1), página 86, 1989.

siguen a fin de evitar el rechazo o el abandono de sus familias. El primero es mantener una rígida distancia emocional —y a menudo geográfica— con respecto a la familia. Puede que se escapen de casa para vivir en la calle, en especial durante la adolescencia, y acaben metidos en el mundo de la prostitución. O puede que simplemente se trasladen a otro estado, ocultando su homosexualidad a la familia, a la que sólo visitarán muy de vez en cuando.

El segundo modelo es el de «sé que lo sabéis». Actualmente lo llamamos «si no quieres saber, no preguntes». Brown afirma: «El gay se relaciona con su familia, pero con el acuerdo tácito de que nadie se referirá a su vida privada como gay». Todo el mundo sabe que «mi amigo» es algo más que un amigo, pero no se atreve a decirlo.

El tercer modelo es: «... pero no se lo digas a tu padre». Es el caso del hijo gay que ha salido del armario ante su madre o sus hermanos, quienes le apoyan aunque advirtiéndole que no se lo diga a determinados miembros de la familia. Antes de que el gay adolescente revele algo demasiado íntimo sobre sí mismo, sus familias deben crear una atmósfera de cariño, comprensión y confianza.

Cuando un hijo sale del armario, los padres, en general, suelen meterse en él. Para ellos, decir «nuestro hijo es gay» resulta tan difícil como en su momento lo fue para el hijo admitir su homosexualidad ante ellos. Las familias pasan por el proceso de salir del armario del mismo modo que lo hace un gay. Las fases son muy similares.

Como psicoterapeuta, he tenido la suerte de conocer a hombres y mujeres muy distintos. He tratado a muchos hombres heterosexuales con unos antecedentes y una infancia muy parecidos a los míos, aunque no tienen ni un pelo de homosexuales. La forma en que nos educaron tiene muy poco o nada que ver con nuestra orientación sexual y sentimental.

Mis padres necesitaban saber que su hijo corrió un gran riesgo al decirles que era gay porque daba un gran valor a las relaciones paterno-filiales. Necesitaban saber que no fueron *ellos* quienes hicieron de mí un gay, que el hecho de saber que era gay no podía «matar» a nadie ¡y que no era algo contagioso! (Recuerdo que algunos familiares me advirtieron que si se lo decía a determinadas personas eso podría matarlas, o que «puede que decidan hacerse gays».)

Las familias tienen que evitar la ignorancia y la desinformación, y deben estar bien informadas acerca de la homosexualidad. Mi familia necesitaba información sobre esos suicidios de adolescentes relacionados con la sexualidad. Necesitaba saber que era perfectamente normal que no estuvieran de acuerdo con mi homosexualidad y que hablaran conmigo de ello abiertamente.

Es normal tener diferencias con la familia. Sin embargo, cuando no hay comunicación, los problemas son como una plaga de langostas.

Nick, de 27 años de edad, trabajaba en el boletín informativo interno de su empresa. Era un joven equilibrado con un prometedor futuro como diseñador. Hacía unos años que le había comunicado a su familia —metodistas del sur que iban regularmente a la iglesia— que era gay.

El padre de Nick no lo aceptó en absoluto: «No te eduqué para que fueras un marica. Si vives en pecado, ¡no quiero saber nada de ti!». (¡He conocido a algunos padres que me han dicho que hubieran preferido que su hijos fueran asesinos antes que gays o lesbianas!)

Durante muchos años, después de que su padre reaccionara de esa manera, Nick había guardado silencio sobre su homosexualidad. Ahora, sin embargo, se había cansado de callar y había iniciado una terapia conmigo para liberarse del dolor y del peso de los sentimientos que habían despertado en él el rechazo de su padre.

Decidió que necesitaba hablar, aun cuando eso implicara ser repudiado para siempre. Había llegado a la conclusión de que el silencio le había provocado mucha angustia y que debía acabar con ella dando un paso adelante.

¡Dicho y hecho! Hizo diversas tentativas por hablar con su padre, pero éste no quería saber nada. Al final, mirando fijamente a Nick, le dijo: «Yo ya no tengo ningún hijo», y se fue dando un portazo.

Nick se quedó destrozado. Poco después, durante una llamada de emergencia, sollozó, lloró y me contó lo ocurrido. Al cabo, acudió al juzgado y se cambió legalmente el apellido para cortar todos los vínculos con su padre y su familia.

Actualmente, Nick está en paz consigo mismo. No tiene ningún remordimiento, y, sobre todo, siente lástima por su padre.

En muchas familias, las dinámicas existentes pierden el norte cuando un hijo sale del armario. Cuando un hijo le cuenta a su familia que es gay, ésta se sume en una crisis transitoria. Cuando está en crisis, la gente vuelve a asumir viejas conductas que le resultan familiares, sean o no disfuncionales.

Algunas familias que gozan de buena salud abordan los temas complicados discutiéndolos abiertamente y con sensibilidad. En esos casos, resulta mucho más fácil afrontar un tema controvertido, como cuando un hijo les dice a los suyos que es gay. En esas familias pueden convivir muchas realidades sin que nadie se sienta amenazado.

En algunas familias también se crea una especie de energía colectiva. Cada miembro de la familia se siente afectado por la salida del armario, pero también por el resto de reacciones. Puede que todos los miembros de la familia hagan lo posible para que el gay *se eche atrás* y vuelva a ser el que solía ser, a fin de no tener que enfrentarse a la verdad o a sí mismos.

Este síndrome de la «vuelta atrás» resulta más evidente entre los viejos amigos alcohólicos de alguien que está intentando dejar de beber. Cuando el grupo de amigos se reúne, puede que le ofrezcan una copa al que está tratando de recuperarse y le digan: «Una sola copa no te hará ningún daño. Posiblemente ya no seas alcohólico». Al admitir que hay un amigo que está intentando dejarlo, es posible que el resto deba enfrentarse a su problema con el alcohol.

Cuando la realidad se verbaliza, hay otras incómodas realidades no analizadas que tienden a «salir del armario», lo que hace que todo parezca incluso peor de lo que es. Algunos pacientes me han comentado que, después de haber contado a sus familias que eran gays, han visto cómo salían a la superficie otros secretos familiares.

* * *

Frank, de 33 años, vino a verme tras sufrir una «crisis nerviosa». Estaba muy angustiado a causa de su trabajo como director de un gran hotel, y esa angustia había acabado con su ingreso en un hospital psiquiátrico por ansiedad y depresión.

Frank no se había casado, y se identificaba como homosexual. Me contó que durante el tratamiento en el hospital, su terapeuta le preguntó por qué se consideraba homosexual y no gay. Frank no supo qué contestarle. Sólo había salido del armario ante sí mismo. Había vivido durante un tiempo en Nueva York, donde se comportó como gay con todos sus amigos. Tuvo problemas con el trabajo que desempeñaba en Manhattan, por lo que regresó a Michigan y volvió a meterse dentro del armario.

Frank me contó que procedía de una familia que le había dado cariño pero que no era muy expresiva a la hora de demostrar sus sentimientos. Había tenido una tempestuosa relación con su padre, que falleció cuando él era todavía un adolescente. Al ver que el amor no se manifestaba abiertamente, Frank pensó que la culpa era suya. Sabía desde hacía mucho tiempo que era «diferente», y temía que si sus padres conocían esa «parte de él» le rechazarían. De modo que se lo guardó todo para sí mismo y se distanció de sus padres. Él y su padre discutieron en la época en que éste murió, y nunca llegaron a resolver sus diferencias. Eso también fue «culpa» de Frank.

Siempre me preocupo mucho cuando mis pacientes tratan de cargar con la culpa de los problemas de su infancia. A un niño le resulta insoportable pensar que sus padres —los adultos— pueden equivocarse, de modo que, inconscientemente, carga con la culpa.

Durante la terapia, le aconsejé a Frank que saliera del armario ante su círculo íntimo, empezando por su familia. Hablamos de que su «crisis nerviosa» era una consecuencia de haber mantenido en secreto sus sentimientos y su orientación sexual. Frank empezó a desarrollar un concepto de sí mismo más positivo y a considerarse no homosexual sino gay.

Al final, decidió contárselo a su madre y se echaron a llorar juntos. Ella era una mujer muy religiosa, y le insistió para que siguiera varios programas de su iglesia que ofrecían esperanza y prometían un cambio. Frank le dijo que no quería cambiar y que era feliz siendo gay. Entonces, ella le reveló cosas que Frank desconocía. Le contó que su padre era un hombre muy celoso y dominante que había competido con sus cinco hijos para captar su atención. El menor de los hijos, un niño, había nacido con el síndrome de Down. Celoso por el mucho tiempo que ella le dedicaba al muchacho, el padre propuso que fuera dado en adopción, y ella accedió.

Frank también se enteró de que cuando él era pequeño, su padre insistió para que se fuera a vivir con una tía, de modo que tanto él como su madre pudieran trabajar. Hasta que cumplió los tres años, Frank vivía con su tía entre semana y visitaba a sus padres de vez en cuando.

Eso resultó ser muy significativo. Los niños desarrollan unos vínculos muy profundos con quienes les cuidan durante sus primeros dieciocho meses de vida. No era extraño, pues, que Frank se hubiera sentido siempre más cerca de su tía que de su propia madre. La razón por la cual la madre de Frank no se lo llevaba a casa todas las noches o los fines de semana no está clara, pero él creía que su padre, un celoso patológico, estaba más que satisfecho de tener a su «competencia» lejos del hogar.

El hecho de salir del armario no sólo hizo que Frank se sintiera más libre siendo gay, sino que también le permitió comprender mejor las dinámicas de su familia. Yo les digo a todos mis pacientes que ser gay no es culpa o responsabilidad de nadie. Ser gay no es la consecuencia de algo que alguien haya dicho o hecho, sino algo con lo que uno aprende a sentirse bien, y la decisión de salir del armario permite vivir la vida con menos trabas.

Es imprescindible que nos sintamos bien con nuestra condición de gays cuando le comunicamos a nuestra familia que lo somos. He descubierto que si mis pacientes salen del armario antes de que estén preparados para hacerlo, sus familias se aprovechan de su ambivalencia y plantean dudas y preguntas muy problemáticas. Debe hacerse cuando se tiene confianza y seguridad en uno mismo, y se está convencido de que se es gay. Si no nos comportamos completamente como gays y nuestra familia se empeña en que nos «echemos atrás», la batalla puede ser aún más larga.

Cuando volví a decírselo a mi familia, yo tenía 18 años y estaba muy angustiado. Mi terapeuta, que me ayudaba en otros aspectos, me hizo creer que el hecho de ser gay era una consecuencia de tener una madre sobreprotectora y un padre ausente. Si mis padres hubiesen sido diferentes, razonó, yo sería heterosexual. Así pues, cuando salí del armario ante mis padres, les eché la culpa de mi condición. Culpé a mi madre por haber sido sobreprotectora y le dije a mi padre que él tenía la culpa de que yo fuera gay, porque nos había abandonado cuando yo tenía tres años para formar una nueva familia.

Yo estaba enfadado, y quería que ellos se sintieran mal. Seguimos una terapia familiar, donde gritamos todos, en esta ocasión con una terapeuta que también creía que ser gay era una consecuencia de unos padres que no habían sabido ejercer su papel. La terapeuta me preguntó: «Joe, ¿por qué se lo has dicho a tu familia? ¿Y por qué se lo has dicho de esa manera?».

Yo estaba horrorizado y no le respondí, porque me sentía avergonzado. Ella y mis otros terapeutas insistían en que yo debía cambiar... pero no podía hacerlo por mucho que lo intentara. Lo que necesitaba de verdad era oírle decir a alguien lo valiente que había sido por haberlo dicho.

El resultado de todo eso fue que volví a meterme en el armario, me busqué una novia y viví como un heterosexual de puertas afuera, mientras en secreto llevaba una vida gay. Al final, cuando tenía 21 años, me armé del valor necesario para abrir definitivamente la puerta del armario, prescindir de mis padres y ser responsable de mi propia vida siendo gay de una forma sana. En esta segunda ocasión, mi familia mostró menos rechazo. Creo que les costó más recuperarse de lo que la terapia nos había hecho que de mi salida del armario.

Cuando Will tenía 14 años, sus padres le compraron un ordenador para que pudiera hacer mejor sus deberes. Will se metió en *chats* gays y empezó a hablar con hombres mayores. Como no podía ser de otro modo, las conversaciones giraban en torno al sexo.

Los padres de Will, Susan y Tom, se preguntaban por qué su hijo se pasaba tantas horas delante del ordenador. Un día revisaron las páginas *web* que había visitado y descubrieron que algunas de ellas eran de pornografía gay. También se enteraron de que intercambiaba *e-mails* con otros gays, algunos de los cuales tenían un alto contenido sexual.

Susan y Tom se quedaron sin habla. La familia fue a ver a un terapeuta, el cual les dijo que no era Will quien tenía un problema con el hecho de ser gay, sino ellos, que debían asumir que tenían un hijo gay. Ellos se preguntaban cómo un chico de 14 años podía saber cuál era su orientación sexual y sentimental. El terapeuta les ayudó a comprender que los adolescentes heterosexuales y gays descubren su orientación de una forma muy parecida.

Tom y Susan acudieron a la asociación PFLAG (Padres, Familiares y Amigos de Gays y Lesbianas), que tiene muchas sedes en todo el país. La mayoría de sus miembros son heterosexuales, pero a sus sesiones asisten también muchos gays y lesbianas. En cuestión de pocas semanas, reconocieron que Will era gay y aceptaron el hecho de buen grado. Llevaron a Will a grupos gays, le apoyaron para que fuera él mismo y se implicaron cada vez más en la organización de PFLAG.

Will acabó desarrollando una sana autoestima como adolescente gay. Ahora que disponía de entornos mucho más adecuados para él, ya no volvió a hablar con hombres mayores en los *chats*. Fue a la universidad y ahora es un adulto gay feliz. Sus padres le prestaron auténtico apoyo y no consintieron que su vida fuera más importante que la de su hijo. De esa forma, ofrecieron a Will una oportunidad mucho mejor para que desarrollara su orientación sexual y sentimental que si hubieran decidido enfrentarse a él o anteponer sus deseos a los de su hijo.

No es lo mismo preservar la intimidad que mantener un secreto. Hay cosas que no son asunto de nuestros padres y deben permanecer en el ámbito de lo privado, pero ser gay no es una de ellas; no decírselo es mantener un secreto y, como dicen en Alcohólicos Anónimos: «Mantener los secretos no ayuda a curarse».

Los secretos también contribuyen a que sigamos sintiéndonos avergonzados. Mostrarse abiertamente gay, tener confianza en uno mismo, implica hablar de ello con los padres, salvo en el caso de que puedan llegar a perjudicarnos o abusar de nosotros. Cuando están en juego la violencia o algún tipo de amenaza, entonces hay que protegerse. Asimismo, si dependemos de ellos y creemos que pueden abandonarnos, entonces es mejor no decirlo. En caso contrario, dejemos que la diferencia forme parte de nuestra familia, aun a riesgo de obtener una reacción adversa. Contemos *nuestra* verdad a *nuestros padres*, sea cual sea.

A menudo, como en cualquier desacuerdo familiar, necesitaremos «tomarnos un respiro». Si nuestra familia necesita distanciarse de nosotros, démosle espacio: será un acto de amor y valentía por nuestra parte.

Puede que pregunten: «¿Por qué nos lo has contado? ¿Acaso quieres hacernos daño? ¿Por qué necesitábamos saberlo?». Los padres de algunos de mis pacientes les dicen que «se trata tan sólo de una fase» o que «si decides seguir esa vida, entonces no queremos saber nada de ti». A veces, simplemente ignoran la cuestión. «¿Y no nos cuentas ninguna otra novedad?»

Muchos pacientes argumentan que el hecho de que sean gays no afecta a los padres, de modo que éstos no tienen ninguna necesidad de saberlo. Yo no estoy de acuerdo. Llevar a casa un novio o una pareja como si fuera «simplemente un amigo» —o no llevarlo nunca— supone mantener un secreto, y eso pone en peligro la relación.

Normalmente, no revelar quién eres es una consecuencia de la reticencia a enfrentarte a la familia. Seamos sinceros y digamos: «He decidido no decírselo a mis padres porque no quiero tener que hacer frente a su reacción». Partiendo de la honestidad creceremos más como personas que si decimos: «No necesitan saberlo» y simplemente evitamos el tema.

En este punto hay que dar un toque de atención. Al enfrentarse a su situación, algunos jóvenes deciden vengarse de sus padres. Un muchacho de 18 años que despreciaba a su madre y a su padrastro porque le habían obligado a ayudarles a educar a sus dos hermanastros, decidió «vengarse de ellos». Lo primero que hizo fue demostrar su homosexualidad con su forma de cepillarse el pelo, a lo que su padrastro dijo: «Ojalá dejara de jugar así con su cabello». Finalmente, posó desnudo para una revista pornográfica y «de alguna manera» se las arregló para que las fotos llegaran por correo a su domicilio y que su madre las viera.

Cuando me enfrenté a mi madre por segunda vez, me encontraba en la quinta fase para salir del armario: era arrogante y estaba enfadado. Ella no quería que fuera gay e insistió en que no lo era. Ése era su deseo, pero no la verdad. Poco después llevé a casa a dos extravagantes amigos, quienes preferían que les llamaran «Vivienne» y «Lucy». Para ellos no se trataba de una etapa pasajera, sino de un estilo de vida. En la quinta fase, necesitaba la ayuda de mis amigos para liberar toda mi ira ante mis padres y el mundo heterosexual. Le presenté mis amigos a mi madre como Vivienne y Lucy y vi cómo su rostro palidecía de horror.

Obviamente, no les recomiendo esta estrategia a mis pacientes. Salir del armario es un proceso en el que no cabe la recompensa ni el sentimiento de culpa.

Por supuesto, mi familia se habría sentido aliviada si yo hubiera guardado silencio para siempre con respecto a este aspecto de mi vida. En la película *Trilogía de Nueva York*, Arnold (el personaje interpretado por Harvey Fierstein) se enfrenta a su madre (Anne Bancroft). Ella le acusa de restregarle por la cara su vida sexual, a lo que él le responde: «Si quieres formar parte de mi vida, no pienso *cortar* las cosas que no sean de tu agrado». Esta frase es de suma importancia. Suelo mostrar este fragmento de la película cuando doy charlas en la asociación PFLAG y siempre que las familias quieren comprender la condición gay de sus hijos.

El trabajo sobre psicoterapia que Murray Bowen llevó a cabo en los años 50 se centró básicamente en el individuo. Sin embargo, Bowen se dio cuenta de que podía ser de más ayuda para una persona considerando a su familia como un todo, en el que sus diversos miembros influían en los demás. Fue un pionero en lo que actualmente llamamos terapia familiar. Desarrolló el modelo conocido hoy en día como la teoría de Bowen para ayudar a las personas a asumir y mantener su propia identidad dentro del marco de las relaciones interpersonales que se dan en el seno de una familia.

Bowen percibió en sus sesiones que las familias con problemas tendían a ser extremadamente reactivas entre sus miembros.

Parecían estar demasiado influenciados por lo que pensaba y sentía el resto, y normalmente buscaban la forma de evitar a los demás. (Como hemos visto, a menudo los gays se distancian de sus familias para evitar salir del armario ante ellas.) La idea de Bowen era que esta hiperactividad tiene su origen en un fracaso, el de intentar ser independiente con respecto a las ideas y sentimientos de los demás. Sin la libertad de pensar y sentir por uno mismo, abierta y honestamente, nuestra situación es frágil y demasiado dependiente de los caprichos del resto de miembros de la familia.

Abundando en sus descubrimientos, Bowen desarrolló dos ideas a las que llamó *fusión* —una enfermiza unión sin vínculo alguno— y *diferenciación*, la capacidad para asumir un «yo» dentro de la familia. El «yo» permite a una persona determinar su posición de una forma autónoma pero no reactiva. Un punto criticable de la teoría de Bowen es que la diferenciación no se consigue rompiendo las relaciones con la elusión de las reacciones. En algunas ocasiones, las rupturas implican una reacción, al igual que la fusión[8].

Bowen concluyó que los miembros de una familia tienen derecho a decir «sí» a lo que les parece apropiado para ellos y «no» a aquello que no se lo parece. No creía en las relaciones sin vínculos. Hay gente, por ejemplo, que piensa que «tú y yo somos una sola persona, y yo soy esa persona», o que «tú y yo somos una sola persona, y tú eres esa persona», en lugar de «somos dos personas distintas y diferenciadas, y no hay ningún problema».

A fin de conseguir un estado de diferenciación, debemos seguir en relación con el resto de miembros de la familia. Estoy de acuerdo con las conclusiones de Bowen sobre la importancia de que los miembros de una familia hablen entre ellos, aunque existan diferencias de opinión. Mi experiencia como terapeuta me ha convencido de que ser sincero y honesto con la familia es algo que crea vínculos muy estrechos, como también los crea dejar que sus distintos miembros tengan sus propias reacciones.

---

8. Kerr, Michael E. y Bowen, Murray. *Family Evaluation: An Approach Based on Bowen Theory*. Penguin Books, Toronto (Canadá), 1988.

La única reacción *inaceptable* es que te echen la culpa sin más. Todos los miembros de una familia deben ser capaces de expresar sus opiniones con sinceridad, pero sin intención de herir o culpabilizar. De lo contrario, ¡llegó el momento de ir al programa de Jerry Springer! Si se hiere o se culpabiliza, entonces la autoprotección —que no la reacción— propicia una ruptura. Y eso resulta adecuado.

Si los miembros de la familia son propensos a la violencia física o a las conductas adictivas y no ponen remedio a su problema ni buscan ayuda, entonces es mejor protegerse. Cuando tratas de abordar cuestiones problemáticas con tu familia, ¿siguen faltándote al respeto? ¿Siguen sin mostrar ninguna intención de cambiar su comportamiento o de asumir su parte de responsabilidad en una relación disfuncional? ¿Sigues echándote atrás, para que en cada nueva ocasión continúen haciéndote daño emocional y psicológicamente? Bajo estas circunstancias, una ruptura no es reactiva ni inmadura.

Los miembros de algunas familias afirman que quieren arreglar las cosas, pero no están dispuestos a asumir la responsabilidad del papel que juegan en el problema, haciendo que cualquier clase de relación con ellos sea peligrosa. Puede que digan cosas como: «No lo hago a propósito» o «Eres demasiado susceptible», o que nieguen completamente su responsabilidad y afirmen: «No entiendo cuál es el problema», aun cuando se lo hayas dicho repetidas veces. Centrarse en el comportamiento de la familia más que en lo que dicen suele conducir con frecuencia a la verdad sobre lo que piensan de ti. Puede que simplemente no puedan decirlo o admitírselo a sí mismos y, en consecuencia, tampoco a ti.

Aléjate del entorno familiar para encontrar una forma más segura de enfrentarte a ellos. A veces, para resolver las diferencias familiares hay que limitar mucho el contacto con la familia o dejar de tenerlo. Si se toma esta decisión de una forma no reactiva no se trata de una ruptura, sino únicamente de autoprotección.

Siguiendo el modelo de Bowen, un gay que sale del armario ante su familia crece como persona y deja que los suyos tengan sus propias emociones al mismo tiempo que él conserva su propio yo. De este modo, no sólo se ayuda a sí mismo y a su familia para disfrutar de unas relaciones más sanas, sino que también estará mejor preparado para afrontar las diferencias que encontrará en una relación de pareja.

Bowen definió la auto-diferenciación como la situación en que los miembros de una familia están juntos pero no revueltos. La auto-diferenciación permite que padres e hijos conserven sus respectivas identidades más allá de la familia como un todo. El equilibrio entre el amor y la necesidad de un espacio personal da lugar a la auto-diferenciación. Eso es lo que significa establecer unos límites sanos.

Si el amor y los límites no están equilibrados, entonces las fuerzas de la individualidad y la unión se desestabilizan. Los miembros de la familia podrían centrarse en ellos mismos y ser crueles con el resto, demasiado rebeldes e irrespetuosos. No se interesan por los demás, han cortado emocionalmente con la familia, expresan falsas emociones y pensamientos, les cuesta confiar en otras personas, se sienten rechazados y padecen por culpa de una baja autoestima. Si la unión pesa más que la individualidad, los miembros de una familia pueden sentirse celosos y demasiado implicados emocionalmente, castigar todos los sentimientos negativos y sentirse rechazados por ser diferentes.

Algunos terapeutas ponen demasiado énfasis en la necesidad de la individualidad. El presentador de un programa de televisión (que debería estar mejor informado) recomienda a las mujeres que llaman por teléfono que rompan sus relaciones con la gente que no «se porta bien» sin intentar solucionar antes las cosas. En una familia sana, la unión y la individualidad deberían estar equilibradas; en una familia problemática, una de las dos fuerzas tiene más peso que la otra.

Meredith, una madre de 42 años de edad, vino a verme cuando su hijo de 20 años, Roger, le dijo que era gay. Ella estaba convencida de que no lo era; su marido, el padrastro de Roger, no quiso asistir a la terapia, de modo que ella se presentó acompañada de Roger. (El padre de Roger había muerto cuando él tenía 3 años, y el segundo marido de Meredith era el único padre que el muchacho había conocido.)

Meredith empezó diciéndome que Roger «no sabía lo que era» y que se estaba enfrentando a su identidad sexual. Ella quería ayudar a su hijo. Roger sólo hacía dos meses que había salido del armario ante ella, y Meredith aún se sentía muy desgraciada. Me confesó que Roger, el menor de tres hermanos, se sentía más cercano a ella que sus otros dos hijos. Llegó a decirme incluso que se sentía más unida a él que a su propio marido.

Roger le aseguró a su madre que nada había cambiado y que la seguía queriendo como siempre la había querido. También dijo que, de hecho, *no* se estaba enfrentando a su identidad sexual, porque sabía con seguridad que era gay.

Meredith se tomó esto como una ofensa. «¿Por qué quieres hacerme daño?», le preguntó. Después de varias sesiones, quedó claro que, desde hacía años, la relación de Meredith con su segundo marido se había enfriado. Ella había aportado más bien poco a ese matrimonio, y tampoco recibió mucho a cambio. Había dedicado todas sus energías a su hija y a sus dos hijos.

Los hermanos de Roger se habían trasladado a vivir a otros puntos del país, algo que la madre se tomó como un rechazo personal: «Nunca pensé que no podría ver a mis hijos todos los días». Aunque seguían permanentemente en contacto e iban a verla cuatro veces al año, ella dijo que con eso no tenía bastante. Se sentía sola y abandonada. Ahora, Roger le había dicho que era gay y pasaba menos tiempo con ella. Era incapaz de comprenderlo.

Se negaba a asistir a las sesiones de PFLAG sin Roger, y su marido no quería ir. Asimismo, tampoco quiso hablar con otros padres de esa asociación.

Como terapeuta, veo señales de alarma por todas partes. Esta familia hacía un gran hincapié en la unión. Meredith había dedicado su vida a los hijos, que ahora eran adultos tratando de alcanzar su individualidad.

Le aseguré a Meredith que la marcha de sus hijos del nido familiar y las visitas regulares daban a entender que había sido una buena madre. Sus hijos tenían bastante confianza en sí mismos como para vivir su propia vida. Pero Meredith insistía en que ésas *no eran* señales positivas. También la felicité por haber educado a un hijo gay que quería compartir con ella su verdadera personalidad. Eso tampoco la tranquilizó, de modo que pasamos a abordar los temas subyacentes.

En los últimos tiempos, su vida había girado en torno a su hija y a sus hijos debido a un matrimonio «distante». Ahora que el nido se había quedado vacío, su fría relación matrimonial la hacía sentirse sola y enfadada.

Le pedí a Howard, el marido de Meredith, que asistiera a nuestra siguiente reunión. Lo hizo, pero con reticencia; aunque no interviniera en nuestras conversaciones, quería que estuviera presente.

Roger se sentía cómodo siendo gay. Su principal preocupación era su madre, a quien angustiaba la posibilidad de «perder» a su hijo y sufrir en un matrimonio al que había que dedicar muchos esfuerzos. Les dije que Roger estaba adquiriendo una sana identidad como gay, y que el verdadero problema era la necesidad de que aceptaran que tenían un hijo gay y de que su matrimonio estaba basado en hacer vidas paralelas. Howard trabajaba muchas horas y era un gran aficionado a la pesca; Meredith le había pedido repetidas veces que pasara más tiempo con ella, pero él se resistía. Llegué a la conclusión de que si seguíamos adelante con la terapia, la cuestión debía centrarse en Howard y Meredith, cuyo conflicto repercutía en el resto de la familia.

Roger había hecho bien al salir del armario ante su familia, siendo sincero y alentando a Howard y Meredith a examinar su propia relación.

A medida que se fue sintiendo más segura de sí misma, Meredith ya no necesitó emocionalmente a sus hijos. También desarrolló relaciones más sanas con otros parientes y amigos. Ella y Howard acabarían resolviendo la cuestión de su matrimonio, y todo ello gracias a la integridad y el valor de Roger. Salir del armario es bueno.

Capítulo 4

Deja atrás la eterna adolescencia

¿ADMIRARÍA EL MUCHACHO QUE FUISTE UNA VEZ
AL HOMBRE EN QUIEN TE HAS CONVERTIDO?
Anónimo

El título de este capítulo es una buena estrategia para cualquier persona, gay o heterosexual.

Anne y Duane vinieron a verme porque este último parecía incapaz de ser un esposo responsable y un futuro padre en el que se pudiera confiar. Anne estaba furiosa porque su marido pasaba todos los fines de semana y muchas noches con sus amigos solteros. Completamente inconsciente de los efectos que su conducta podía tener para su mujer y su futuro hijo, entraba y salía de casa cuando le daba la gana. Duane afirmó que solía salir después de que ella se quedara dormida para que no se preocupara, pero Anne dijo que no podía conciliar el sueño cuando él regresaba a las cuatro de la madrugada. Se preguntaba dónde habría estado, y se sentía insegura en su matrimonio. Duane lo atribuía a que ella estaba de mal humor a causa del embarazo.

Incapaz de comprender los sentimientos de Anne, y aun menos de admitirlos, Duane pensaba que debía poder hacer lo que le apetecía y no dejar que ella «controlara» su vida. Quería que su mujer dejara de juzgarle y criticarle —eso ya lo había hecho su padre— y que simplemente aceptara lo que hacía. Pero cuando ella le pidió esa misma atención y comprensión, él se las

negó, asegurando que las expectativas de Anne eran «poco realistas».

Duane pensaba que ya era un buen marido si el tiempo que pasaba con Anne era «de calidad». No obstante, lo cierto es que
pasaba la mayor parte de su tiempo libre lejos de su mujer y sólo
estaba a su lado en contadas ocasiones.

Yo le comenté a Duane que se comportaba más como un novio
que como un marido, y que el hecho de ser padre implicaría tener
que estar mucho más tiempo en casa. Me contestó, enfadado, que
a *él* le habían educado así y que eso nunca *le* había afectado negativamente. Teniendo en cuenta que Anne no trabajaba, pensaba
que ella debía asumir por completo las tareas domésticas y la educación de su futuro hijo.

Duane era incapaz de sentir empatía con su mujer y no se mostraba dispuesto a asumir la responsabilidad de su conducta. Llegué
a la conclusión de que el problema de Duane era muy sencillo: no
quería hacerse mayor y cargar con las responsabilidades de ser
padre y marido a todas horas. Sus reacciones a la defensiva indica-
ban que él lo quería todo, como tantos adolescentes; no aceptaba
las restricciones que implica la paternidad, y por eso proyectaba las
«críticas» de su padre en las quejas, legítimas, de su esposa.

Sin embargo, Anne se mostraba inflexible y quería que Duane
pasara más tiempo en casa, para estar con ella y para que ejerciera
de padre de su hijo. Ese desacuerdo les obligó a seguir asistiendo
a la terapia durante bastante tiempo, incluso hasta después de que
naciera su hija. Ninguno de los dos quería el divorcio, en especial
Duane, que quería estar en misa y repicando.

Obviamente, los gays no tienen el monopolio de la eterna adolescencia. Las sociedades occidentales idealizan la juventud, lo que
hace que deseemos ser jóvenes tanto tiempo como nos resulte
posible. Tarde o temprano, la moda de los adultos acaba imitando
el estilo de la juventud. Los cirujanos plásticos (muchos de ellos se
anuncian en revistas de gran tirada) ofrecen a sus pacientes la posibilidad de seguir siendo jóvenes.

Como veremos en el capítulo 7, algunos psicoterapeutas y profesionales de la salud mental siguen defendiendo que el hecho de
ser gay o lesbiana se debe a que se está viviendo una falsa adoles-

cencia. Creen que los gays no han «evolucionado» hasta el estado «natural» de la heterosexualidad y, al quedarse emocional y psicológicamente estancados en la adolescencia, no pueden madurar y convertirse en adultos.

No hay nada de verdad en esta afirmación. Pero, desgraciadamente, la cultura gay a veces no anima a madurar.

Un escritor amigo mío suele decir, bromeando: «Estoy en contacto con el niño que llevo dentro, ¡pero el adolescente que hay en mí se divierte más en las fiestas!». En el capítulo 2 se explica que la quinta fase del proceso de salir del armario libera al adolescente que llevamos dentro. Un gay empieza a salir con otros gays y a tener todas las relaciones sexuales que puede. Tal vez tenga un novio durante un día, una semana o un mes —puede que tres—, y luego irá en busca del siguiente.

En esta fase, los gays de cualquier edad llevan camisetas con frases como ésta: «NO SOY GAY, PERO MI NOVIO SÍ». En los desfiles del orgullo gay, se oyen cosas como: «¡Estamos aquí! ¡Somos maricas! ¡Tendréis que acostumbraros a ello!». En un episodio de la serie *Will & Grace*, Jack —el mejor amigo de Will, un gay militante y extravagante— muestra su disgusto al ver a Grace besando a su novio, a lo cual éste le replica: «Somos heteros, salimos juntos. ¡Tendrás que acostumbrarte a ello!».

Entre los 12 y los 18 años, los adolescentes lidian con el tema de la intimidad y la sexualidad. Durante su desarrollo psicológico, suelen salir con mucha gente, experimentan con el sexo y con sustancias alucinógenas, y exteriorizan todo eso. Sus amigos pasan a convertirse en su nueva familia. Empiezan a imponerse, a menudo con malhumor y de una forma poco adulta. El gay que sale del armario también atraviesa un período de rebeldía, salvo en el caso de que esta experiencia haya sido aplazada hasta la edad adulta.

De la misma forma que un adolescente *debería* desarrollar su propia identidad —lo que en algunas ocasiones significa rebelarse contra los valores familiares—, el gay recién salido del armario no soporta por más tiempo las expectativas de la cultura dominante con respecto a él. Efectivamente, un gay *debe* rebelarse para encontrar su lugar en un mundo heterocéntrico. Sigue su propia línea de razonamiento, que no comporta necesariamente lo que tiene sentido para otros. Para cualquier adolescente, la intimidad emocional y sexual es un objetivo prioritario, como lo es también para el gay que se encuentra en la quinta fase del proceso para salir del armario.

Por desgracia, la sociedad pasa por alto esta fase de desarrollo tardía de los gays y, desde la perspectiva del heterosexismo, sólo ve a un adulto comportándose como un adolescente que es radical, sexualmente promiscuo, irritable e inmaduro. Todo esto da como resultado una dogmática generalización: «Los gays son así». Puesto que este tipo de comportamientos resultan muy visibles, los escritores homofóbicos y homonegativos y los expertos en salud mental han decidido que este es el «estilo de vida gay». Cuelgan a todos los gays la etiqueta de inmaduros y consideran que no han completado su evolución, negándose a proseguir esta fase transitoria hasta su conclusión.

Pero, al igual que muchos heterosexuales cuando cumplen los veinte años, los gays acaban por situarse, se sienten más cómodos con ellos mismos y acaban resultando menos «extravagantes». En la sexta fase del proceso para salir del armario, el gay integra sus creencias y su identidad con el resto de la sociedad y ya no llama tanto la atención sobre sí mismo. Emocionalmente, ha madurado.

La mayoría de adultos —en especial los padres que no han conseguido desarrollar su intimidad sexual— se sienten incómodos con el aparente éxito de los adolescentes en este campo. Con algo de celos, consideran la exteriorizada y enérgica sexualidad adolescente como una provocación y un acto de desobediencia. Pero, mediante su irrespetuoso comportamiento, los adolescentes consiguen separarse de sus familias y convertirse en personas con sus propios valores y creencias. Es algo que puede asustar a los padres que van a la deriva.

Éste es también el caso de los gays y lesbianas que se encuentran en la quinta fase. Empiezan a separarse, a individualizarse, y de repente se descubren luchando contra la energía negativa de la cultura heterocéntrica, igual que un adolescente que empieza a rebelarse contra las restricciones que le impone su familia. Cuando era pequeño, me encantaba ser judío. Pero a los ocho años, si no me hubiera gustado, no habría podido decirle a mi madre: «Mira, no me siento a gusto en la escuela judía. Quiero aprender el catecismo y ser bautizado como católico». Ella nunca lo habría permitido; en realidad, pocas familias lo habrían hecho.

Hasta la pubertad, la gente que nos educa nos obliga a cumplir con lo que espera de nosotros. Luego, durante la adolescencia, nuestra obligación es descubrir quiénes somos realmente. Esta es la razón por la que salir del armario —y no sólo su quinta fase— es tan importante. Entonces se comprueba que todo gay que continúa dentro del armario vive según las expectativas de sus padres. No se ha convertido en el hombre que debe ser. Pero, incluso después de haber salido del armario, suele dejar a veces otros problemas en su interior... ¡aunque nunca llegaran a estar allí!

Los problemas que se les plantean a los gays que no consiguen completar la etapa adolescente son demasiados para ser tratados en un solo capítulo. Se da una adicción al sexo (capítulo siguiente), que empieza como la etapa de experimentación «normal» de cualquier adolescente, aunque puede evolucionar hacia una compulsión sexual. Al leer las columnas de cotilleos de Hollywood, descubres que muchos actores heterosexuales padecen este trastorno. Una vez más, no se trata de una cuestión exclusivamente gay.

Aun así, los hombres heterosexuales suelen tener madres, novias y esposas que les ayudan a dejar de ser adolescentes y convertirse en adultos heterosexuales. Los gays solemos estar faltos de mentores y modelos de conducta (ver capítulo 6). La mayoría de nosotros no sentimos ninguna presión social que fuerce las cosas y nos obligue a «crecer».

Duane habría seguido siendo joven e irresponsable si no hubiera sido por Anne. De vez en cuando me encuentro con mujeres que desean que sus maridos se impliquen más como padres y esposos. La cultura masculina tradicional pone énfasis en la competencia, en la caza, en ligar con mujeres, actividades todas ellas que se llevan a cabo en solitario. No resulta sorprendente que muchos hombres, gays y heterosexuales, se desenvuelvan muy bien en su trabajo pero no en sus relaciones adultas.

He comprobado que las lesbianas son más maduras que la mayoría de los gays. Tanto dentro como fuera de mi profesión, veo más empatía, atención, conexión y madurez en sus relaciones. ¡Los hombres tenemos mucho que aprender!

En general, las chicas maduran antes que los chicos. Esto podemos verlo incluso en las fases más tempranas del desarrollo: las niñas empiezan a hablar antes y también se sienten atraídas sentimentalmente más pronto por alguien, en general por parejas mayores que ellas. Para una chica heterosexual es algo habitual perder la cabeza por un muchacho que aún sigue saliendo con sus amigos y que ni siquiera es consciente de que existen las mujeres. No será hasta más adelante que los chicos alcancen la madurez emocional de las chicas. Así pues, tiene sentido decir que las lesbianas tienden a madurar antes que los gays, si contamos en términos de «años gays». Las lesbianas suelen tomarse más en serio su vida, son más organizadas y están más politizadas. Desgraciadamente, muchas lesbianas llevan esto demasiado lejos y les resulta difícil divertirse y relajarse.

Shan Carr, una actriz cómica lesbiana, cuenta una historia de cuando trabajó en un crucero sólo para gays y lesbianas: dos militantes lesbianas se encontraron en la cafetería del barco con la actriz y un amigo gay de ésta: él estaba picando unas almejas y ella un poco de caviar. Él se dio la vuelta hacia Shan y le dijo: «¿No lo encuentras gracioso? ¡Tú te estás comiendo unos huevos, mientras yo me como una almeja!».

Ambos se echaron a reír. Entonces, las dos militantes lesbianas exclamaron: «¡NOSOTRAS NO SABEMOS A ALMEJA!».

Cuando Shan Carr contó este chiste, su público la aclamó.

«Hay lesbianas —dijo Carr— que no saben dejarse llevar y divertirse con algunas de las cosas que las diferencian de los gays.» En cambio, las lesbianas saben ocuparse con seriedad de sus vidas y sus relaciones.

Mi pareja y yo hemos hecho varios cruceros para gays y lesbianas. No sé por qué, pero en ellos suele haber unos 2.000 gays y sólo una docena de lesbianas. Por su parte, la tripulación del barco suele ser básicamente heterosexual. El capitán, en la recepción que ofrece a los pasajeros, dijo que la tripulación y él estaban encantados con estos cruceros, porque los gays «se divierten, gastan mucho dinero y no se quejan». Los miembros de la tripulación me comentaron que lo pasaban en grande con los gays y que les encantaba asistir a sus fiestas.

Estoy de acuerdo: los gays se divierten mucho, pero a menudo hay un desequilibrio: demasiada diversión y poca seriedad. Creo que hay un momento y un lugar para las juergas y el sexo, pero la eterna adolescencia se interpone en nuestro camino. Lo cierto es que muchos gays abandonan una relación cuando ésta supone un esfuerzo doloroso. A diferencia de las lesbianas, que en general saben canalizar su ira a través de la actividad política, los gays tienden a reprimir la rabia y los sentimientos problemáticos con respecto a otros hombres. Los sentimientos agradables se exteriorizan y son sexualizados. En lugar de enfrentarnos cara a cara con la ira que sentimos, tenemos tendencia a expresarla a través de la promiscuidad sexual.

También podemos expresar nuestro enojo de forma tangencial siendo duros y críticos con otros gays. En mi trabajo con la comunidad gay he comprobado que puede que los gays no se quejen mucho de un jefe o el dueño de una empresa que sean heterosexuales, pero en cambio sí se critican entre ellos. En realidad, hay una tendencia a ser un poco malo, como en el instituto. En un crucero gay oí a unos hombres criticando a los organizadores: decían que éstos lo hacían «por dinero» y que eran «unos hipócritas». En la misma conversación, esos hombres manifestaron humildemente su gratitud a la tripulación heterosexual por dejarnos estar en «su» barco.

¿Nos asusta ver a otra gente en busca del éxito? ¿Acaso no hay espacio suficiente para todos? Cuando alcanzamos la madurez, nos damos cuenta de que cualquier hombre que se gane la vida haciendo algo bueno por nuestra comunidad es tan respetable como cualquier heterosexual que haga lo mismo.

Creo que, inconscientemente, dejamos que los heterosexuales disfruten de sus privilegios y criticamos a los gays cuando hacen lo mismo. Esto es una consecuencia de no respetar por completo nuestra forma de vida, que no hemos apoyado desde el principio. Tenemos que afirmar el respeto que merecemos y reprimir el impulso de criticar a otros gays.

Somos una *comunidad* de hombres que ha sido físicamente golpeada y emocionalmente despreciada. Por desgracia, justo cuando estamos empezando a recuperarnos de los efectos de esos abusos, nos dedicamos a criticarnos los unos a los otros. Al igual que los adolescentes, formamos nuestros grupos y camarillas. Los que son atractivos y están en forma son populares, mientras que los demás son marginados. En el mismo crucero oí a otro gay burlándose de un hombre con sobrepeso: «Es tan obeso que necesita su propio código postal». Me di cuenta de que el blanco de su comentario le escuchó por casualidad, aunque estoy seguro de que quien hizo la broma quería que le oyera.

Con frecuencia, los adolescentes suelen juzgar a los demás con severidad para disimular el dolor que sienten. Cuando luchan por liberarse del control de los padres, se unen a su grupo de amigos y deciden quién lo ha logrado y quién no. Los gays hacen lo mismo, y suelen ser igual de maliciosos.

Muchas minorías tienen esa misma tendencia a criticarse mutuamente. Es lo que se denomina discriminación lateral: el grupo minoritario interioriza la presunta superioridad del resto de la sociedad criticándose los unos a los otros.

Si un gay sólo ha salido del armario ante sus amigos gays y no ante todo el mundo, puede que no sienta la necesidad de seguir adelante. De un modo parecido, si los adolescentes se quedan aislados en su grupo de amigos y no cuentan con los adultos para que les echen una mano, no superarán la fase de rebelión de una forma sana. Como gays, nos faltan modelos de conducta sanos que nos desafíen a desarrollar nuestra preocupación por los demás, una parte del proceso de desarrollo que tiene lugar durante la adolescencia. Pero el heterosexismo y la homofobia nos enseñan a no preocuparnos por otros gays o lesbianas, sino sólo por los heterosexuales.

Los gays adolescentes aprenden a evitarse mutuamente y a tener envidia de los amigos heterosexuales de los demás, porque los valores heteronormativos han sido inculcados en todos los niños y adolescentes. En consecuencia, los gays y las lesbianas no saben cómo relacionarse entre ellos social y sentimentalmente, y se ven obligados a desarrollar por sí mismos el respeto por los demás.

Con un poco de suerte, el hombre (o el chico) estancado en la adolescencia oirá decir: «Un día me darás las gracias por esto» a sus padres, a sus abuelos y a personas que se preocuparon por identificar su conducta adolescente y le desafiaron a seguir evolucionando hasta convertirse en un adulto. Aunque Duane, un marido reticente, pudiera sentirse afectado por las críticas de su mujer, creo que para Anne era bueno que le obligara a alcanzar la edad adulta. Lamentablemente, hay pocos gays que cuenten con personas que les empujen en esa misma dirección. Los heterosexuales que no tienen un hermano o una hermana mayor pueden ver cómo estrellas infantiles como Ron Howard o Jodie Foster evolucionaron con éxito hasta convertirse en adultos. Nosotros rara vez tenemos la oportunidad de ver a un niño gay convertirse en un adolescente gay y, finalmente, en un adulto gay sano.

Los gays atrapados en la eterna adolescencia tienen algunas cosas en común: creen que cuando lleguen tiempos difíciles, alguien les salvará. Quieren que sigan cuidando de ellos como cuando eran niños. Y, al igual que un niño, no quieren dejar atrás esa época.

Necesitamos seguir adelante y asumir responsabilidades adultas. No es una tarea fácil, pero todos, gays y heterosexuales, debemos enfrentarnos algún día a ella. Seguir el camino más fácil sólo nos servirá para crear más problemas en el futuro, a nosotros mismos y a los demás.

Cuando salen, mis pacientes «adolescentes» sólo van a bares donde la mayoría de los hombres son muy jóvenes y buscan hombres incluso mucho más jóvenes. Se gastan el dinero en cosas que no necesitan; viajan a lugares como Fire Island, Provincetown o Cayo Hueso; malgastan tiempo y dinero en busca de multitudinarias y lujosas fiestas que se celebran todos los fines de semana y donde privan el sexo y las drogas.

Si intentan quedar en privado con sus «amigos de los bares», no hay conexión alguna. Prefieren las relaciones superficiales, efímeras y a distancia. En cuanto las cosas se ponen difíciles, buscan a alguien de otro estado, incluso de otro país. Estos hombres visten ropa juvenil y se juzgan unos a otros por sus pectorales y abdominales y hasta por el coche que tienen en el garaje. Para alejar el fantasma de la vejez, consumen drogas y alcohol tanto si tienen 30, 40 como 50 años.

No apruebo el uso de las drogas a ninguna edad, pero un chico de 20 años puede recuperarse con más facilidad de sus efectos. Por otra parte, no hay nada malo en las fiestas o en disfrutar de la compañía de hombres más jóvenes, pero tarde o temprano la fiesta llegará a su fin. Este obligado retorno a la realidad es descrito a menudo en mitos y cuentos infantiles: a medianoche, la carroza vuelve a convertirse en la calabaza, demasiado pequeña para llevar a Cenicienta; tan sólo la zapatilla de cristal —su oportunidad para encontrar a alguien con quien compartir su vida— sigue «ajustándose» a su pie. Desgraciadamente, son demasiados los gays que siguen montándose en la calabaza, porque son incapaces de renunciar a lo que en un momento dado fue importante para ellos, cuando salieron del armario. Siguen atribuyendo a sus padres y a la sociedad —pero no a sí mismos— la responsabilidad de corregir los abusos y enmendar los errores.

Madurar exige contemplar de una forma realista el mundo que nos rodea, y nos obliga a comprender y aceptar que las cosas no son justas. Necesitamos examinar de nuevo la forma en que nos educaron y el comportamiento de nuestras familias, para bien o para mal.

Como dije antes, madurar no es tarea fácil. Con demasiada frecuencia, esa mirada más atenta arroja luz sobre modelos familiares disfuncionales que resultan dolorosos de admitir. Para evitar ese dolor, nos agarramos a nuestras ilusiones. Es más fácil hacerse la víctima y quejarse porque no se puede ejercer el control sobre un mundo que no quiere aceptarnos. Es más fácil seguir buscando el amor incondicional que no hemos recibido de la familia y evitar las relaciones a largo plazo que exigen una evolución hacia la madurez. Sin embargo, al escoger el camino más fácil, uno se pierde la riqueza y la belleza que puede ofrecernos la vida.

Eddie era un abogado de éxito, de 42 años, que ganaba mucho dinero. Ahora que sus padres se habían divorciado y que su padre ya no necesitaba el enorme apartamento donde él se había criado, Eddie estaba resentido porque no le había «cedido» aquel espacio. Después de todo, ¿el alcoholismo de su padre no había arruinado su infancia, obligándole a retrasar el momento de salir del armario y haciéndole muy difícil establecer una relación?

Demostrando un gran farisaísmo, Eddie no quería admitir, y mucho menos analizar, su propia capacidad como adulto. Por supuesto, estaba en su derecho de sentirse decepcionado, pero su padre también lo tenía a hacer lo que quisiera con su apartamento.

Louis, otro paciente, solía engañar a menudo a su pareja, pero no le gustaba mi reacción: le decía que el hecho de mantener en secreto sus aventuras —que traicionaban el acuerdo de monogamia que tenía con su pareja— demostraba falta de integridad.

Esta falta de comunicación formaba parte de un conflicto más amplio: Louis y su pareja tenían problemas en su relación, pero no querían afrontarlos. El resultado de todo ello era que se peleaban constantemente y que tenían más de un problema sexual. Empezaron a desarrollar sentimientos negativos entre ambos, y su vida sexual se resintió aún más. Louis insistía en que tenía derecho a salir y «conocer a otros hombres que satisfagan mis necesidades sexuales si él es incapaz de hacerlo». Si planteaba su problema abiertamente, sin tapujos, su pareja podría dejarle. Para evitar el riesgo y el dolor de esa situación, Louis llevaba una doble vida y se negaba a asumir su responsabilidad y la de su relación.

¿Qué tenían en común estos dos pacientes? Siendo niños, ninguno de los dos había visto satisfechas sus necesidades. En consecuencia, ambos seguían tratando de convertirse en adultos para satisfacerlas, aunque actuando de un modo negativo. Algunos pacientes como Eddie siguen echando mano de un padre que es incapaz o está poco dispuesto a darle cariño y a aceptarle. Cuando sus esfuerzos se ven frustrados (y eso es inevitable), suelen buscar otra figura con autoridad —su jefe, un hermano o un amigo— para proyectar los problemas de su infancia en esa persona. Lógicamente, esperan que este «sucedáneo» de padre les aporte todo lo que sus verdaderos padres no les dieron. Sin embargo, eso nunca va a resolver el problema.

El niño que fuimos una vez no puede satisfacer sus necesidades como tal en el presente. La infancia ya terminó y quedó atrás. Tratar de encontrar a alguien en el presente para cubrir las necesidades no satisfechas en el pasado no sólo es inadecuado, sino también imposible; es una receta segura para la decepción y la frustración.

Una vez, estando de visita en casa de mi hermana, me resultó muy difícil entender lo que trataba de decir mi sobrino de dos años. «Quiere un vaso de agua», me explicó ella. No tenía ni idea de cómo ella podía comprender aquellos sonidos; simplemente prestaba mucha atención, como debe hacer cualquier madre. Sólo cuando somos muy pequeños podemos esperar que los demás nos escuchen con tanta atención, que se anticipen a nuestras necesidades y que libren nuestras batallas por nosotros. Cuando somos adultos, no resulta adecuado ni realista pretender que los demás adivinen nuestros deseos: debemos hablar y expresarlos. Pero, aun cuando hayamos elaborado un buen argumento, puede que no consigamos lo que queremos. A los niños se les tolera una rabieta, pero a los adultos no.

En sus esfuerzos por satisfacer una de sus necesidades infantiles, Eddie seguía dándose contra la misma pared: su padre seguía sin querer complacerle. Lo mismo le ocurría a Louis, que prefería seguir engañando a su pareja que afrontar las consecuencias de sus actos y decisiones; no me sorprendí al enterarme de que de niño robaba lo que sus padres no querían comprarle.

Ninguno de estos dos hombres podrá superar su etapa adolescente hasta que sienta el dolor necesario y admita que sus necesidades infantiles nunca fueron satisfechas y que nunca lo serán. Como adulto, todo hombre debe asumir la responsabilidad de cuidar de sí mismo; ¡los demás adultos ya tienen bastante trabajo ocupándose de sus propias vidas!

David, un gay divorciado de 43 años de edad, padre de una niña, vino en busca de ayuda para enfrentarse a una depresión. Se encontraba en la sexta fase del proceso para salir del armario, y se había integrado en la sociedad. Unos años antes, había pasado por un divorcio muy problemático. Brenda, su ex esposa, le había presentado como un desalmado por haberla dejado después de veinte años de matrimonio. En un esfuerzo por compensar lo que él consideraba una maldad —casarse y luego salir del armario—, le ofreció una pensión más alta de la que el juez estimó apropiada. Aunque ganaba mucho dinero como dentista, se encontró con que no tenía suficiente para satisfacer sus propias necesidades.

Cuando analizamos los antecedentes de David, resultó que Peggy, su narcisista madre, era quien mandaba en la familia. Para ella, las apariencias eran más importantes que la realidad. Le había enseñado a su hijo que, para conseguir su cariño, debía complacerla y cuidar de ella. El padre de David, que se había desentendido de la familia hacía mucho tiempo, estaba de acuerdo con todas las exigencias de Peggy.

David nunca consiguió complacerla. Él quería ser arquitecto, pero su madre le dijo que con eso nunca ganaría dinero y que era mejor que fuera dentista. A David no le gustaba esa carrera, pero cuando acudió a su padre para que le ayudara a reorientar sus estudios, éste le dijo: «No pienso pagarte los estudios a menos que seas dentista».

A los 22 años, David sintió que no le quedaba otra elección que la de cumplir con las expectativas de los demás. Cuando ya fue un adulto, el guión seguía siendo el mismo, y se casó con Brenda sabiendo que él era gay. Tras diez años de infelicidad matrimonial, empezó a pensar en el divorcio, pero sólo se encontró con críticas, tanto por parte de su madre como de su mujer: «¿Qué pensará la gente de un hombre que se divorcia teniendo una hija pequeña?». Siguió casado con una mujer que no dejaba de hacerle reproches, que le insultaba y le decía que no era un buen padre, acusándole de esconder dinero y preguntándole constantemente dónde había estado.

A David le costaba reprimir su condición de gay. La enterró abusando del alcohol y aceptando visitas en su consulta los fines de semana para evitar estar en casa. Pero al cabo de un tiempo recibió un toque de atención: un cáncer de próstata le obligó a analizar su vida. Decidió dejar el alcohol y seguir el programa de los 12 pasos. Durante la primera fase de su recuperación, empezó a enfrentarse a problemas que hasta ese momento había eludido. Ahora que su hija se estaba haciendo mayor, toleraba cada vez menos los abusos emocionales de su mujer. Ahora que no anestesiaba sus sentimientos con el alcohol, su necesidad de salir del armario era cada vez más fuerte. Aun así, la situación le provocaba una gran ansiedad. ¿Cómo podía ser capaz de defraudar a su mujer —¡y a sus padres, por supuesto!— no sólo saliendo del armario sino reduciendo también los ingresos familiares? Después de divorciarse, Brenda tendría que buscar un empleo, y su hija debería arreglárselas sola económicamente. ¿Qué pensaría de eso la gente?

Durante la terapia, David descubrió que el guión familiar de su infancia aún gobernaba su vida. Nunca había crecido, o, para ser más exactos: nunca había superado la vergonzosa docilidad que le habían impuesto desde pequeño. En el pasado, hizo todo lo posible por seguir al pie de la letra el privilegiado modelo heterosexual: estudiar una carrera que diera dinero, casarse y ganarse muy bien la vida para mantener a su familia. El único problema era que él nunca había deseado ese estado de cosas. Él quería salir del armario, establecer una relación satisfactoria y ser arquitecto. Pero como todas estas cosas habrían sido muy «aparentes», decidió complacer a todos excepto a sí mismo. Lo trágico, por supuesto, es que en eso también había fracasado.

Ahora David estaba tomando antidepresivos. Su única salida era desafiar el esquema de su familia y, aunque no era fácil, aprender que no complacer a los demás era algo bueno. Necesitaba enfrentarse a los juicios de su mujer, de su hija y de sus padres y no dejar que gobernaran su vida.

Tras muchos meses de terapia, David se divorció de Brenda. Aunque cubría todos los gastos de la universidad de su hija, ésta dejó de hablarle porque se negó a costear los plazos de su coche y los recibos de sus tarjetas de crédito. Simplemente, David no podía permitírselo. Además, tuvo que reconocer que le había dado demasiadas cosas a su hija para compensar el cariño y el apoyo que él nunca había recibido de sus padres.

Luego David tuvo que asumir un reto incluso más difícil: hacer frente a los mensajes que su familia le había mandado mientras se estaba haciendo mayor. Su primera respuesta a mi sugerencia fue: «Me parece que me está animando a arremeter contra mis padres». No era ésa mi intención, por supuesto. Lo que yo hacía era invitarle a analizar por su cuenta sus sentimientos negativos con respecto a cómo le habían educado. Quería que viera que el hecho de enterrar esos sentimientos afectaba a su vida actual.

Su padre y su madre, que se opusieron con contundencia a su divorcio, continuaban estando en contacto con Brenda. No había nada malo en su deseo de seguir viéndose con la madre de su nieta, pero *sí* lo había en el hecho de que Brenda continuara haciéndole reproches a David y criticándole en presencia de su hija. (El condado de Cobb, en Georgia, ha establecido una práctica que sería bueno que adoptaran más comunidades: los padres que tienen intención de divorciarse deben asistir a unas clases sobre cómo tratar a sus hijos; el curso pone énfasis en que ningún padre debería desacreditar o criticar al otro delante de los hijos.)

Por supuesto, los padres de David le llamaron por teléfono para explicarle lo mal que lo estaba pasando Brenda. ¿Cómo había sido capaz de causarle tanto dolor, se preguntaban, sólo para poder acostarse con otros hombres? David tenía que enfrentarse a sus padres... ¡a los 43 años de edad! Para empezar, les dijo que dejaran de inmiscuirse en su vida. Haciendo caso omiso, ellos replicaron: «También se trata de nuestra vida, y Brenda es la madre de nuestra nieta».

Estaba claro que nada de lo que David dijera o hiciera sería de su agrado. Por encima de todo, estaban disgustados porque la madre de Brenda les hacía desaires en la iglesia. Bajo su punto de vista, toda la culpa era de *David*, una consecuencia de su divorcio. Con mi ayuda, David decidió decirles a sus padres que si se empeñaban en hablar de Brenda y de su antigua familia política, cortaría la conversación y les colgaría el teléfono. Ellos insistieron y David les colgó. Con el tiempo, dejaron de hacerlo. Pero a David el proceso de aprender a mantenerse firme le resultó muy difícil. Tuvo que admitir que sus padres no velaban por los intereses de su hijo, sino por los suyos propios. Su única preocupación era cómo les hacían parecer ante la sociedad los actos de su hijo. Ahora había llegado el momento de que David se sintiera bien *por sí mismo* y dejar que sus padres sintieran su *propio* dolor después de la independencia recién adquirida por su hijo.

Recuerda que todos tenemos dos padres: los que nos educan y los que interiorizamos. Tenemos que enfrentarnos a lo que Freud llama superego, junto con todos los guiones que hemos seguido desde la infancia. ¿Qué es lo que encaja y lo que no encaja ahora? Dejar de lado los guiones que ya no encajan puede resultar tremendamente doloroso. ¿Estás desobedeciendo a lo que tus padres desean para ti, faltándoles al respeto? En efecto: superar la adolescencia implica decepcionar a los demás. Ser adulto tiene que ver con la separación y la individualización. Cumplir con tu *propio* destino no es faltarle al respeto a nadie. No obstante, si tu familia amenaza con rechazarte, el desafío de alcanzar la edad adulta resulta mucho más grande. Esto es tan cierto cuando estás saliendo del armario como cuando estás «fuera».

Cuando supera la eterna adolescencia, un hijo experimenta la *culpa de la separación* al adoptar su individualidad con respecto a su familia. Con bastante frecuencia, la familia le ha mandado mensajes sutiles diciéndole que esa separación será dolorosa para ellos. Hay muchos chistes sobre la madre judía que dice: «Si me quieres de verdad, nunca me abandonarás», pero no creo que sean divertidos. He comprobado los efectos negativos que este tipo de lazos tiene en pacientes que intentan llevar por sí mismos una vida como adultos.

La culpa de la separación es especialmente habitual entre pacientes que evitan los conflictos. En general, también tienen problemas para vivir abiertamente como gays. Y, precisamente porque no viven de una forma más abierta, sus parejas se sienten frustradas o les abandonan. Suelen tener pocos amigos gays, porque salir a locales de ambiente les provoca mucha ansiedad. Relacionan todos estos problemas con la idea de que ser gay es algo muy complicado.

Después de un tiempo de terapia, resulta evidente que la mayor parte de estos hombres fueron educados en familias cuya consigna era: «No hables de tus sentimientos, haz lo que te decimos y no protestes». Ser gay contraviene el guión de quienes no quieren buscarse problemas. Efectivamente, harán cualquier cosa por evitar los problemas, aun cuando eso signifique destrozar su vida. Pero un gay *debe* protestar ante una sociedad que quiere que los gays no armen alboroto y condena a la gente que vive fuera de las normas.

Josh, de 38 años, llevaba dos años en pareja con otro hombre. Me contó que no le importaba mucho su relación, el hecho de ser gay o cualquier otro aspecto de su vida. Había empezado a salir del armario unos años antes de conocer a su pareja, pero nunca se había sentido a gusto con su homosexualidad. No le atraían las mujeres, ni sentimental ni sexualmente, lo cual le preocupaba sobremanera.

Él atribuía esto a la homofobia y al heterosexismo, pero en su historia había más cosas. El padre de Josh era alcohólico y había maltratado a su mujer y a sus hijos física y psicológicamente. Josh había oído muchas veces a su padre exteriorizando su furia después de una noche de alcohol; cuando bajaba al salón, lo encontraba todo patas arriba. Una vez, después de que su marido le diera una paliza, tuvieron que llevar a su madre al hospital.

El padre de Josh consideraba cualquier cosa que contradijera sus exigencias como una amenaza. Si Josh le replicaba, su padre le intimidaba o le pegaba, por lo que él aprendió muy pronto a no protestar para no provocar una reacción violenta. Durante la adolescencia, nunca se rebeló ni estableció su individualidad.

Cuando Josh tenía 14 años, su padre se divorció de su madre y se casó con una mujer con la que había tenido una aventura y que tenía hijos. El padre de Josh los consideraba como su nueva «familia». Abandonado y rechazado, Josh pensó que no había sido un buen hijo y que era el responsable de que su padre se hubiera ido.

A menudo, los adolescentes se consideran «malos» para absolver a sus padres ausentes: se culpan a sí mismos de sentirse rechazados y de su dolor. A los veintitantos años, Josh fue consciente de que era mejor que no saliera del armario. Sabía que su padre se pondría furioso y que incluso podría incitar al resto de la familia a rechazarle. Si de pequeño su madre no le había defendido, ¿por qué tendría que hacerlo ahora?

Josh salió con mujeres y trató de llevar una vida heterosexual. Sus intentos por ser un «buen chico» complacían a su familia, pero no a él. Entonces, Josh se apuntó a un coro masculino, donde trabó amistad con algunos gays. Se sentía bien a su lado, estrechó sus vínculos con ellos y empezó a ser consciente de que era gay. Pero entonces, como es lógico, se plantearon los problemas. Ser gay significaba ir en contra de las reglas de una sociedad heterocéntrica, y también de las de su familia. Ahora, cumplidos ya los 30 años, Josh había vivido toda su vida como un hijo obediente que siempre seguía las reglas y que se enfadaba con la gente que no lo hacía.

Entonces conoció a Jack e inició una relación. Pero, tras estar juntos durante varios años, Josh me dijo que seguía sin estar enamorado de su pareja y que no se sentía cómodo con su identidad gay. En terapia, admitió que de joven tomó inconscientemente la decisión de ser «el mejor chico del mundo» para eludir conflictos, problemas y encontronazos. Aunque no hubiera sido gay, Josh sabía que acabaría teniendo que arriesgarse a la desaprobación de la familia para ser fiel a sus principios. La actitud fundamentalista de su padre y de su hermanastro solía dar pie a comentarios despectivos sobre gays y lesbianas. ¿Cómo podría admitir él que era uno de esos que «iban a ir al infierno»?

Su vida gay era el campo de batalla donde se enfrentaba a estos conflictos. A medida que avanzaba su relación con Jack, la parte sexual de ésta iba a menos, hasta que Josh dejó de mostrar interés por el sexo. Esto ocurrió unos tres meses después de que se conocieran. Normalmente, el deseo sexual disminuye entre los seis y los dieciocho meses después de que se inicie una relación; la rápida pérdida de interés de Josh era algo muy poco habitual. A lo largo de su vida, Josh había contemplado el sexo como algo malo y sucio; en realidad, aspiraba a ser asexual. Pero, ¿por qué?

La historia de Josh es típica de los gays que pretenden evitar los conflictos. La violencia de su padre y la actitud pasiva de su madre le habían enseñado que la desaprobación implica malos tratos y rechazo.

Sabía que tenía que estar furioso con su padre, pero no lo estaba. Al mostrar su enfado, se sentía culpable, como si «golpeara» a su padre. Para protegerle, Josh había exteriorizado su enfado contra el mundo. Durante nuestras sesiones, a menudo solía mostrarse enfadado con el gobierno, cuyas leyes no protegían a los gays y las lesbianas, y decía sentir «impotencia» e «indefensión». Esta clase de enfado es necesario y resulta adecuado, pero la reacción desmesurada de John le corroía por dentro y le provocaba ansiedad y depresión. Languidecía en un trabajo mal pagado y que no le satisfacía, en una vida dentro del armario y en una falta de emotividad y pasión sexual.

Para Josh, acostarse con otro hombre significaba tener que reconocer que era gay. Al defender la idea de que el sexo era algo «malo y sucio», Josh seguía siendo un adolescente de 14 años que no evolucionaba, el de la época en que su padre se divorció de su madre y se casó con otra mujer. Psicológicamente, estaba anclado en esa etapa de su vida.

No podía sentir amor por su pareja porque no había pasado por la etapa de intimidad del desarrollo, un momento normal y sano en el que los adolescentes empiezan a establecer vínculos con otra gente, más allá de su familia. Siendo un adolescente, Josh había decidido no buscar otras relaciones fuera del entorno familiar, y su dependencia de éste le hacía muy difícil admitir lo que habían hecho con él.

En la terapia individual, Josh se mostró muy a la defensiva con respecto a su familia, protegiéndola. En la de grupo, defendía a sus padres ante otros asistentes, incluso cuando éstos referían los ofensivos y disfuncionales actos de sus familias. Cuando algún miembro del grupo daba un gran paso adelante, Josh cuestionaba la validez de la terapia y discutía su eficacia. «Nos están lavando el cerebro», decía, aun a sabiendas de que no era cierto. Era un hombre anulado, asustado, deprimido y enfadado que había permitido a sus padres que le dominaran.

«Eso pertenece al pasado, ya se terminó. Sigamos adelante», decía Josh. Yo estaba de acuerdo con él, pero asimismo le decía que no podía seguir adelante hasta que aprendiera a disfrutar de su sexualidad como adulto, de la relación íntima con su pareja y de la satisfacción que se obtiene resolviendo conflictos. Éste era el quid de la cuestión. Al vivir como un adolescente asexual, Josh lograba seguir considerándose el «malo», mientras en su mente sus padres seguían siendo los «buenos».

La *culpa del superviviente* emerge cuando se logran más objetivos que los padres. En un principio, el término se empleó para describir las emociones que experimentaron todos aquellos que sobrevivieron al Holocausto, mientras que sus seres queridos o su familia no lo hicieron. Por razones parecidas, a los jóvenes les resulta muy difícil irse de casa. Saben que deben vivir su propia vida, pero dejar a sus padres les provoca mucha ansiedad. He tenido pacientes que saboteaban sus propias carreras profesionales por miedo a tener más éxito que sus padres, lo cual estaba prohibido, de acuerdo con lo que éstos les habían dicho. *¿Por qué las cosas deberían irte mejor que a mí?* Max, un paciente mío, procedía de un entorno de clase media-baja y triunfó en el mundo del *marketing*. Su pareja era un hombre con mucho mundo que sabía apreciar las cosas buenas de la vida. Una noche, los dos fueron a cenar con los padres de Max a un restaurante donde no servían alcohol, pero que permitía traerlo a los clientes. La madre de Max compró un vino barato que le gustaba en una tienda de bebidas. Max y su pareja —un entendido en vinos— escogieron uno de importación que les encantaba.

La madre de Max vio el precio y preguntó: «¿Por qué comprar un vino tan caro si es lo mismo?».

Max le explicó que el vino caro sabía mejor y que les gustaba mucho, y ella repuso: «Bueno, no te olvides de cuando no tenías ni un céntimo y no sabías nada. ¡No pienses que vas a engañarme con tu cháchara de entendido en vinos!».

Max se sintió muy herido. ¿Cómo podía su madre decirle algo tan ofensivo? Le expliqué que ésa fue su manera de hacerle saber que no tenía más ni era mejor que el resto de su familia. Sintiéndose amenazada por los nuevos conocimientos de su hijo, lo que hizo la mujer fue «dar marcha atrás» (como comentábamos en el capítulo 3), tratando de que Max volviera a ser quien había sido. Cuando él lo comprendió, ella no volvió a importunarle.

Al explicar esto parece que todo sea muy fácil, pero sé que no lo es. Ya sean gays o heteros, a todos los adolescentes se les inculca que deben ser fieles, que deben proteger a sus padres y no hacerles responsables de todo. Puede resultar extremadamente doloroso reflexionar sobre las cosas malas o negativas que hicieron los padres. No se trata de atacar o culpar, sino de reconocer los hechos. No se trata de etiquetar a los padres como buenos o malos —todo el mundo en la vida es ambas cosas—, sino de reflexionar sobre tus verdaderos sentimientos acerca de la infancia y evolucionar hacia la madurez.

Para los gays, el trayecto es incluso más largo. En su autobiografía *The Best Little Boy in the World* (El mejor niño del mundo), publicada originalmente bajo seudónimo, Andrew Tobias habla de sus esfuerzos por ocultar su homosexualidad, de la que se sentía profundamente avergonzado. Además, «el mejor niño del mundo» no se atrevía a hacer ningún comentario negativo sobre sus padres, por miedo a que le abandonaran, le rechazaran o le pegaran.

Para dejar atrás la adolescencia debemos enfrentarnos a los mensajes que recibimos durante nuestra infancia y desafiar su validez en nuestra vida actual. ¿Supone eso plantear la cuestión directamente a nuestros padres o a quienes cuidaron de nosotros cuando éramos niños? Es posible. Sin duda alguna, significa enfrentarse a los padres interiorizados, los que viven dentro de nosotros, como veremos en el capítulo 7. Pero también puede resultar terapéutico y útil sentarse con los padres y «comentar» los recuerdos de la infancia. Es importante que el niño gay que llevamos dentro sepa que ya ha dejado de ser un niño y que sus padres no son sobrehumanos, sino tan sólo personas, como él mismo.

Para mucha gente, éste es un terreno resbaladizo. Al igual que Josh, muchos pacientes creen que estoy aconsejándoles que odien a sus padres. Suelo escuchar comentarios como éste: «Mis padres ya son mayores. ¿Qué sentido tiene?», o bien: «Ahora se portan muy bien conmigo. ¿Por qué revolver los trapos sucios del pasado?». En las visitas, hay pacientes a quienes hablar sobre sus padres —simplemente para comentar algunos hechos y el sentimiento de dolor ligado a ellos— les hace sentirse culpables. Los hechos les impiden negar la conducta negativa de sus padres, por lo que, inevitablemente, afloran los sentimientos negativos.

Además, eso les pone en contacto con su dolor, con todo aquello que sus padres no hicieron por ellos o que fueron incapaces de darles cuando eran niños. En su gran éxito de ventas *El drama del niño dotado y la búsqueda del verdadero yo*, Alice Miller explica cómo los niños se adaptan a las necesidades de sus padres a fin de complacerles, incluso a muy temprana edad. Aprenden a no experimentar sus sentimientos más intensos, conscientes de que dichos sentimientos no son del agrado de sus progenitores. Miller cree, al igual que yo, que, en la edad adulta, una vez se canalizan esta pena y este dolor, emerge una «nueva autoridad» por encima del propio yo. Hasta que la gente no reconoce y acepta lo que recibió y lo que no durante su niñez, no puede avanzar en su terapia ni alcanzar la edad adulta de un modo completo y satisfactorio.

* * *

Geoff, de 50 años de edad, vino a verme porque no encontraba pareja. Afirmaba haber salido del armario y sentirse bien como gay, pero me confesó que solía sentirse atraído por hombres heterosexuales. Incluso había llegado a proponerle a un amigo hetero, Jim, que compartiera su apartamento de dos habitaciones.

Jim sabía que Geoff era gay y le dejó claro que él era heterosexual, lo que sólo sirvió para excitar aun más a Geoff. Éste le dijo a Jim que quería mantener relaciones sexuales con él; su amigo rechazó educadamente la propuesta, diciéndole que él no era «así».

Geoff le pidió a Jim que le dejara entrar en su habitación mientras éste estaba haciendo ejercicio. Jim, pensando que eso no suponía ninguna amenaza, accedió. Entonces, Geoff le preguntó si podía masturbarse mientras le miraba. Jim accedió nuevamente, siempre que él no le viera. Finalmente, Jim dejó que Geoff le hiciera una felación mientras él miraba un vídeo porno heterosexual. Jim no se sentía ni remotamente atraído por el cuerpo de Geoff o por cualquier clase de relación sexual o afectuosa, pero, como también tenía sus propios problemas con las mujeres, encontró excitante que Geoff se lo «trabajara».

Algunos dirían que Jim era un gay o un bisexual que estaba dentro del armario, pero yo no estoy de acuerdo. Hay muchos hombres heterosexuales que se dejan complacer por otros hombres, sobre todo si pueden excitarse con estímulos heterosexuales o incluso con mujeres en la misma habitación. El *comportamiento* sexual de un hombre no refleja necesariamente su orientación o sus preferencias. Como veremos en el próximo capítulo, los adictos al sexo suelen dejarse llevar siempre que les es posible por cualquier situación que pueda darles placer.

Geoff estaba angustiado, porque lo que deseaba era una relación emocional con Jim, la cual no era factible porque éste ni siquiera era bisexual. Durante la terapia, Geoff reconoció que su fascinación por los hombres heterosexuales en general, y por Jim en particular, le impedía sentirse mejor como gay y encontrar una relación estable.

Geoff se sentía mal siempre que Jim salía hasta tarde con sus amigos. Le decía que le llamara y que sentía algo por él. Como era de esperar, Jim acabó sintiéndose molesto por los sentimientos de

Geoff con respecto a él y le amenazó con acabar con sus relaciones sexuales si no dejaba de acosarle emocionalmente. Eso angustió muchísimo a Geoff.

Tengo un amigo íntimo, Alan Semonian, que suele decirle a la gente: «Soy bi y me va todo. ¡Me gustan los gays y los heteros!». En algunas películas pornográficas y novelas aparecen gays que seducen a hombres heterosexuales. En Internet, hay muchos gays que sólo buscan hombres casados (supuestamente heterosexuales). Pero, ¿por qué un gay se siente atraído por hombres heteros?

En *Arousal: The Secret Logic of Sexual Fantasies*, Michael J. Bader se refiere a una dinámica parecida, la de las mujeres heterosexuales que se sienten atraídas por los gays y que «pueden comportarse de un modo sexualmente explícito con esos hombres con más confianza y espontaneidad que con hombres heterosexuales».

«En este caso, se trata de una cuestión de seguridad. Estas mujeres saben que los gays no resultan sexualmente agresivos, porque son conscientes de que sus insinuaciones no obtendrán respuesta. [Ellas] temen mostrarse sexualmente interesadas por hombres heteros porque tienen miedo, por un lado, de ser dominadas o rechazadas, y por otro, de herir al hombre por su iniciativa sexual. En ambos casos, el hecho de que los gays no crucen la línea entre el juego de la seducción y el sexo real resulta muy tranquilizador para estas mujeres»[9].

Mucha gente cree que los gays se sienten atraídos por *todas* las personas de su mismo sexo. Este argumento se aduce para excluir a los gays del ejército. Pero, del mismo modo que un hombre heterosexual no se siente atraído por todas las mujeres, un gay tampoco siente esa atracción por cualquier hombre. Además, aun cuando un gay se sienta atraído por un hetero, no tiene por qué exteriorizar necesariamente dicha atracción. Pero eso es precisamente lo que muchos hombres heterosexuales temen: ser reducidos a la categoría de objeto sexual. Si un hetero se ha comportado de una forma sexualmente agresiva con el fin de estar con una

---

9. Bader, Michael J., doctor en Filosofía. *Arousal: The Secret Logic of Sexual Fantasies*. St. Martin's Press. Nueva York, 2002.

mujer, ¿por qué los gays no deberían hacer lo mismo con él? Al proyectar su propio sentimiento de culpa, asume equivocadamente que todos los gays querrán devorarlo con los ojos en la ducha o en los servicios.

El gay que no pone límites a su atracción por los heterosexuales o que tiene impulsos sexuales sin resolver se da cuenta a menudo —conscientemente o no— de que, como sus tentativas no obtendrán respuesta, se «siente seguro» al tontear con heteros, con lo que podrá liberar toda su energía sexual. (Por supuesto, no resulta seguro para los gays demostrar explícitamente su deseo sexual, porque los heterosexuales pueden sentirse ofendidos y reaccionar de forma violenta.)

En cuanto a Geoff, ¿estaba evitando el sexo —y, por consiguiente, una relación íntima— con gays? Él sabía que hasta cierto punto era así, pero la consciencia de ello era más cognoscitiva y «racional» que emocional. Una y otra vez, muchos pacientes me dicen que comprenden la dinámica de su situación, pero dicha comprensión es totalmente intelectual, «mental». Es algo que no sienten de una forma visceral, que es lo que a menudo la terapia les ayuda a conseguir.

En resumen: Geoff podría seguir manteniendo relaciones sexuales con Jim siempre que *dejara de lado* la intimidad emocional; a cambio, sólo disfrutaba de un tío cachas heterosexual que levantaba pesas y de un pene que estaba a su disposición de vez en cuando. Más allá de eso, no había ningún tipo de contacto ni afecto.

Existe un conocido y evidente paralelismo con las chicas muy jóvenes que pierden obsesivamente la cabeza por una estrella del rock o que sienten un «deseo adolescente» por alguien que les resulta completamente inalcanzable. Estas chicas buscan un objeto «seguro» para su floreciente sexualidad. De un modo parecido, los gays que concentran su atención en los hombres heterosexuales marginan su intimidad, convencidos de que cualquier relación sexual será superficial. Pero eso no es sano. La sexualidad adulta debe evolucionar. Esos hombres, al igual que las adolescentes, aplazan el desarrollo de sus relaciones y satisfacen sus necesidades emocionales con las amistades.

Si alguna vez has acariciado la fantasía de ayudar a un hombre que sigue dentro del armario a descubrir sus auténticas preferencias, ¡bienvenido al club! A los hombres heterosexuales (y a un montón de mujeres aficionadas a leer las llamadas novelas rosas) les encanta la perspectiva de convertirse en el macho viril y el mentor sexual que rompe las inhibiciones de una mujer y la inicia en el camino de la sexualidad adulta.

A muchos gays les encanta estar en contacto con sus compañeros de trabajo y amigos heterosexuales. Pero si un gay prefiere «convertir» a un heterosexual a mantener una relación íntima con otro gay, entonces es que tiene un problema.

Con mucha frecuencia, la eterna adolescencia implica que un hombre pospone su desarrollo emocional, porque sigue pendiente su búsqueda de una aceptación de —y de una conexión con— su padre. Puesto que su padre era heterosexual, él busca el afecto de otros hombres heterosexuales, como su progenitor.

Esto también contribuye a explicar el atractivo de la fantasía por los hombres heterosexuales que, finalmente, acaban por disfrutar con el sexo gay. Él no es *como* su compañero gay, pero le *acepta*. Y, con su comportamiento, admite que su anterior homofobia era un error. Esta clase de deseo cumplido es habitual entre los gays que siguen sin haber resuelto sus relaciones con su primer modelo masculino: el padre.

Seamos realistas: ¿qué otro hombre heterosexual causa un mayor impacto en nuestra vida? En este caso, el gay «convence» a su padre suplente a través de su sexualidad, la cual, por supuesto, era el origen de la contención en su relación. Si no se resuelven los problemas con el padre, es imposible madurar y dejar atrás la adolescencia.

En las salas de *chat* de Internet podemos encontrar otra fantasía muy común: la del heterosexual que quiere acostarse con la mujer de otro hombre mientras el marido les observa. Freud escribió sobre el complejo de Edipo, según el cual a los 3 años el niño quiere matar al padre para tener a su madre sólo para él. El placer del adúltero no está en el sexo, sino en la dominación: el marido de la mujer es el «perdedor humillado». De una forma simbólica, un niño pequeño «consigue» a su madre y convierte a su padre en testigo.

¡Por favor, que quede claro que no estoy justificando el incesto! Pero muchos estudios indican que los niños se identifican con el padre de su mismo sexo. Los niños modelan su comportamiento de acuerdo con el de sus padres, a menudo de forma inconsciente. Un paciente heterosexual me confesó lo siguiente: «Dejé a mi esposa por una mujer casada, y mi padre nos permitió irnos a vivir con él. Más adelante me enteré de que mi comportamiento no era algo nuevo en la familia. Mi padre mantuvo una relación de veintiún años con una mujer casada hasta mucho tiempo después de que mi novia y yo rompiéramos».

Donde observo esto con mayor claridad es en mis talleres de fin de semana para gays, en los que analizo «la herida del padre». Suele ser un punto clave de los talleres —hay muchos temas pendientes que analizar y tratar con respecto a los padres— para todos los hombres, ya sean gays o heterosexuales. Dentro de la literatura sobre lo masculino, hay muchos libros que tratan sobre las relaciones de los hombres con sus padres. Para los gays, sin embargo, la mayoría de libros y escritos hablan de cómo los padres influyen en la homosexualidad de los hijos. Yo no estoy de acuerdo en que una determinada relación con un padre contribuya a la orientación homosexual, pero sí creo que a los hijos gays se les plantean cuestiones distintas con respecto a sus padres que a los heterosexuales.

En su mayor parte, los hijos heterosexuales se sienten distantes de sus padres porque éstos suelen trabajar muchas horas, beben o se divorcian de sus mujeres. Pero los padres y los hijos heterosexuales comparten su orientación sexual, y los hijos pueden establecer vínculos con ellos o con otras figuras paternas heterosexuales. Los gays no tienen esa ventaja.

En mis talleres de fin de semana y en mis terapias de grupo ayudo a los gays a analizar de cerca las heridas del padre. La sala se queda siempre en silencio, las respiraciones son profundas, y muchos ojos se llenan de lágrimas. Para los participantes, acercarse a sus padres, ya sea física o sólo psicológicamente, es una experiencia muy intensa. A algunos les resulta tan difícil que no se enfrentan al ejercicio en los talleres o, en la terapia de grupo, evitan la discusión.

Otro tema es que, a menudo, los gays se sienten inferiores a los heterosexuales. Cuando empecé mis sesiones de grupo con gays, los participantes tenían que comprender que éramos un grupo de hombres que habíamos nacido gays. La palabra *hombres* era muy significativa, y, como *hombres* gays, debíamos reivindicar nuestra masculinidad.

Yo animo a los gays a que se acerquen a sus padres para que curen sus heridas y maduren juntos. La mayor parte de mis pacientes y de los hombres que se inscriben en mis talleres dicen que les incomoda acercarse a sus padres, ya sea porque son mayores o porque no van a escucharles. La cuestión no radica normalmente en si el padre estará dispuesto a aceptar el enfrentamiento. En cualquier caso, lo importante es que el gay regrese al origen de su masculinidad, independientemente de las perspectivas de éxito en cuanto a la resolución de conflictos.

Por supuesto, no recomiendo un enfrentamiento con un padre si se trata de un hombre propenso a los abusos, violento o peligroso en cualquier sentido. Por otra parte, creo que es un terreno en el que se puede llevar a cabo *mucho* y muy buen trabajo. Dentro del movimiento masculino, Robert Bly y John Lee son sólo dos de los muchos activistas que animan a los hombres a acercarse a sus padres. Y los gays deberíamos seguir su iniciativa.

Capítulo 5

Evita (o supera) la adicción al sexo

PUEDE QUE LA ILUSIÓN PROPORCIONE PLACER,
PERO SÓLO LA REALIDAD PUEDE PROPORCIONAR LA FELICIDAD.
Nicholas Chamfort

En 1997, Patrick Carnes y Robert Weiss desarrollaron el Test sobre la Adicción Gay y Bisexual (G-SAST) para ayudar a determinar comportamientos sexualmente compulsivos o «adictivos». Para puntuar esta adaptación del test, debes sumar un punto cada vez que contestes afirmativamente. Un resultado de 13 o más puntos podría indicar la existencia de cuestiones que deberían ser analizadas.

1. ¿Abusaron sexualmente de ti durante la infancia o la adolescencia?
2. ¿Estás suscrito a revistas pornográficas o las compras habitualmente?
3. ¿Compras o alquilas con regularidad vídeos pornográficos?
4. ¿Tenían problemas tus padres en sus relaciones sexuales y sentimentales? (Por ejemplo, ¿tenían relaciones extraconyugales o flirteaban con otros miembros de la familia?)
5. ¿Dedicas mucho tiempo a pensar en el sexo y a planificar tus citas sexuales?
6. En el caso de que seas aficionado a las líneas calientes y a las páginas porno de Internet, ¿has llegado a excederte hasta el punto de no poder pagar esos servicios?

7. La gente que te importa, los amigos, la familia, ¿te han manifestado su preocupación o sus quejas a causa de tu comportamiento sexual (no por tu orientación)?

8. ¿Te cuesta abandonar ciertos modelos de conducta sexual aun cuando sabes que son malos para la salud?

9. ¿Te pasas horas viendo pornografía, llamando a las líneas calientes y entrando en *chats* de cibersexo? ¿Supera eso el tiempo que dedicas a los encuentros íntimos «reales»?

10. Cuando te sinceras con tus amigos y/o parejas, ¿ocultas o minimizas el alcance de la naturaleza de tus actividades sexuales?

11. ¿Eres incapaz de esperar a que termine un encuentro con los amigos o la familia porque tienes la necesidad de salir en busca de un poco de acción?

12. Las saunas, los clubs de sexo o algunos videoclubs, ¿son una parte habitual —o la preferida— de tu vida sexual?

13. ¿Piensas —o te preocupa— el hecho de que el sexo anónimo o esporádico te haya impedido encontrar relaciones estables o alcanzar otros objetivos personales?

14. Una vez agotada la «novedad» sexual con una pareja, ¿te cuesta mantener una relación íntima?

15. ¿Has ido alguna vez a lavabos públicos, áreas de servicio y/o parques públicos en busca de encuentros sexuales con absolutos desconocidos?

16. ¿Has estado a punto de ser detenido alguna vez a causa de tus actividades sexuales, por conducta lasciva o escándalo público?

17. ¿Te ha abordado o llamado la atención, acusado y/o detenido alguna vez la policía o algún guardia de seguridad por haber mantenido una relación sexual en un lugar público?

18. ¿Tienes motivos para estar preocupado por haber contraído el VIH y otras enfermedades de transmisión sexual y aun así sigues manteniendo una actividad sexual poco segura?

19. ¿Hay alguna pareja o amigo que se haya sentido emocionalmente afectado por tu conducta sexual (una vez más, *no* por tu orientación)? ¿En alguna ocasión te ha resultado más fácil y sencillo mentirle a alguien que te importa? ¿Has llegado

tarde alguna vez a una reunión familiar, una boda o una cita de trabajo a causa de un encuentro sexual?

20. ¿Te ayuda el sexo a olvidarte o huir de los problemas y la ansiedad?

21. Después de haber mantenido una relación sexual, ¿te sientes mal, culpable o avergonzado?

22. ¿Te has prometido en alguna ocasión que cambiarías tus actividades sexuales, sólo para romper esa promesa una y otra vez?

33. ¿Interfieren tus actividades sexuales (una vez más, *no* tu orientación sexual) en los objetivos profesionales o personales que te has marcado? Tras una noche de sexo, ¿eres capaz de emplearte a fondo en el trabajo? ¿Han perjudicado esas actividades alguna relación valiosa, ya sea con un amigo, una pareja o la familia?

24. ¿Has pagado alguna vez por mantener relaciones sexuales? (¡No necesariamente en metálico!)

25. ¿Has mantenido en alguna ocasión una relación sexual porque estabas muy excitado y luego te has sentido avergonzado o te has arrepentido, deseando que ese encuentro nunca se hubiera producido?

En la comunidad gay, la adicción al sexo es una cuestión muy delicada que en raras ocasiones se aborda. Aunque todos los hombres —gays, bisexuales y heterosexuales— pueden padecer este trastorno, los gays tienen tendencia a considerar cualquier crítica a su comportamiento sexual como otro intento de convertir su sexualidad en una patología y a juzgarla desde una perspectiva heterosexual.

Comprendo esta preocupación, pero también es fundamental comprender que puede arruinarse una vida a causa de un comportamiento sexual desmedido. Según mi propia definición, la «adicción» es cualquier actividad que interfiere de algún modo en la vida de una persona y que ésta sigue manteniendo a pesar de sus consecuencias negativas.

Patrick Carnes ha escrito mucho sobre este tema. De hecho, él acuñó el término «adicción sexual» en el subtítulo de su emblemático libro *Out of the Shadows: Understanding Sexual Addiction*[10], que ayudó a muchísimos hombres a identificar las conductas que les provocaban angustia. El libro de Carnes no se dirige exclusivamente a los gays, pero en su obra más reciente, *Don't Call It Love: Recovery From Sexual Addiction*, incluye ejemplos de gays y de sus comportamientos sexuales. El autor enumera los indicios de la adicción al sexo. Uno de ellos es *un modelo de comportamiento sexual que está fuera de control*. Por supuesto, los impulsos sexuales son la sal de la vida, y nos recuerda que somos seres biológicos. Pero en la adicción al sexo, estos sentimientos se convierten en intrusos. Un impulso es seguido de una fuerte necesidad de satisfacer esa urgencia *de inmediato*, de aliviarla. Cuando este modelo empieza a darse con cierta regularidad, quien lo sigue puede empezar a depender de él.

Las *serias consecuencias debidas al comportamiento sexual* constituyen otra señal de alarma. Dichas consecuencias pueden incluir el ser detenido, la masturbación compulsiva, contraer enfermedades de transmisión sexual, terminar una relación cuando una pareja descubre que la están engañando o incluso provocarse daños físicos. No tengo nada en contra de quienes son aficionados a las prácticas sado-mado; sin embargo, la gente que las lleva a cabo tiene claro que existen unas reglas: la confianza —establecer una «consigna de seguridad» desde el principio— es algo de máxima prioridad. Pero un adicto al sexo tiene tendencia a obviar las precauciones porque le excita el riesgo. Uno no debe ponerse en peligro con el fin de alcanzar el éxtasis.

Eli Coleman, miembro del programa de sexualidad humana de la facultad de Medicina de la Universidad de Minnesota, ha escrito mucho sobre el comportamiento sexual compulsivo[11]. En su opinión, «adicción» no es una descripción precisa de este trastorno. Cree que lo que él denomina compulsión sexual «funciona a través de mecanismos de reducción de la ansiedad más que por el deseo sexual».

---

10. Carnes, Patrick. *Out of the Shadows: Understanding Sexual Addiction* (3ª edición). Center City. Hazelden Information Education (1 de mayo de 2001).
11. Coleman, Eli. *Case Studies in Sex Therapy*, editado por Raymond C. Rosen y Sandra R. Leiblum. Guilford Publications. Nueva York, 1995.

John Money, escritor y pionero de la sexología, se refiere a los «mapas del amor» creados durante la infancia por quienes cuidaron de nosotros y el entorno en el que nos educaron. Los mapas del amor sanos se dan en el seno de una comunidad que fomenta las muestras de cariño y reconoce el sexo como algo natural, sin estigmatizar ni considerar como tabú el acto sexual. Money considera el comportamiento sexual compulsivo como la consecuencia de un mapa del amor que ha sido «dañado» con abusos físicos, psicológicos y sexuales[12].

En mis sesiones con gays sexualmente compulsivos, estos tres modelos pioneros han resultado ser de gran eficacia. Puede que la forma de abordar la cuestión deba ser distinta en función de cada paciente, aunque en algunos casos lo mejor es una combinación de los tres. Para una persona, el modelo de adicción puede sugerir una vía comportamental y cognitiva para recuperarse. Para otra cuya conducta es una forma de reducir la ansiedad de un trastorno obsesivo-compulsivo, la medicación puede ser de gran ayuda. Finalmente, considerar el comportamiento como un mapa del amor dañado puede llevar a preguntarle a un paciente sobre su infancia y un posible abuso: «¿Quién cuidó de ti siendo un niño? ¿Cómo desarrollaste tu concepto de amor e intimidad?».

Otro factor que contribuye a la adicción sexual es la afirmación homofóbica de que ser gay es una cuestión meramente relacionada con el sexo. Con el tiempo, muchos gays empiezan a creerse esto, convirtiéndose así en candidatos ideales para la adicción al sexo. Es lo que yo llamo «abuso sexual cultural encubierto». Creo que, de forma muy especial, los gays padecen esta forma de abuso.

El abuso sexual no encubierto implica un contacto directo, como las caricias y la penetración. El abuso encubierto implica un contacto indirecto, como las miradas lascivas, el lenguaje sexual y los besos o abrazos inadecuados. En este caso, la gente rehúye los encuentros porque les parecen «repugnantes», pero no son capaces de explicar por qué. De un modo parecido, creo que la exposición

---

12. Money, John. *Lovemaps: Clinical Concepts of Sexual/Erotic Health and Pathology, Paraphilia, and Gender Transposition in Childhood, Adolescence, and Maturity.* Irvington Publishers. Nueva York, 1986.

a las noticias sobre delitos y legislación contra los gays y las opiniones religiosas son una forma de abuso emocional y psicológico, aunque también a un nivel encubierto. Este fuerte impacto negativo puede ejercer una gran influencia en los gays y contribuir a la adicción al sexo.

En cuanto al abuso sexual encubierto, cuando les pregunto a mis pacientes si alguna vez abusaron sexualmente de ellos, suelen contestar: «No, por supuesto que no». Pero, después de explicarles las formas de abuso encubierto, a menudo suelen dar otra respuesta.

Cuando un gay sale del armario, el abuso encubierto se intensifica. La gente le llama —generalmente a sus espaldas— «marica», «comerrabos» o «chupapollas», entre otros calificativos. Por supuesto, esto también es una forma de controlarle, disuadiéndole de su comportamiento sexual y marginándole de cualquier grupo del que forme parte. Esto es abuso cultural encubierto: daña los mapas del amor y contribuye sobremanera a la adicción sexual.

Obviamente, no hay consenso sobre la definición o el método para evaluar la adicción y la compulsión sexual. En aras de la simplicidad, emplearé la expresión «adicto al sexo» para referirme a un gay que se enfrente a esta cuestión. Como sugería el cuestionario del principio, el hecho de haber tratado de detener o cortar sin éxito con un comportamiento compulsivo es una señal de alarma. La conducta adictiva supone a menudo un progresivo aumento de la tolerancia. Este síndrome explica las sobredosis de heroína: puesto que la última dosis de la droga no fue suficiente, el yonqui «se regala» una dosis más fuerte... que está más allá de lo que su cuerpo es capaz de soportar.

De forma parecida, el adicto al sexo necesita más de aquello que le ha proporcionado placer hasta el momento. Dado que esta progresión se produce de forma paulatina, no siempre resulta evidente para el afectado. En principio, la fantasía le basta para satisfacer su apetito sexual. Más adelante, necesita ver pornografía mientras se masturba. Luego tiene la necesidad de conocer a alguien. De repente, se va de ligue a un bar o a una sauna, o se conecta a Internet más a menudo de lo que desearía.

Irónicamente, esta progresión refleja la evolución normal de un desarrollo sexual sano: las fantasías, la masturbación y luego los encuentros son algo normal. Ligar en un bar de ambiente, en una sauna o conectarse a Internet puede ser una forma de pasarlo bien. Algunos hombres necesitan de fantasías para alcanzar el orgasmo con su pareja. Estas conductas, por y en sí mismas, no constituyen ninguna adicción, a menos que interfieran en el hecho de compartir el momento con la pareja y en disfrutar del sexo... *más allá* de las fantasías.

Los problemas surgen cuando, a pesar de las consecuencias negativas, un hombre siente la imperiosa necesidad de observar realmente una conducta peligrosa que la mayoría de hombres puede circunscribir, de una forma segura, a su imaginación. Hay otros adictos al sexo que se quedan en la mera fantasía: todo lo que buscan es eso, fantasías, que les impiden intimar con nadie.

Las personas que tienen adicción niegan o no son realmente conscientes de las consecuencias de su comportamiento. Cuando trabajaba en un centro para personas con dependencias, los pacientes solían decirme a menudo cosas como: «Si mi mujer dejara de quejarse, la bebida dejaría de ser un problema», o bien: «Si no viviera en Michigan, podría viajar en transporte público y no tendría todas esas condenas por conducir en estado de embriaguez».

Como es lógico, yo les contestaba: «Bueno, es la mujer con la que te casaste», o: «¡Pero *vives* en Michigan! Y, por consiguiente, tienes un problema con el alcohol». Sólo cuando un paciente se hace responsable de su conducta y deja de culpar a los demás puede iniciar el tratamiento.

El síndrome de abstinencia de los adictos al alcohol y a las drogas es suficientemente conocido. Sin embargo, la mayoría de la gente no es consciente de que, en cualquier comportamiento adictivo, las sustancias químicas naturales como las endorfinas o la adrenalina se liberan dentro del cuerpo, lo que hace que esos actos resulten incluso más irresistibles. La conducta del adicto al sexo tiene efectos químicos en su cerebro que provocan cambios en su estado de ánimo.

Otra droga natural llamada feniletilamina (PEA) es una sustancia química básica para los adictos a las conductas inherentemente peligrosas como el juego, robar en las tiendas, el *puenting* o el sexo. La estructura molecular de la PEA es similar a la de las anfetaminas, y, al igual que éstas, es más fuerte cuando se libera por primera vez. (Muchos adictos afirman que siempre están buscando la sensación que experimentaron la primera vez.)

Tanto los niveles de PEA como la excitación sexual aumentan de forma drástica en una situación de peligro; cuanto mayor sea el miedo y el riesgo que ésta comporta, mayor será la cantidad de PEA liberada. Esto ayuda a explicar el caso de los exhibicionistas, que disfrutan manteniendo relaciones sexuales al aire libre o, si están en una habitación con las cortinas de la ventana descorridas. Desgraciadamente, policías de paisano que fingen ir en busca de un ligue detienen a muchos hombres que merodean por áreas de servicio o baños públicos. ¿Resultado? Esposas, humillación y una noche en la cárcel, seguidas, en muchas ocasiones, de miles de dólares en multas y honorarios de abogados.

Un tratamiento recomendado para el adicto al sexo que está empezando a recuperarse es reprimir todo comportamiento sexual, incluso la masturbación. La idea es dejarle que cree una cierta distancia con respecto a su conducta sexual para que obtenga una perspectiva más objetiva. Muchos terapeutas, incluido Patrick Carnes, recomiendan entre tres y seis meses de abstinencia. Pero, como en cualquier otra clase de adicción, alguien que abandona un comportamiento sexual desmedido puede experimentar un síndrome de abstinencia, porque su cuerpo tiene una dependencia de las sustancias químicas naturales que éste libera cuando hace efectiva su conducta. Algunos de los síntomas físicos que los pacientes suelen comentarme en las primeras fases de su recuperación —y que Carnes apunta en sus estudios clínicos— incluyen jaquecas, náuseas, escalofríos, sudores y picores, posiblemente debido a que el cuerpo ya no está siendo anestesiado con las sustancias químicas que liberaba antes. Durante la abstinencia, los cambios psicológicos pueden incluir:

Cansancio. Dado que el adicto ya no recurre a su «farmacia interna» para satisfacer sus deseos, puede sentirse más fatigado de lo normal.

Ansiedad y depresión. Si la adicción al sexo era una manera de controlar la ansiedad, puede que ésta se manifieste una vez cesa la actividad. He oído quejarse a algunos pacientes de tensión, nerviosismo e incluso de taquicardias. Teniendo en cuenta que para muchos adictos su comportamiento sexual es una forma de combatir el estrés, puede que sufran períodos de insomnio, irritabilidad, «melancolía», sensación de desesperación y desamparo y trastornos del apetito.

Mucha o poca excitación sexual, indistintamente. Algunos pacientes afirman sentirse desbordados por sus necesidades sexuales, más que cuando se comportaban sexualmente de forma compulsiva. Otros, por el contrario, afirman una total disminución de su libido, hasta el punto de que temen convertirse en asexuales.

Según los hombres que he tratado, estos síntomas suelen durar unos quince días, aunque para algunos, sin embargo, se prolongan hasta diez semanas.

No todos los hombres son capaces de respetar la abstinencia, y no todos deben pasar por ese período para conseguir recuperarse con éxito. Lo más importante es, en principio, *proponerse* abandonar las prácticas sexuales que supongan un riesgo, aunque muchos de mis pacientes experimentan el síndrome de abstinencia cuando deciden renunciar a sus conductas más peligrosas. En lugar de poner en evidencia la incapacidad de alguien para mantener una abstinencia total, intento que trabaje su voluntad. Esto es especialmente importante para los gays. Muchos de nosotros hemos sido obligados a «comulgar» con unos modelos heterosexuales que nos han hecho creer que sólo existe una única manera de resolver un problema. Ante el ultimátum: «O se hace a mi manera, o puerta», nos quedamos con la segunda opción.

Para algunos, el objetivo es dejar de ver pornografía, en Internet o donde sea. Esto permite al gay quedar con alguien y experimentar, ser sexual de una forma segura con parejas de carne y hueso. Los hombres capaces de abandonar sus comportamientos más compulsivos siguen sufriendo el síndrome de abstinencia, aunque quizás no de una forma tan aguda.

Cuando Bill inició la terapia, reconoció que tenía un fuerte instinto sexual. Necesitaba sexo todos los días, ya fuera masturbándose o quedando con otros hombres. A largo plazo, quería dedicarse a sus aficiones y buscar una relación estable, pero su compulsión por el sexo le impedía hacer progresos en ese sentido. En Nochevieja tomó una decisión: masturbarse «sólo» alguna vez a la semana y ver pornografía en Internet sólo los sábados por la noche. Trató de rebajar el tiempo que se conectaba a la red de cinco horas a una. Lo más que aguantó sin masturbarse fueron dos semanas.

No hay nada malo en masturbarse o en ligar por Internet. Pero Bill ya no controlaba cuánto tiempo dedicaba o con qué frecuencia se libraba a estas actividades. Era su conducta la que le controlaba a él, y no al contrario.

Carnes afirma que los adictos al sexo ven el mundo a través de un filtro sexual. Para combatir el estrés y aliviar la tensión, el adicto se obsesiona con sus fantasías sexuales y sexualiza todo lo que hace. Para superar un día estresante en el trabajo, puede que concentre su atención en sus fantasías y no preste atención a sus obligaciones. Puede que incluso malinterprete la conducta de sus compañeros, llegándola a considerar como una insinuación; sin embargo, así es como vive su vida a través de su filtro sexual.

Cuando los pacientes niegan que su vida sexual se *ha convertido* en su única vida, les invito a analizarse a sí mismos de forma más detallada. En el trabajo, en clase o durante un momento difícil de su relación, ¿buscan un momento para ligar con alguien o para ver pornografía? Al final acaban distinguiendo por qué este comportamiento se considera como una obsesión sexual. Incluso sin una fantasía concreta, el mero hecho de asegurarse de que tienen vía libre puede constituir un indicio de obsesión sexual.

Por supuesto, planificar con antelación una experiencia sexual no supone un indicio de adicción. Lo que yo hago es considerar los modelos habituales. ¿Prefiere el paciente una fantasía a una relación íntima real? ¿Esa planificación y la búsqueda son una forma de superar el estrés cotidiano? He tratado a eminentes abogados y a importantes hombres de negocios que deben masturbarse en el servicio o en la mesa de sus despachos para poder continuar con su trabajo hasta el final de la jornada laboral.

La esencia de cualquier adicción consiste en emplear esa conducta para alejar ideas y sentimientos. La liberación de la PEA y de otras sustancias bioquímicas como la adrenalina y las endorfinas provoca un alivio momentáneo de la ansiedad y la depresión. Pero cuando el acto sexual ha terminado, el estado de ánimo del adicto al sexo se sume en la vergüenza, la depresión y con frecuencia en la desesperación por haberse rendido una vez más a sus obsesiones y compulsiones.

Con frecuencia, el sexo nos permite exteriorizar sentimientos con respecto a la persona con la que estamos o con respecto a nosotros mismos. Dicho de otro modo: intentamos resolver sentimientos y recuerdos que no podemos expresar de forma consciente y lo hacemos a un nivel inconsciente. En este sentido, cualquier nueva conquista alivia la ansiedad que el adicto al sexo sufre desde hace años. Para recuperarse, deberá analizar este proceso inconsciente.

Mi objetivo —y el de mis pacientes— es identificar un comportamiento que sea objetivamente sano, así como el que no lo es. Los adictos al sexo prefieren una serie de parejas anónimas a una relación amorosa profunda. (Pensemos en la gran diferencia que existe entre *mantener relaciones sexuales* y *hacer el amor*.) A menudo, como hemos visto, un adicto al sexo descubre que los encuentros anónimos interfieren en el amor y la relación de pareja que él realmente desearía. Así pues, cuando un paciente afirma que prefiere los encuentros anónimos, yo suelo preguntarle: «¿Es eso lo que realmente quieres?».

A menudo resulta más sencillo ceder a una urgencia que tratar de combatirla. Nos resulta fácil engañarnos y pensar que lo que hacemos es lo que realmente deseamos; somos reticentes a reflexionar en profundidad para ver si realmente es así.

De vez en cuando, casi todos los hombres, con o sin pareja, tienen fantasías sexuales y se imaginan un encuentro anónimo. Pero esta fantasía dura poco; no interfiere en sus vidas ni les impide buscar una relación que consideran básica para ser felices. Al igual que Bill, las prioridades de la adicción les impiden conseguir otros importantes objetivos.

Analicemos detalladamente los límites entre los comportamientos sanos y los que no lo son. Algunos de los comportamientos que Carnes considera sexualmente compulsivos son:

Masturbación compulsiva. No se han establecido unos parámetros para la frecuencia, ni se trata de un «abuso de uno mismo», como se dijo en los años 40 y 50. En un viejo chiste, un padre le dice a su hijo que si se masturba se quedará ciego, y el muchacho le responde: «¿Puedo hacerlo hasta que deba usar gafas?». El adicto al sexo no se detendrá hasta que tenga el pene irritado o con rozaduras y ya no pueda seguir eyaculando. O bien se correrá en el coche, en un parque o en un servicio público, con la esperanza de que le vean. Prefiere la masturbación al reto de encontrar una pareja, y, si la tiene, le queda poca energía sexual, por lo que la relación se debilita.

Consumo excesivo de pornografía. ¿Empleas la pornografía para estimular tu vida sexual? ¡No pasa nada! Pero, ¿prefieres unas fotos antes que un hombre de carne y hueso? ¿*Necesitas* porno para excitarte y alcanzar el orgasmo? ¿Acaso otras formas de hacer el amor no te resultan satisfactorias?

Exhibicionismo. Sí, esto *sí* que es un problema. Durante años, la sociedad ha permitido a las mujeres lucir escotados *tops* y provocativas minifaldas. Actualmente, los hombres también son provocativos. Los chicos muy jóvenes llevan camisetas de lycra y pantalones muy por debajo de la cintura.

Brad Pitt ha aparecido en dos ocasiones en la portada de la revista *Vanity Fair*. La primera vez, pensativo y taciturno, completamente vestido, a punto de encender un cigarrillo; la segunda, sonriente, con la camisa completamente abierta, exhibiendo pectorales y abdominales. ¿El fotógrafo? El fallecido Herb Ritts, famoso por sus fotografías de jóvenes de pecho rasurado, del tipo modelos Abercrombie & Fitch, vestidos con muy poca ropa.

Los profesionales del *striptease* de ambos sexos cobran por exhibir sus cuerpos para excitar al público. En algunos locales de ambiente, los *boys* se contonean y se quitan la ropa mientras los clientes les introducen billetes en los calcetines y los calzoncillos. Los exhibicionistas hacen justamente lo contrario: enseñan su cuerpo (o, con mayor frecuencia, sólo los genitales) para excitarse *a sí mismos*. La excitación de un exhibicionista depende de la reacción de su público. El exhibicionista heterosexual consigue un alto nivel de excitación actuando ante mujeres (el equivalente visual de una violación).

Algunos gays salen a dar una vuelta en coche con el pecho desnudo —o sin ropa alguna— y luego describen su itinerario en las salas de *chat*. ¿Una pérdida de tiempo y dinero? ¡No si eres un exhibicionista!

Por la noche, tras haber ido de copas, Trevor se quitaba toda la ropa y, en los semáforos, exhibía su erección a los hombres que detenían el coche junto a él. A menudo, los conductores se enfadaban y le perseguían. Él salía huyendo, consciente de que se vería metido en un lío si le alcanzaban. Sin embargo, la emoción del peligro hacía persistir a Trevor en su comportamiento.

Había otro paciente que, cuando estaba en viaje de negocios, solía frecuentar a menudo las saunas de todo el país. Le gustaba el sexo oral y anal con desconocidos que fueran pasivos. Una vez vio que tenía el pene irritado. Aun así, esa noche dejó que varios hombres le hicieran una felación en la sauna. Luego practicó sexo anal sin preservativo y empezó a preocuparse por si se había contagiado con el VIH; se quedó mirando al desconocido y le preguntó: «¿No serás seropositivo, verdad?», a lo que éste le respondió: «¿Acaso no lo somos todos?».

Mi paciente cortó de inmediato la relación sexual, salió de la sauna y estuvo angustiado hasta que no tuvo los resultados de la prueba del VIH. ¿Por qué se había comportado de esa manera, si sabía que una irritación en el pene (un síntoma de una posible enfermedad de transmisión sexual) aumenta el riesgo de contraer el VIH? Un adicto al sexo minimiza las consecuencias e incluso pasa por alto los riesgos más obvios.

Voyeurismo. Una vez más, el mero hecho de observar a otro hombre manteniendo relaciones sexuales no es un problema en sí mismo. Ir a una sauna o a una orgía, o conectarse a una página para *webcams* son formas perfectamente legítimas de observar a otros hombres a quienes les gusta ser observados. Pero los adictos al sexo rizan el rizo, y, además de ponerse ellos mismos en peligro, resultan una amenaza para los demás. Graban a escondidas a otros o practican agujeros en baños públicos o merodean por ellos para observar a los hombres que entran.

Espiar al vecino de urinario no supone necesariamente un indicio de adicción sexual. Si los heterosexuales pudieran orinar al lado de las mujeres, ¡ellas también echarían un vistazo! Sin embargo, un adicto al sexo es capaz de dedicar una tarde entera a esta actividad.

Incluso es posible que salga antes de trabajar para ir a los servicios públicos de los alrededores, víctima de la ansiedad.

Cibersexo compulsivo. En Internet, todo el mundo puede enviar un mensaje a otra persona para iniciar una conversación sobre sexo; si el otro se niega pero el instigador insiste, estaríamos ante un abuso.

Normalmente, el adicto al sexo prefiere el cibersexo rápido al reto de una negociación con una posible pareja. Se pasará horas (y se gastará un montón de dinero) conectado a páginas de pago, viendo pornografía en Internet, consultando anuncios personales y entrando en salas de *chat*. Puede que la familia o los amigos estén viendo la televisión en la misma habitación mientras él está consultando páginas porno en su ordenador portátil; si alguien observa lo que está haciendo, cambiará a otra pantalla con un simple clic del ratón. El cibersexo no debe asociarse con la masturbación; la búsqueda y la caza resultan más excitantes que la captura.

Patrick Carnes habla del «ciclo adictivo». Durante la fase de *obsesión*, el adicto al sexo se asegura de tener bastante tiempo y dinero para salir de copas. Planifica el día, o incluso la semana, en función de su cacería sexual.

Durante la *ritualización*, frecuenta siempre los mismos bares y discotecas, viste la misma ropa, usa la misma colonia y se comporta de forma similar. Inconscientemente, la mayoría de los adictos al sexo prefieren la obsesión y la ritualización al sexo real, porque después del orgasmo «se estrellan» en la última fase: la desesperación. Para aliviar su depresión, inician de nuevo el ciclo.

Matt, de treinta y tantos años de edad, fue detenido por insinuarse a un policía de paisano en un parque público. Tras un minucioso análisis de su caso, le dije que su comportamiento sugería adicción al sexo. Él se sintió ofendido: «Usted es un gay esnob que contempla de forma condescendiente a la comunidad gay». La búsqueda de sexo anónimo por parte de Matt era algo que «simplemente forma parte de la sociedad. ¡Así son las cosas!».

Matt se pasaba horas en las áreas de descanso de las autopistas con sus amigos en busca de sexo. (Observemos que esto coincide con las etapas de obsesión y ritualización de Carnes.) Le recordé a

Matt que hay policías de paisano vigilando las áreas de descanso y que en las saunas se llevan a cabo redadas de forma habitual. «Tengo derecho a estar allí. La policía está haciendo una caza de brujas», se quejó. Les culpaba de tender trampas en lavabos públicos.

Con mucho tacto, le dije que estaba corriendo peligro, aun sabiendo que podía ser detenido. Cuando traté de explicarle la definición y la dinámica de la adicción al sexo, se puso furioso. «¡Eso es una etiqueta! Otra forma de acabar con la sexualidad de los gays.»

Muchos gays han sido reprimidos durante tanto tiempo que desconfían —y normalmente rechazan— cualquier intento de contener la expresión de su sexualidad. Matt no aguantó mucho tiempo el tratamiento, porque no quería asumir la responsabilidad de su conducta sexual.

Es verdad: la policía lanza anzuelos para detener a hombres en busca de sexo o por «escándalo público». Decididamente, las trampas son una realidad: policías vestidos de paisano incitan a gays para que les muestren sus genitales y luego les colocan las esposas. Normalmente, las redadas suelen producirse antes de unas elecciones municipales. Hay una ciudad importante en la que el departamento de policía tiene un programa extraoficial para arrestar a gays en busca de ligues al aire libre llamado «Maricón al Furgón». Yo les digo a mis pacientes: «Si usted sabe que su comportamiento público puede llevarle a la cárcel, ¿por qué insiste en él una y otra vez?».

En nuestros días, los gays tenemos muchas opciones para conocer a otros gays. ¿Por qué no ofrecerse como voluntario a alguna organización gay donde poder conocer a gente responsable en lugar de acudir a un lugar donde se corre el riesgo de ser detenido o de que le den a uno una paliza?

Los gays que no han salido totalmente del armario —la mayoría de ellos casados— van en busca de lo clandestino. Aunque no justifico los encuentros sexuales anónimos en parques y áreas de descanso, creo que éstos son tan abundantes porque la cultura gay ha sido marginada en muchos aspectos. No hay convenciones sociales que nos permitan madurar sexualmente de una forma sana. En la película *Filadelfia*, un abogado heterosexual, Joe Miller (Denzel Washington), representa a un gay, Andrew Beckett (Tom Hanks), en una demanda civil después de que este último haya sido víctima de un despido improcedente porque tiene sida. En un *drugstore*, un gay reconoce al abogado, empieza a hablar con él y le felicita por el trabajo que está llevando a cabo en ese caso. Entonces, al lado de una mujer que les escucha a escondidas en el mismo pasillo, el hombre le pide una cita a Joe. «¿Cómo? ¿Cree que soy gay? ¿Le parezco a usted gay?» El gay, vestido con un uniforme de baloncesto, recién llegado de un partido, le replica: «Y yo, ¿le parezco *a usted* que soy gay?».

Joe, avergonzado porque la mujer del pasillo lo ha oído todo, agarra al jugador de baloncesto y le dice: «¡Debería patearte tu culo de maricón!». Éste es un excelente ejemplo de cómo se arriesgan los gays cuando tontean con hombres que puede que sean heterosexuales. Se ven empujados hacia lo clandestino, para ver hasta dónde llega el interés de los demás; si no demuestran interés alguno, no van a hacerles ningún daño. Que haya hombres que van a ligar a los lavabos públicos avala el hecho de que, quizás inconscientemente, consideran el sexo como algo «sucio». Dicho esto, cada uno de nosotros es responsable de sus propios actos... y de los riesgos que asume con conocimiento de causa.

Carnes dice que el adicto al sexo sufre las consecuencias de cuatro conceptos básicos erróneos:

1. Soy esencialmente malo e indigno.
2. Nadie me querrá como soy.
3. Nunca podré satisfacer mis necesidades si tengo que confiar en los demás.
4. El sexo es la más importante de mis necesidades.

Carnes añade que un alto porcentaje de adictos al sexo sufrieron abusos sexuales. Basándome en lo que me cuentan mis pacientes, estoy de acuerdo con él, aunque no todos los hombres que son adictos al sexo fueron víctimas de un abuso sexual. La *clase* de abuso es importante. En el abuso sexual no encubierto, no queda ninguna duda acerca de la naturaleza del acto. En cambio, el abuso encubierto —incluidos los abrazos sexualizados que duran demasiado tiempo— suele ser en general más sutil y a menudo deja a la víctima preguntándose si el abuso ocurrió realmente. Pero el daño ya está hecho y siempre queda registrado a un nivel inconsciente: los pacientes me cuentan a menudo que se sienten incómodos cuando están cerca del responsable del abuso y que éste les produce «repugnancia».

La certeza de que un padre tiene una aventura amorosa también puede considerarse como un abuso encubierto. Un niño no debería estar expuesto a esta clase de información. (Por supuesto, la aventura no debería haberse dado en ningún caso.) En algunas familias, las madres transmiten a sus hijos el mensaje de que las mujeres tienen más moral y son más civilizadas, mientras que los hombres son malos y dañinos. Esta estigmatización del género también es otro ejemplo de abuso sexual encubierto. Otros ejemplos incluyen el insulto («Eres un marica»), los comentarios inadecuados hechos a un niño durante la pubertad y la exposición deliberada a la desnudez de los adultos.

En otra forma de abuso encubierto, los padres tratan de convertir a sus hijos en colegas, algo típico del marido que no satisface las necesidades de su mujer. Es un síndrome que observo muy a menudo entre algunos gays y sus madres. Esto no es lo que convierte a un chico en gay, pero dado que los hijos gays son más sensibles, comunicativos y accesibles, muchas madres buscan en ellos el apoyo emocional que sólo un adulto debería darles. Un excelente libro sobre este tema es *Emotional Incest Syndrome: When a Parent's Love Rules Your Life*[13], de Pat Love. Love se refiere al abuso emocional que se produce cuando una madre —o un padre— tiene una excesiva dependencia de su hijo. Otra excelente obra sobre el tema es *Silently Seduced: When Parents Make Their Children Partners. Understanding Covert Incest*, de Kenneth Adams[14].

Con mucha frecuencia, los adictos al sexo suelen repetir los abusos que sufrieron durante la infancia. Si un niño es víctima de

---

13. Love, Pat. *Emotional Incest Syndrome: When a Parents's Love Rules Your Life*. Bantam Books. Nueva York, 1990.
14. Adams, Kenneth. *Silently Seduced: When a Parents Make Their Children Partners. Understanding Covert Incest*. Health Communications, Inc. Deerfield Beach, 1991.

un abuso y lo cuenta, los adultos que sean responsables de él pueden ayudarle a comprender que el abuso no ha sido culpa suya. Pero si un niño sufre un abuso y no dice nada —o si lo hace pero nadie le ayuda— se produce un doble daño: el abuso y la falta de respuesta de los demás. Esto le deja sufriendo en silencio y con la sensación de que nadie se preocupa por él, lo que puede incluso empeorar el trauma. Su inconsciente busca otras formas de resolver el abuso, porque en primera instancia no encontró el apoyo adecuado.

Algunos de los hombres que acuden a mi consulta creen que son gays por culpa de los abusos sexuales sufridos durante la infancia. ¡Eso no es cierto! Un abuso puede moldear la conducta, pero no la orientación, tanto en los gays como en los heterosexuales. En su primera visita, un heterosexual que había tratado con anterioridad me contó que su hermano había abusado de él durante su infancia. Cuando Jesse tenía 10 años, su hermano, de 15, le dijo: «Tengo que echarle un vistazo a tu pene». Entonces, su hermano mayor le manoseó los genitales. Esto duró varios años. Más adelante, Jesse se convirtió en un adicto al sexo, exhibiéndose ante mujeres en centros comerciales, aparcamientos e incluso en fiestas de su trabajo, invitándolas a que le «echaran un vistazo».

Una vez analizamos y resolvimos el abuso sexual de su hermano, Jesse dejó de exhibirse. Fue capaz de ser monógamo con su mujer y ya no sintió la necesidad de que otras mujeres le «echaran un vistazo». A pesar de que fuera otro hombre quien abusara de él, eso no moldeó su orientación sexual o sentimental. ¡Pero sí forjó su homofobia! En nuestra terapia también nos esforzamos en que comprendiera que lo que le hizo su hermano fue una cuestión de poder y control. En ello no había nada «gay» o «de maricas».

Walt fue detenido por escándalo público después de exhibirse ante un oficial de policía vestido de paisano en unos lavabos públicos. Walt había estado haciendo eso durante toda su vida sexual adulta. En la terapia, también me reveló que no era feliz con su pareja: su amor languidecía, y su deseo iba por otros derroteros.

A lo largo de su relación, Walt había frecuentado áreas de servicio y lavabos públicos de centros comerciales y aeropuertos a espaldas de su pareja. Puesto que prefería salir a ligar que pasar el tiempo junto a su pareja, llegó a la conclusión de que su relación había terminado.

Durante las visitas, le sugerí que tal vez su relación sí gozara de buena salud. Le pregunté si su comportamiento sexual podría ser la raíz del problema. ¿Le estaba dando una verdadera oportunidad a su relación? A pesar de que no era feliz, Walt defendía su comportamiento. Disfrutaba con el riesgo, así como con la novedad del sexo con cada uno de los hombres que conocía.

Al analizar su infancia, Walt recordó a su abuelo dándole un baño cuando él tenía seis años: le lavó el pene y el escroto durante un rato que él consideró excesivamente largo. Al final, Walt le preguntó: «¿Por qué haces eso?». Su abuelo le dijo que tenía el pene muy sucio y que debía lavárselo más a fondo. Walt se secó, se vistió y se dirigió a la planta baja para contarle lo ocurrido a su abuela, que no quiso saber nada del asunto. Walt nunca volvió a quedarse solo con sus abuelos y ni siquiera comentó el incidente con sus padres.

Se quedó sin ninguna resolución ante lo ocurrido, y necesitaba apoyo: alguien que le confirmara que su abuelo había hecho algo malo y que la decisión de hablar con su abuela había sido la correcta. Cuando Walt se hizo mayor, empezó a frecuentar los lavabos públicos y las áreas de descanso. Se corría en compañía de desconocidos y disfrutaba haciendo sexo oral en los *glory holes*. No tenía ningún interés en conocer a otros hombres a través de Internet o en bares y discotecas.

Le ayudé a comprender la relación: su abuelo había abusado de él en un baño. Ahora, su inconsciente —al no haber resuelto el trauma— «hablaba sobre lo ocurrido» a través de un comportamiento sexualmente compulsivo. Walt estuvo de acuerdo en que su comportamiento sexual adictivo era una consecuencia directa del abuso al que le había sometido su abuelo.

Walt acabó contándole a su pareja que había sido detenido y lo que había aprendido en la terapia. Su pareja trató de ayudarle siendo creativo: construyeron una «cabina» de pladur y practicaron en ella un agujero a modo de *glory hole* para hacer sexo oral. Durante un tiempo, este *glory hole* privado —y las acusaciones legales que pesaban sobre su cabeza— ayudaron a Walt a resistirse a su necesidad de salir a ligar. Él y su pareja empezaron a trabajar en su relación, mientras Walt analizaba su adicción al sexo.

Sin embargo, no quería explorar muy de cerca lo que le había hecho su abuelo más allá de aceptar que había ocurrido y que estaba relacionado con su adición al sexo. Walt quería «dejarlo atrás y seguir adelante». Yo le animé enérgicamente a analizar el abuso más de cerca para ayudarle a superarlo.

Tengo una terapia de grupo para hombres que han sido víctimas de abusos y que se han convertido en adictos al sexo. Walt se negó a unirse al grupo, aduciendo que con la terapia individual y, periódicamente, con la de pareja, era suficiente. Puesto que había abandonado sus actividades sexuales, Walt pensaba que se había «curado». Pero, después de un tiempo, el *glory hole* que habían construido en el sótano de su casa ya no le procuraba el placer que buscaba. Después de solucionar sus problemas legales, volvió a sentir la necesidad de practicar sexo en servicios públicos. Me dijo que, a pesar de sus problemas con la ley, quería seguir acudiendo a ligar a las áreas de descanso y a los lavabos «porque eso me excita».

Cuando por fin accedió a inscribirse en el grupo, Walt se enfrentó a mis desafíos y admitió que había sufrido una recaída total. Empezó a trabajar duro en su recuperación y en su relación, y finalmente se sintió interiormente motivado. Ya no le hacían falta las amenazas externas de posibles problemas legales para hacerse cargo de su vida.

Al principio, Walt no estaba preparado para analizar hasta qué punto le había afectado el abuso sexual. Su abuelo debería haber sentido miedo, vergüenza y angustia por lo que había hecho. Pero, en lugar de eso, Walt asumió esas emociones y vivió con esos sentimientos para proteger al autor del abuso.

Mark Schwartz, un pionero en el estudio de la adicción al sexo que trabaja en el Centro de Tratamiento Master's and Johnson de St. Louis, define el comportamiento sexual compulsivo como un «trastorno de la intimidad»[15]. Desde su punto de vista, el individuo

---

15. Schwartz, Mark y Masters, William. «Integration of Trauma-based, Cognitive, Behavioral, Systematic, and Addiction Approaches for Treatment of Hypersexual Pair-Bonding Disorder», *Sexual Addiction and Compulsivity: The Journal of Treatment and Prevention*, volumen 1, 1994.

compulsivo fue víctima de las personas que cuidaron de él durante la infancia, porque fueron presumiblemente abusivas, negligentes o represoras. Al no tener a nadie que cuide bien de él, la víctima debe arreglárselas sola. En consecuencia, ahora equipara el sexo a los cuidados. Su psique —que va en busca de placer, no de sufrimiento— vive sus dolorosos recuerdos emocionales a través de un filtro para «mejorarlos». Su rabia, pasiva, se expresa a través de la desviación o incluso de la perversión.

El adicto al sexo no ha desarrollado la capacidad para forjar y mantener relaciones íntimas con otros adultos. En consecuencia, dichas relaciones le provocan miedo, vergüenza y ansiedad.

Estoy de acuerdo: la adicción al sexo y la conducta compulsiva son trastornos de la intimidad. A los gays se nos enseña, desde muy temprana edad, a no intimar entre nosotros, y mucho menos a sincerarnos con nuestras familias o compañeros de clase. ¡Pues claro que sufrimos trastornos! Cuando los abusos se inician a una edad muy temprana en la vida de un joven gay, le hacen ser extremadamente propenso a la adicción sexual.

Una definición de abuso sería cuando una persona domina y explota a otra, violando así la confianza mutua y la promesa de protección. Alguien que se ve con «capacidad de control» se aprovecha de su situación para manipular, abusar, degradar, humillar e incluso hacer daño a los demás, a aquellos que, por deducción, siempre están en condiciones de inferioridad. Muchos estudios han confirmado que el motivo básico de una violación es el poder y no el sexo, y existen otras formas de abuso sexual que siguen esa misma patología.

El blanco ideal del presunto autor de un abuso sexual es un niño, porque aún sigue siendo ingenuo y le falta la «inmunidad» que otorga la experiencia emocional e intelectual que le dice cuándo está siendo violado, cuándo debe resistirse y decir que no. El autor de un abuso que tenga poder —un tío, un padrastro o bien otra figura masculina que resulte familiar, de confianza y en apariencia omnipotente— puede engatusar fácilmente a un niño para que mantenga una relación sexual, obligándole a complacerle.

En una ocasión hablé en una conferencia sobre cómo los abusos sexuales contribuyen a la adicción al sexo y a la promiscuidad.

Cuando terminé, Tim, un gay de unos 50 años de edad, se acercó a mí para hablar en privado y confesarme que toda su vida sexual como adulto se había desarrollado en parques públicos; allí, pagaba a los chaperos por satisfacerlos sexualmente, sin obtener nada a cambio.

Aunque ya le habían arrestado en una ocasión por insinuarse a un policía vestido de paisano, sostenía que la promiscuidad sexual era algo que formaba parte del hecho de ser gay. Yo cuestioné su opinión y le dije que aunque la promiscuidad sexual forma parte de nuestra sociedad, *no tiene* por qué formar parte de la vida gay.

Durante la terapia, Tim dijo sentirse muy deprimido, y que incluso había pensado en el suicidio; yo me tomé muy en serio lo que decía, teniendo en cuenta que ya había protagonizado varios intentos. Tim tenía problemas para conservar sus empleos; le despedían constantemente. Durante años había visitado a otros terapeutas. En la terapia me contó que cuando era joven había sido violado por un jugador de rugby con el que ligó en un parque público. Aunque el incidente se había producido en 1969, aún seguía marcando su vida cotidiana.

Le pedí que me contara más cosas sobre su infancia. Tim me dijo que cuando era pequeño, un primo mayor que él le sodomizó, algo que él no consideró como una violación y ni siquiera como un abuso. Cuando su padre, que era alcohólico, se enteró de lo ocurrido, le prohibió a Tim que volviera a ver a su primo. «Esa conducta es la de un enfermo. Mejor que no seas un maldito maricón...», le dijo su padre. Desde la más tierna infancia, su padre le había hecho sentirse avergonzado por no ser lo bastante masculino, por «no ser un hombre».

La crueldad de su padre le proporcionó a Tim un mapa del amor defectuoso, que le llevó a ir en busca de hombres que le trataran con la misma indiferencia con que lo había hecho su progenitor; su baja autoestima nunca se había recuperado del daño que éste le había infligido.

Los estudios dicen que los adultos que son víctimas de una violación o un abuso cuando son mayores —o son ellos mismos violadores o autores de abusos— a menudo también fueron víctimas de éstos. El niño víctima de un abuso sexual crece en el convencimiento de que hay algo malo en él. Cuando se hace adulto, recrea actos «de amor» —incluso los abusivos— que le resultan familiares. Es el modelo que yo llamo «regreso al lugar del crimen».

En el caso de Tim, el origen de todo estaba en la implacable reacción de su padre. Durante el resto de su vida, Tim se sintió atraído por figuras autoritarias que abusaban de él. Al principio no consideró la penetración anal de su primo como un abuso, porque disfrutó con ella y no hubo ninguna clase de violencia física. Al sentirse atraído por su primo, el placer que había experimentado le creó confusión.

Cuando un adolescente heterosexual mantiene relaciones sexuales con una mujer mayor que él, el chico casi se hace acreedor de una medalla de honor. Es posible que comente la experiencia con sus amigos y «choque los cinco» con ellos. A menudo, incluso los terapeutas quitan importancia a estos casos, aunque actualmente los consideramos como una forma de abuso sexual. Como persona adulta, la mujer es una figura con autoridad que debe ser responsable y proteger a los menores de las insinuaciones de los depredadores; el hecho de insinuarse sexualmente a un adolescente es un abuso.

Tim había acudido a diversos psicoterapeutas y psiquiatras, ninguno de los cuales abordó sus violaciones. Yo fui el primer profesional que le preguntó detalladamente por ellas; a Tim le costó varias semanas describir la segunda.

Una noche, Tim salió a ligar a un parque en busca de sexo. Aunque los gays salgan a ligar a parques públicos y áreas de descanso, la mayoría de ellos están dentro del armario y son adictos al sexo. Pero, en los años 60, los gays tenía pocas alternativas para relacionarse.

Tim conoció a un joven masculino y musculoso que había sido jugador de rugby en la universidad. Tim le invitó a ir a su casa, donde se acariciaron, se besaron y practicaron sexo oral. El joven intentó convencer a Tim de que se dejara penetrar, pero él no quería. Le gustaba el sexo anal, como pasivo y como activo, pero sólo con hombres de los que estuviera enamorado, y quería que durante aquel encuentro la relación sexual fuera estrictamente oral. Pero el joven no aceptó la negativa. Siendo más alto y fuerte que Tim, le obligó a hacerlo, sin lubricante. Tim gritó de dolor, pero como vivía solo nadie pudo oírle. Cuando hubo eyaculado, el violador se echó a reír, y le dijo a Tim que era un «jodido marica» que «se lo tenía bien merecido», y se fue. Tim estaba sangrando, por dentro y por fuera, pero no denunció la agresión. Era un gay que había ido a ligar a un parque público... ¿Quién sentiría compasión por él?

Tras dos días sangrando, Tim se vio obligado a llamar al trabajo para decir que estaba enfermo; luego se puso en contacto con un amigo, que le recomendó que acudiera rápidamente a urgencias. Lo hizo, aunque con cierte reticencia. El médico de urgencias se mostró severo y condescendiente, y le preguntó, sin tapujos: «¿Es usted homosexual?». Tim le dijo que sí, con lo cual el médico le trató con desdén, reforzando la opinión del jugador de rugby de que «se lo tenía bien merecido». El médico le hizo colocarse en una camilla con perneras para examinarle las heridas y le introdujo por la fuerza y sin cuidado alguno un espéculo en el ano, que acabó provocándole todavía más heridas. Tim se sentía demasiado avergonzado para protestar.

Durante nueve meses, Tim tuvo que sentarse en un flotador hinchable diseñado para los pacientes que se están recuperando de una operación de hemorroides. Tenía que darse baños especiales y usar pomadas para recuperarse de la violación y de las otras heridas que le había causado el médico de urgencias.

Cada uno de estos tres episodios fue una violación. Tuvieron que pasar años hasta que Tim fue capaz de hablar sobre el jugador de rugby en la terapia de grupo. A menudo, cuando recordaba lo ocurrido, se quedaba en silencio y decía «ya es suficiente», una decisión que yo siempre respetaba. El jugador de rugby y el médico se habían apoderado del control de Tim. Ahora, yo quería que él sintiera que controlaba esa historia y toda su vida. En una de las sesiones, Tim empezó a temblar y a llorar de tal manera que les pedí a los otros miembros del grupo que le abrazaran y le ofrecieran todo su consuelo y apoyo.

En otra reunión del grupo, Tim dijo que ahora, cuando recordaba las violaciones, era como si lo hiciera desde el techo: miraba hacia abajo y contemplaba cómo ocurrían. Esta clase de disociación es habitual entre quienes han sufrido un trauma sexual.

Cuando su psique recuerda el trauma, lo disocian todo de diferentes formas para «atenuar» el dolor. La disociación es una forma de anestesia para la víctima. Luego, irónicamente, el inconsciente trata de resolver el trauma volviendo al lugar del crimen. No obstante, para los adictos al sexo, o en realidad para cualquiera, el comportamiento disociativo no resuelve el crimen. En un vano intento por curarse a sí mismos, los hombres como Tim renuncian a la sexualidad para prevenir la ansiedad y evitar que los horribles recuerdos interfieran en su vida.

Mark Schwartz sugiere que, durante un abuso sexual, la víctima experimenta mucho miedo pero también excitación[16]. Más adelante, cuando desarrolla su sexualidad, tiene tendencia a recrear esos mismos elementos a través de un comportamiento compulsivo, reflejando perfectamente el abuso. Éste era el caso de Tim, cuya experiencia proporciona un ejemplo cabal de cómo el abuso sexual —encubierto o no— se repite en la vida de las víctimas.

Yo ayudo a los gays a facilitar la recuperación de su compulsión sexual haciéndoles admitir que su comportamiento es compulsivo. Una vez eso queda claro, hago un análisis minucioso de su historial infantil y de las personas que cuidaron de ellos. Les pregunto si sufrieron algún tipo de abuso —físico, emocional, de abandono—, les explico de qué tipo es y les informo de los diversos caminos que podemos seguir para conseguir que se recuperen.

Creo que nuestro comportamiento y nuestras fantasías sexuales son ventanas que nos permiten asomarnos a nuestra verdadera forma de ser. Dicho de otro modo: aquello que nos produce el mayor placer sexual dice mucho acerca de nosotros. La sexualidad es una extensión de nuestro interior; dice mucho sobre nosotros, aunque no a un nivel consciente.

En un excelente episodio de la serie *Queer as Folk*, de la cadena de televisión Showtime, Emmett se masturba mientras chatea, con el *nick* de PITTS23x15. En su perfil se describe como grandote, sin vello, de 1,85 m. de altura, 85 kilos de peso, 4% de grasa y sin circuncidar. Le comenta a su amigo Ted que se siente muy frustrado

---

16. Ibíd.

porque no se ve capaz de quedar con «usamiagujero27», con quien ha hecho cibersexo. Ted anima a Emmett para que le diga la verdad al chico, y éste le responde: «¿Cómo? ¿Decirle que soy una locaza pasiva a quien le gustaría que él fuese un activo musculoso y brutal?».

En otra escena, Emmett está a punto de eliminar su *nick*. Justo cuando se dispone a borrar su perfil, un tío grandote, sin vello, de 1,85 m. de altura, 85 kilos de peso y 4% de grasa se presenta en su apartamento, identificándose como PITTS23x15, y se baja los pantalones para mostrar su pene de «23x15» sin circuncidar. Emmett, alucinado, cree que se ha vuelto loco, pero en seguida se da cuenta de que ese producto de su imaginación se ha hecho realidad.

PITTS23x15 no quiere que Emmett lo borre. En vez de eso, su *nick* pretende llegar a un acuerdo con él: «Si puedo hacer de ti un activo grandote y musculoso en lugar de una locaza pasiva, ¿me dejarás seguir viviendo?».

«Ellos te desean a ti, a la fantasía, y no a mí, la persona real», dice Emmett. El *nick* le asegura a Emmett que puede ayudarle a parecerse a su falso yo.

«Pero yo no soy como tú», dice Emmett.

«De algún sitio habré salido yo, ¿verdad?», le contesta su *nick*.

El resto del episodio muestra cómo PITTS23x15 le enseña a Emmett a encontrar al activo grandote que lleva dentro y a parecerse más a él. Al final, Emmett asume su otra personalidad y descubre que puede llegar a ser realmente el musculoso activo que afirma ser en la red.

Ésta es una excelente descripción de cómo el comportamiento sexual dice mucho acerca de quiénes somos... o de quiénes queremos ser. La mayoría de hombres no necesitan examinar esta cuestión, ya que su comportamiento sexual no interfiere en su vida. Sin embargo, para aquellos que luchan contra la compulsión sexual, poder decodificar su conducta en el plano sexual resulta de una gran utilidad.

Nathan, de 27 años, inició una terapia conmigo después de que su novio, con quien había estado saliendo durante dos años, empezara otra relación, terminando con la suya. Después de eso, Nate intensificó su actividad sexual. Tras pasarse horas en las líneas calientes, acabó cargando cientos de dólares a su tarjeta de crédito. Le resultó muy embarazoso que le preguntara sobre su comportamiento sexual y sus fantasías, pero le hice ver que si no me lo contaba, no podríamos llegar al fondo de cualquiera que fuera la motivación de su conducta.

Nate llamaba a las líneas calientes y buscaba hombres que le humillaran, diciéndoles que tenía un pene muy pequeño y que «no era un hombre». Le pedía a su interlocutor que se burlara de él y que se follara a otro hombre en su presencia para que ambos se rieran a su costa. En su fantasía, los dos hombres le pedían a Nathan que se masturbara mientras él les observaba, humillándole aún más.

Ante todo, Nathan estaba angustiado porque prefería esta fantasía a una auténtica relación sexual sana y romántica. Que fuera un «buen» tío quien interpretara para él esta escena no le resultaba lo bastante satisfactorio, prefería hombres que le maltrataran deliberadamente, lo que le ayudaba a mejorar sus orgasmos y a sentirse más excitado. Se masturbaba pensando en su ex novio haciendo el amor con su nuevo amante, mientras ambos se reían de él.

Nathan era incapaz de identificar algún abuso sexual en el pasado. Tenía, eso sí, un recuerdo que le atormentaba: entre los 4 y los 7 años, él y su familia veían a menudo juntos la televisión. Su madre solía deslizar su mano en los pantalones de Nathan y, mientras manoseaba su trasero, le decía: «Tienes un culito precioso». Su padre y su hermano mayor siempre solían reírse de eso. Nathan era consciente de que no le gustaba lo que hacía su madre, y así se lo dijo, pero ella insistió y su padre no hizo nada por impedírselo. Se convirtió en algo normal.

Cuando le expliqué que eso era, de hecho, un abuso sexual, a Nathan le resultó muy difícil de creer. A nadie le gusta pensar que ha sido víctima de un incesto, y que su madre ha sido la autora de éste. Una vez más, resulta demasiado horrible pensar que las personas que han cuidado de ti son peligrosas y dañinas... ¡en especial una madre! Resulta más seguro culparse a uno mismo y defender a quien ha abusado de ti.

Ahora, al considerar el comportamiento sexual de Nathan, podemos ver cómo repetía un patrón. La necesidad de que se burlaran de él era un reflejo de otra necesidad, la de volver a su infancia, donde el mapa del amor de su familia incluía burlas y humillación ante el hecho de que su madre le acariciara las nalgas. Desde el punto de vista de un niño pequeño, su madre le había traicionado seduciéndole al acariciarle las nalgas y acostándose luego con su padre. Esto intervenía en sus fantasías de humillación, en las que su pareja prefería a otro hombre, reflejando de esa manera la pérdida del control que Nate había experimentado siendo un niño. Aunque era una mujer la que había abusado de él, él quería ser humillado por otros hombres, porque era gay. No le gustaban las mujeres, sino los hombres.

Nathan siguió la terapia individual y la de grupo, porque necesitaba de ambas para superar su adicción al sexo. En la de grupo, vio a hombres heterosexuales enfrentándose a situaciones de incesto relacionadas con sus madres similares a la suya. Resulta significativo que el abuso que había sufrido no hubiera afectado a la orientación sexual y sentimental de Nathan. Escuchar a los otros hombres de su grupo le ayudó a afirmarse y a entender que su madre había hecho algo malo.

Los niños que han sido víctimas de un abuso sexual se preguntan: «¿Qué he hecho yo para merecer esto? ¿Qué les ha hecho pensar que podían comportarse así?». La recuperación de la adicción al sexo exige sacar a flote la verdad, no importa lo difícil que sea. Nathan insistió en su comportamiento sexual, y durante el tratamiento incluso fue a más. Esto no es algo infrecuente: el objetivo de la adicción al sexo es ayudar a reprimir recuerdos dolorosos. Cuanto más los enterraba Nathan, más intensa era su adicción.

A Nathan le llevó años aceptar todo esto y conformarse, pero, una vez lo consiguió, fue capaz de hacer muchos progresos en su recuperación. Cuando fue finalmente capaz de ver las conexiones, tuvo que decidir qué hacer con ellas. Estaba preocupado porque estábamos convirtiendo a su madre en un monstruo, una inquietud terapéutica muy común que analizaré más a fondo en el capítulo 7. Le aseguré a Nathan que ésa no era la dirección que seguía su terapia. No obstante, tenía que aprender a dejar de defender a su madre y a distanciarse del problema.

Nathan siguió las recomendaciones que recibió en su grupo del programa de los 12 pasos: bloqueó los números de la línea 900 a los que había llamado para hacer sexo telefónico y dejó de conectarse a Internet. Aun así, encontró la forma de desbloquear la línea 900 y, mientras se masturbaba, desplegó su imaginación con más intensidad que nunca.

Parte del tratamiento de Nathan consistió en enfrentarse a su madre y su padre. Hay hombres que deciden hacerlo en vivo y en directo, mientras que otros prefieren desplegar su reprimida rabia en cartas que nunca llegan a mandar, hablando de ello en la terapia o mediante la técnica del psicodrama. Nate les pidió a otros miembros de su grupo que hicieran el papel de su madre y su padre mientras él les decía cómo se sentía con respecto a lo ocurrido durante su infancia. Trabajó su angustia en grupo a través de ejercicios experienciales (que explicaré en el capítulo 7). Nathan fue adquiriendo confianza con los miembros de su grupo y estableció con ellos unos vínculos muy sanos. Era capaz de expresar sus sentimientos y enfrentarse a los demás miembros del grupo cuando no estaba de acuerdo con ellos.

El objetivo de todos ellos era practicar entre sí técnicas de relación que podrían aplicar al mundo real y emplear en sus relaciones con los amigos y con futuras parejas. Al final, Nathan fue capaz de iniciar una relación amorosa con un hombre que le trataba como realmente se merecía. Incluso pudo recrear con él su fantasía de humillación para pasarlo bien... pero con respeto y no de una forma contraproducente.

Puede que algunos terapeutas piensen que Nathan no estaba del todo recuperado porque seguía insistiendo en su fantasía. Yo no estoy de acuerdo. Las huellas de la primera infancia son muy fuertes y por consiguiente muy difíciles de superar, en especial si están relacionadas con ideas y fantasías sexuales. Nathan superó su compulsión y aprendió a mantener una relación amorosa, una prueba evidente de los muchos progresos que había hecho en su recuperación.

En general, no hay nada que sea inherentemente malo en las fantasías sexuales, y es importante no convertirlas en una patología; si no son compulsivas y se manifiestan de una forma consensuada, pueden ser excitantes y estimulantes. Sin embargo, es importante entender que una cosa es el sexo y otra la adicción sexual. El comportamiento adictivo se ha sexualizado porque el inconsciente nunca busca el dolor, sino el placer. El trauma se convierte en orgasmo, pero hasta que el origen de éste no se resuelva, persistirán las reconstrucciones sexuales.

Con mucha frecuencia, los pacientes dicen sentirse «obligados» a seguir su comportamiento sexual compulsivo, como si no les quedara otra elección. Sienten literalmente que van a morir o que serán incapaces de llegar al final del día. Esto se debe a que la compulsión por manifestar su conducta imita el abuso sexual del que fueron víctimas durante la infancia. De pequeño, Nathan no podía impedir a su madre que deslizara la mano en sus pantalones; no podía evitar el abuso, y sentía que tampoco podía evitar su posterior compulsión sexual.

Según la teoría del mapa del amor, los niños son unos auténticos genios a la hora de buscar una forma de codificar su dolor. (El inconsciente de Nathan encontró una forma muy brillante de proteger a su madre y de encubrir su delito.) En la actividad sexual, los comportamientos se convierten en metáforas del pasado. Muchos estudiosos creen que sentimientos muy fuertes como la angustia, e incluso la ira, esconden una compulsión sexual que es consecuencia de la vergüenza que los adictos al sexo sienten de sí mismos.

En los grupos y talleres para gays suelo preguntar a menudo: «¿Dónde está la rabia que nos provoca la forma en que nos tratan?». Las lesbianas expresan de forma directa su indignación por el sexismo y el heterosexismo, y con frecuencia emprenden acciones políticas, pero eso es algo que no percibo en la comunidad gay masculina. Tanto en las terapias individuales como en las de grupo, animo a los pacientes a expresar su indignación de manera firme, apropiada y sana. Por ejemplo: cuando un profesor universitario manifestaba su homofobia, un paciente, estudiante, decía que hacía caso omiso de los disparates que decía aquel tipo.

En *Sexual Addiction: An Integrated Approach*, Àviel Goodman cita un estudio que sugiere que los comportamientos sexuales se sostienen en «motivos que dependen de los estados de ánimo». En resumen: si la adicción al sexo depende de las emociones, la medicación puede ayudar a controlar el trastorno de los estados de ánimo y de ese modo eliminar la conducta. Evidentemente, la libido impulsa un comportamiento sexualmente adictivo, y algunos medicamentos —entre ellos Prozac, Zoloft, Paxil y Celexa— contribuyen a reducir la actividad sexual así como a mejorar los estados de ánimo. Otros medicamentos que Goodman considera útiles son Luvox, Tofranil, Norpramine, Anafranil, Lithium y Buspar[17]. En cualquier caso, los pacientes deberían consultar con un psiquiatra o un médico de familia antes de empezar un tratamiento con estos fármacos.

A los pacientes les preocupa empezar a tomar una medicación que tal vez deberán seguir tomando de por vida, lo que les empuja a posponer el empleo de fármacos hasta que han probado todas las otras vías. Yo apoyo esta decisión, aunque he observado que a los pacientes que se enfrentan a una adicción al sexo suele resultarles útil tomar *algo*, no para anestesiar sus emociones, pero sí para estabilizarlas. Dicha estabilidad les ofrece la posibilidad de descodificar su comportamiento sexual sin que desencadenen unos sentimientos cuya intensidad les haría recaer.

Desgraciadamente, la recaída forma parte de la recuperación. Un hombre puede olvidarse de las drogas y el alcohol, ¡pero no de sus genitales! La víctima de un trastorno alimenticio no puede dejar de tener apetito, del mismo modo que un adicto al sexo no puede dejar de ponerse caliente. El sexo es parte de nuestra biología, por lo que es probable que la recaída forme parte de la recuperación de un adicto al sexo.

Aun así, es recomendable evitar compañías, lugares o situaciones que puedan contribuir a la recaída. Al comienzo de la recuperación, aconsejo a los pacientes que elaboren una lista con todos estos factores de riesgo. Son distintos en cada caso, pero fácilmente identificables. No obstante, les ayudo a comprender que la recaída no significa el fin del mundo. Una recaída puede ayudarles a entender cosas. No es que les diga: «Adelante, recae, y aprendamos algunas

---

17. Goodman, Aviel. *Sexual Addiction: An Integrated Approach*. International Universities Press. Madison, 1998.

cosas», pero pronosticar una recaída como parte de la recuperación, en especial al principio de ésta, evita la sensación de vergüenza y fracaso.

Después de una recaída, hay que analizar siempre las situaciones y experiencias que han conducido a ella. La mayor parte de adictos al sexo dicen: «No sé cómo pudo ocurrir». Y realmente lo piensan. La vida no es un episodio erótico de *Embrujada*, en el que se acaba por arte de magia en una sauna, un área de descanso o en Internet. Los adictos al sexo toman un montón de decisiones, muchas de ellas inconscientes, para acabar exteriorizando su comportamiento sexual.

Mira hacia atrás y analiza dónde y cuándo decidiste:

1. Asegurarte de que tenías tiempo para salir a ligar.
2. Salir una tarde.
3. Asegurarte de que llevabas bastante dinero para pagar la entrada del cine o la sauna.
4. Conectarte a Internet «como quien no quiere la cosa» o leer anuncios personales que te empujaron a contactar con esa dispuesta pareja anónima.
5. Hacer planes para conocer a ese hombre.
6. Decirte a ti mismo: «Por unos minutos más no pasará nada», y acabar conectado a Internet toda la noche.

La comunicación es otro elemento clave para la recuperación. El aislamiento impide que los amigos, la familia y las posibles parejas sean de ayuda. La recuperación exige tener a gente alrededor que pueda cuestionar cosas y ayudar a no recaer.

También hay algunas específicas consideraciones culturales y psicológicas: gran parte de la cultura gay apoya el derecho a hacer sexualmente lo que a uno le apetezca, sin restricción alguna. Esto es lo que Alcohólicos Anónimos denomina «pensamiento intoxicado», que sólo contribuye a hacer más difícil la recuperación. Es fácil sentirse excluido si no se es capaz de hacer «lo que están haciendo los demás». Hay un montón de sitios dentro de la comunidad que no están demasiado sexualizados. Ir en busca de ellos es un paso obligado.

La adicción al sexo implica una doble vida: hay una forma de comportarse de cara al público y otra conducta sexual en la intimidad. Nadie está al corriente de esas dos caras. Esto refleja la psicología de un hombre que sigue estando dentro del armario o que no ha salido de él en todas las situaciones. Ser consciente y responsable de lo que uno hace es muy importante. En caso contrario, la adicción acaba creyendo que tiene un sitio en esa «otra» vida.

Asistir a las reuniones de Adictos al Sexo Anónimos para heterosexuales puede resultar contraproducente, porque ofrecen al gay una válvula de escape. Puede camuflarse entre heterosexuales, que no son capaces de ayudarle realmente y que no sabrán ver cuándo está a punto de recaer porque ignoran los entresijos de ser gay. También puede ocurrir exactamente lo contrario: podrían advertirle que está pisando un terreno resbaladizo, porque está haciendo algo que, para un gay, es perfectamente legítimo. Mejor acudir a las reuniones de Compulsivos Sexuales Anónimos, en las que suelen predominar los gays.

Hay diversas sesiones del programa de los 12 pasos para adictos al sexo, pero es de vital importancia reconocer las diferencias fundamentales que existen entre Adictos al Sexo Anónimos, Adictos al Amor y al Sexo Anónimos, Compulsivos Sexuales Anónimos y Sexahólicos Anónimos.

Adictos al Sexo Anónimos deja más libertad a la hora de definir los límites de la sexualidad, y admite a todo el mundo: hombres, mujeres, gays, heterosexuales, bisexuales... Tiende a poner énfasis en las parafilias, en las que la excitación y el placer dependen de fantasear sobre —y llevar a cabo— un comportamiento sexual atípico y extremo.

Los parafílicos se concentran en un acto en concreto, como infligir dolor y/o humillación o bien experimentarlos, o en los fetiches, como los zapatos y la ropa interior. Son abundantes los anuncios publicados en revistas gays que ofrecen ropa interior sucia o usada, que también puede encontrarse fácilmente en eBay. Una vez más, disfrutar con un fetiche no supone un problema, aunque *sí* lo supone la compulsión y la preferencia por los fetiches antes que una relación sexual plena.

Adictos al Amor y al Sexo Anónimos se centra en los adictos al amor, una insaciable obsesión por «estar enamorado» que tiene que ver con los altos niveles de feniletilamina. Los adictos al amor buscan el placer que se obtiene cuando salta la chispa del «amor a primera vista». Una vez más, en sus reuniones son admitidos hombres, mujeres, gays, heterosexuales y bisexuales. A diferencia de las reuniones de Adictos al Sexo Anónimos, donde la mayoría de los participantes son hombres, en las reuniones de Adictos al Amor y al Sexo Anónimos hay más mujeres, las cuales, en nuestra sociedad, tienen tendencia a potenciar el lado romántico de las relaciones.

Este programa ayuda a hombres y mujeres que necesitan ir de luna de miel en luna de miel; en cuanto se plantea un conflicto, siguen adelante, a la espera de que una nueva relación les proporcione lo que la última no supo darles.

Luego están los *Sexahólicos Anónimos*. Su rígido, ortodoxo e inflexible enfoque exige que los participantes acepten que no deberían darse las relaciones sexuales fuera del matrimonio. Sus responsables les dicen a los participantes cómo debería ser su recuperación: «Cualquier clase de actividad sexual con uno mismo o con otra pareja que no sea el cónyuge acaba siendo adictiva y destructiva». Creo que es mejor dejar que decidas por ti mismo lo que funciona y lo que no. No resulta nada sorprendente que muchos pacientes gays me comenten que se sienten excluidos en este grupo en particular.

Compulsivos Sexuales Anónimos se escindió de Sexahólicos Anónimos porque algunos gays se sentían incómodos con el fundamentalismo y el tono heterosexista de éste. Los miembros de *Compulsivos Sexuales Anónimos* plantean su programa de recuperación siguiendo las pautas de *Adictos al Sexo Anónimos*. En estos grupos, los gays pueden comentar sus particulares necesidades y hablar abierta y sinceramente. Aunque admite a lesbianas y heterosexuales, la mayoría de sus participantes son gays.

La adicción sexual impide desarrollar una relación personal profunda a quienes la padecen. Ése es el motivo de que sea tan importante el hecho de tener a otra persona con quien relacionarse en un plano no sexual. Una vez más, los estudios demuestran que, para obtener los mejores resultados, el adicto al sexo debería seguir al mismo tiempo el programa de los 12 pasos y otras terapias individuales y de grupo. En compañía de otras personas, se ve obligado a desarrollar su intimidad y su capacidad de relacionarse.

Teniendo en cuenta que la adicción al sexo es un trastorno de la intimidad, es lógico pensar que la mejor «terapia» y la más eficaz es una relación amorosa adulta, que exige un nivel de compromiso emocional que los ligues esporádicos nunca podrán reproducir. La Terapia de las Relaciones Imago nos enseña que, puesto que en el pasado experimentamos relaciones dolorosas, la recuperación sólo puede darse en el contexto de una relación íntima y madura.

Capítulo 6

Aprende de la experiencia de tus mentores

GAY... QUE NO TE QUEDES SOLO.
Mi abuela

Todas las culturas necesitan mentores con mucha experiencia.
La mayoría de cosas que sé sobre la tradición judía me las ha
contado Bubbie, mi abuela. Aunque no recibió una educación pro-
piamente dicha, tiene muchos conocimientos sobre la cultura y la
religión judías, que la han guiado a lo largo de toda su vida.

Mientras estoy escribiendo esto, recuerdo que insistió en que
empleara su nombre en mis escritos. «Yussella [*"Joey"* o *"pequeño Joe"*
en yiddish], cuando me mencionas en tus artículos, he visto que no
lo haces por mi nombre. ¿Por qué?»

«Bubbie —repuse yo—, no supe que *tenías* nombre hasta la adolescencia. Todo el mundo te llamaba Bubbie. ¡Incluso tus amigos!»

Mary ayudó a mi madre a criarme y me enseñó por qué los
judíos encendemos velas en *Sabat* y ayunamos. (De niño, ¡me preocupaba que ella nunca hubiera probado una hamburguesa con
queso o una pizza con peperoni!) Es una mujer de viejos valores
familiares, llena de moralidad, espiritualidad y santidad, que rebo-
sa de alegría siempre que evoca su herencia. A mí me encanta cada
vez que me cuenta la historia de cuando emigraron de Rusia a
América; la he grabado en vídeo, a fin de que nunca se me olviden
sus palabras, sus inflexiones de voz y su personalidad.

Desgraciadamente, no sólo me enseñó espiritualidad, sino también supersticiones. Aun ahora, cuando se me derrama la sal, la echo tres veces por encima de mi hombro.

Siempre conservaré el recuerdo de su firme matriarcado, que me enseñó el estilo de vida judío. «Que no te quedes solo» era su forma de darme su bendición, tanto por ser judío como por ser gay.

A los 13 años tuve mi *bar mitzvah*. Como dice el chiste: «¡Hoy ya soy un hombre! ¡Mañana estaré en octavo curso!». Aunque seguía siendo un niño, me iniciaron en la madurez rezando y celebrando una fiesta.

Como gays, no recibimos muy a menudo la bendición de los demás. Son pocos los mentores que se ofrecen para guiar a jóvenes gays y lesbianas. En una ocasión, una autora de cómics lesbiana bromeaba diciendo que, siendo joven, sus modelos fueron ¡el Dr. Smith de *Perdidos en el espacio* y la Sra. Hathaway de *Los nuevos ricos!* ¿Qué clase de modelos son ésos para un gay o una lesbiana?

Siempre me da mucha pena cuando un hombre de entre 50 y 70 años me pregunta (porque yo he salido del armario) cómo es la cultura gay. ¡Tendría que ser al revés! En la cultura gay y lesbiana, nuestra identidad se forja en la madurez, y debemos ser nuestros propios mentores y los de los demás.

Hay algunas cosas maravillosas que caracterizan a la cultura gay.

Primera: No nos vemos obligados a seguir los roles genéricos. Cuando estamos en pareja, no se dan los estereotipos. Todo tiene que ser negociado, tal y como debería ser en cualquier relación. Debemos decidir lo que funciona mejor en cada caso.

Muchos gays han sido educados para ganarse el pan y ser el sostén de la pareja. Entonces, ¿quién pasa la aspiradora y saca la basura? Las mujeres que están en pareja han sido educadas para cuidar de la casa. ¡Al menos una de las mujeres de una pareja de lesbianas deberá ir a trabajar!

Segunda: Tenemos tendencia a explorar y analizar nuestra sexualidad de forma más sincera que los heterosexuales. El heterosexismo y la homofobia nos han obligado a hablar de nuestra sexualidad y a desarrollar un lenguaje para referirnos a ella. A muchos heterosexuales, tanto hombres como mujeres, les cuesta saber lo que quieren, por no hablar de expresar sus deseos.

Tercera: La cultura gay es muy honesta. Creo que nuestros mejores atributos son el valor, la firmeza y la afirmación. Hace falta valentía y sinceridad para salir del armario en una sociedad que preferiría que fuéramos pasivos y deshonestos.

Cuando somos lo bastante honestos para salir del armario, los demás también lo son con nosotros. Todos nos vemos obligados a enfrentarnos a la verdad. En *In & Out*, Kevin Kline interpreta a un gay; en una escena de la película, su madre les confiesa a sus amigas que su hijo es gay; entonces, todas deciden correr el riesgo de ser honestas las unas con las otras, «salir del armario» y contar sus más ocultos secretos. La situación ilustra lo que ocurre cuando nosotros —y los que nos rodean— decimos realmente la verdad.

Por desgracia, la iniciación de un gay en la madurez suele ser meramente sexual. La sociedad no aprueba que un hombre mayor se relacione en un plano no sexual con un chico joven o con un adolescente porque la gente suele asumir que lo único que desea es una relación *sexual*. Así pues, cuando un joven gay cumple veinte años, su iniciación en la cultura gay se lleva a cabo a través de la sexualidad, a menudo con un «mentor» que nunca volverá a ver. Recién salido del armario e inseguro de sí mismo, no ha aprendido que está bien relacionarse con un gay aunque no sea a través del sexo. Por eso toma caminos secretos y anónimos: áreas de descanso, lavabos públicos donde «se liga», salas de *chat* o bares de ambiente. En mi opinión, eso es muy triste. Si los hombres maduros y los más jóvenes pudieran reunirse y sentarse ante una taza de té o de café, las cosas podrían ser muy distintas.

En *Gay Spirit Warrior: An Empowerment Workbook for Men Who Love Men*, John Stowe escribe lo siguiente: «Imagina una sociedad diferente de la nuestra, en la que los gays maduros fueran tratados con respeto. Imagina un Consejo de Ancianos Gays que se sentaran para compartir su sabiduría y sus consejos con toda la Tribu. Imagina que acudes a ese consejo —incluso enviado por tus padres— en el momento en que descubres por primera vez que te sientes atraído por otros hombres. Imagina que compartes tus preocupaciones con un mentor de barba plateada, un hombre que, como tú mismo, se siente atraído por otros hombres y que te escucha con respeto. Imagina cómo te sentirías si pudieras acudir a este hombre en busca de orientación, comprensión, humor y consejo siempre que lo necesitaras»[18].

Quiero contribuir a que exista algo así. Tal vez la sociedad no nos dé su permiso, pero siempre podemos dárnoslo nosotros mismos.

Jennifer, una terapeuta heterosexual, tenía un paciente gay, Shawn, de 17 años. Yo me ofrecí voluntario para acudir a una de sus sesiones para que él viera qué aspecto tiene un gay adulto.

Shawn, un muchacho inteligente y atractivo, estaba empezando a salir del armario. Estaba asustado y se sentía solo. «¿Dónde puedo encontrar a otros chicos de mi edad? —preguntó—. ¿Debería decírselo a mi familia y a mis amigos?» Yo contesté a su pregunta lo mejor que supe. Shawn iba al instituto, y era muy prudente. Finalmente, se lo contó a su madre, a su padre y a un reducido grupo de amigos y profesores.

Unos meses más tarde, la Campaña por los Derechos Humanos celebró su cena anual para recaudar fondos. En la reunión, algunos miembros de nuestra comunidad recibieron premios por su trabajo, tanto a nivel local como nacional, por sus progresos en la equiparación de los derechos de gays y lesbianas.

Mi pareja y yo ya habíamos pagado por asistir a la cena, pero nos mandaron algunas invitaciones. Llamé a Jennifer y le pedí permiso para invitar a Shawn y a su familia. Quería que el chico viviera una experiencia sana y positiva dentro de la comunidad gay. Jennifer pensó que era una idea fantástica.

Shawn y sus padres se mostraron muy agradecidos y honrados de poder sentarse a la misma mesa que mi pareja y yo, junto con varios amigos nuestros, algunos con pareja y otros solteros. Yo me sentía muy orgulloso de poder presentarle a Shawn algunos sólidos modelos y de enseñarles a sus padres lo que gays y lesbianas éramos capaces de conseguir. La madre de Shawn conocía a uno de los galardonados, y hablé con ella largo y tendido sobre lo que significaba ser madre de un hijo gay.

---

18. Stowe, John R, *Gay Spirit Warrior: An Empowerment Workbook for Men Who Love Men*. Findhorn Press. Tallahassee, 1999.

¡La noche fue un éxito! Uno de los amigos con quien compartíamos mesa trabó amistad con Shawn y sus padres. Más adelante, salieron a comer juntos y me dijo que quería ayudar con sus consejos al muchacho y a su familia.

La responsabilidad, el amor y la sabiduría entran a formar parte de nosotros cuando alcanzamos la mediana edad, y queremos compartirlos con las generaciones más jóvenes. En su libro *Childhood and Society*, Erik Erikson afirma: «El hombre maduro necesita que le necesiten, y la madurez necesita el consejo y el estímulo de lo que ha generado y de aquello que debe cuidar. La generatividad es ante todo, pues, la preocupación por situar y orientar a la siguiente generación»[19]. La gente más joven necesita que la orienten y la aconsejen, y la gente madura desea hacerlo. Es algo que pertenece a la naturaleza humana, además de ser psicológicamente necesario.

En uno de mis talleres para gays, Robb, un joven de 25 años de edad, me comentó que se sentía incómodo con uno de los participantes, Greg, de 60 años, que llevaba toda su vida fuera del armario. Robb estaba empezando a salir; para él, asistir a una reunión con gays era algo nuevo, y tenía miedo de que Greg quisiera seducirle.

«¿Por qué crees que Greg anda detrás de ti?», le pregunté. Robb me dijo que era por la forma en que le miraba y las cosas que decía. Greg le había contado a Robb cómo había salido del armario, cuarenta años atrás, y lo diferentes que eran las cosas en la actualidad. Greg felicitó a Robb por su valentía, le dijo que era muy guapo y encantador, y le preguntó si algún día le apetecería que tomasen un café juntos; para darle la bienvenida al taller, le abrazó. En opinión de Robb, Greg estaba tratando de iniciar con él una relación romántica y sexual.

En mis talleres, los participantes tienen la oportunidad de resolver conflictos con los demás. Le dije a Robb que hablara con Greg, y que yo le ayudaría.

Después de aprender el proceso de comunicación, Robb le preguntó a Greg si estaba preparado para oír lo que le preocupaba, y Greg le dijo que sí. Robb le contó todo lo que me había dicho: que

---

19. Erikson, Erik. *Childhood and Society*. W. W. Norton and Company. Nueva York, 1963.

se sentía incómodo, frustrado y furioso porque pensaba que Greg iba detrás de él.

Cuando Robb hubo terminado, le tocó responder a Greg. Mostró su sorpresa por los juicios y reacciones de Robb; él no había pensado ni por un instante en Robb de una forma romántica o sexual. Greg recordó que en su momento, cuando era joven, se sintió solo, y que echó en falta los consejos de alguien dentro de la comunidad gay. Lo que quería era ofrecerle a Robb una experiencia diferente, eso era todo.

Robb se echó a llorar. Dijo que le agradecía mucho a Greg lo que estaba haciendo y que lamentaba profundamente haberle malinterpretado. Robb había ido a varios bares de ambiente y áreas de descanso, donde se encontró con hombres mayores que querían ligar con él, por lo que pensó que Greg pretendía lo mismo. Los dos se echaron a llorar. De hecho, en la sala, todos los ojos se humedecieron.

Yo también he buscado mis mentores. Siempre he sido un fan de Brian McNaught, entre cuyos libros se encuentra *On Being Gay* [¡escrito en 1975!], *Gays in the Workplace* y *Now That I Am Out, What Do I Do?* Natural de Detroit, es un autor que goza de un amplio respeto, tanto aquí como en el resto del país. Hace unos años, Mike y yo estábamos de vacaciones en Provincetown y vi por casualidad a McNaught. ¡Me sentí como un fan a la caza del autógrafo de una estrella del rock!

Nervioso y emocionado, le pregunté a mi pareja qué debía hacer. Incluso Ophra comenta que debemos tomarnos unos momentos antes de darle las gracias a una persona que ha supuesto un modelo para nosotros y que nos ha allanado el camino. Al final decidí acercarme a Brian y decirle lo mucho que significaba para mí y hasta qué punto su trabajo había inspirado el mío. Él se mostró muy solícito, me dio su tarjeta y me dijo que estaríamos en contacto.

Yo estaba eufórico. Al volver a casa, le mandé algunos de mis artículos; él me respondió con una nota escrita a mano en la que afirmaba haberlos leído todos y que le habían gustado. Eso significó mucho para mí, y actualmente siento que puedo apoyarme en su hombro.

* * *

Un amigo, de 60 años de edad, tuvo una relación estable durante 20 años, hasta que su pareja falleció. Este amigo es un pozo de sabiduría sobre las alegrías y los retos de las relaciones gays. Yo sigo haciendo lo que creo mejor para mí, por supuesto, pero necesito su «sabia» opinión, y le estoy agradecido por ello.

Los gays jóvenes y los maduros muestran profundos recelos entre ellos. Los maduros temen que los más jóvenes sólo quieran a un *daddy* para que cuide de ellos. Es muy habitual que malinterpreten las «necesidades» de un gay más joven y que les preocupe que les utilicen; por consiguiente, muestran indiferencia ante estos jóvenes, lo que no hace sino agudizar su soledad.

Los gays maduros me hablan de la sensación de no sentirse deseados, y echan la culpa a la edad por la forma en que se sienten tratados. Un paciente me contó que sentía que los jóvenes gays le miraban como si no existiera, sobre todo en situaciones que tenían que ver con el sexo. En general, los hombres aprecian la juventud y la belleza en sus parejas.

No obstante, suelo decirles a los gays maduros que quieren orientar, ser amigos o salir con gays jóvenes que estén disponibles y se dejen ver. Muchos jóvenes quieren y necesitan los consejos, la fuerza y la amistad de un gay maduro. Y puede que algunos quieran salir con ellos e iniciar una relación.

Muchos jóvenes gays están solos, les gustaría que otro hombre les valorara, y a veces emplean la sexualidad para llamar la atención de la gente madura. Una vez más, esto es una consecuencia del hecho que nuestra comunidad no cuente con un sistema de orientación organizado.

Un paciente de unos veinte años me contó que le gustaba hablar con gays mayores que él, pero que le resultaba incómodo. Trataba de mantener las distancias —incluso cuando quería conocerles mejor—, porque normalmente interpretaban su simpatía como interés sexual. ¡Con esta actitud, todos salían perdiendo!

Para ejercer como mentor, la confianza es fundamental, aunque no resulta muy habitual dentro de la comunidad gay. En general, la confianza entre dos hombres no está muy extendida. Muchas de las mujeres heterosexuales que conozco me comentan que no se fían de los hombres que se fijan en ellas. Gran parte de esa atención es de índole sexual, por lo que recelan de esos hombres. Normalmente, los hombres heterosexuales no tienen esta preocupación con respecto a otros hombres, aunque abrigan entre ellos una generalizada desconfianza, a pesar de su edad o su orientación.

Las terapias reparativas nos enseñan que un hombre que se enfrenta a impulsos gays no deseados es alguien que no ha tenido nadie que le orientara. De pequeño, no era lo bastante hombre, no cumplía con las expectativas del ideal masculino, y los únicos hombres que podían aconsejarle adecuadamente eran heterosexuales. ¡Pero incluso los heterosexuales no disponen de una orientación apropiada! Muchas iniciaciones a la madurez se dan a través de los deportes, la religión o saliendo con chicas. Si nada de esto forma parte de tu vida, la cultura masculina te margina y te sientes abandonado. Esto funciona tanto en gays como en heterosexuales.

Muchos de los heterosexuales que he tratado no recibieron nunca la aprobación de sus padres o de otros hombres. Se sienten profundamente heridos y ávidos de afirmación. No son gays ni se sienten atraídos por ambos sexos; lo único que necesitan es un modelo sano. A través de la terapia, me convierto en su mentor o les ayudo a encontrar a otros hombres que les hagan sentirse más seguros.

Esto es igualmente cierto para los gays, sólo que en mayor medida. En su popular y respetadísimo libro *Being Homosexual: Gay Men and Their Development*, Richard Isay afirma: «Si los padres de hijos homosexuales les aceptaran y les demostraran su cariño, estos muchachos tendrían un modelo para amar y cuidar a otros hombres, un modelo que no ha existido tradicionalmente en nuestra sociedad. Los padres que se preocupan por el desarrollo de sus hijos homosexuales, que afirman su valía dedicándoles tiempo y atención, animándoles y apoyando sus intereses, y que no les rechazan ni les censuran, les ayudarán a ser capaces, cuando sean gays adultos, de manifestar amor y cariño y ser sexualmente responsables en relaciones duraderas»[20]. Creo que Isay se refiere a

---

20. Isay, Richard. *Being Homosexual: Gay Men and Their Development*. Jason Aronson. Northvale, 1994.

todos los hombres, gays, bisexuales y heterosexuales. Si todos los padres asumieran el papel que propone Isay, los hombres heterosexuales podrían mantener sólidas relaciones con otros hombres basadas en el afecto y la confianza. Los gays y los bisexuales, además de mantener relaciones románticas o sexuales, podrían hacer lo mismo.

También necesitamos que nos orienten en nuestras relaciones amorosas adultas. Richard Isay dice: «Los gays también desean estrechar con sus padres unos vínculos que con demasiada frecuencia resultaron frustrantes en la infancia. Este anhelo es evidente en el joven que busca una pareja mayor que él, pero también puede observarse en los hombres maduros que tratan con mucho cariño a una pareja más joven; identificándose con él, alcanza el amor que anhela para sí mismo»[21].

Este fenómeno es un reflejo de los hombres y mujeres heterosexuales que tratan de satisfacer sus necesidades emocionales con una pareja más joven o mayor que ellos; no tiene relación con su orientación sexual o sentimental, pero sus raíces se encuentran en unas necesidades insatisfechas durante la infancia. Es evidente que las relaciones no son útiles para satisfacer estas antiguas necesidades, como veremos en los últimos tres capítulos de este libro.

También es importante la necesidad de que nos orienten comprobando que hay relaciones gays satisfactorias. Para mi pareja y para mí ha sido muy importante ser amigos íntimos de varias parejas gays. Observar a parejas heterosexuales también puede ofrecernos ejemplos de las estrategias de relación habituales, como el control de la angustia, la resolución de conflictos y la comunicación sincera (¡por citar sólo algunas de ellas!).

Las parejas heterosexuales deben enfrentarse a las diferencias de género. Los gays, en cambio, deben plantearse unas cuestiones que son exclusivas de una relación entre dos hombres: el placer

---

21. Isay, Richard. *Becoming Gay: The Journey to Self-Acceptance*. Pantheon Books. Nueva York, 1996

sexual, la competitividad, la capacidad de empatía y otros retos sociales y genéticos. La única forma de conseguir esta clase de orientación es recurrir a otra pareja de hombres o a un hombre que ha sabido mantener unas relaciones gays sanas.

El VIH nos ha quitado a muchos gays con experiencia. Antes de que aparecieran los últimos tratamientos, murieron muchos gays, dejando solos a los más jóvenes. Aunque el sida ha sido terrible y devastador, también obligó a salir del armario a muchos gays que de otra forma tal vez no lo habrían hecho nunca. Un diagnóstico fatal es una experiencia existencial muy dura.

Al reflexionar sobre tu vida, empiezas a ver lo que realmente importa. En los años 80, hombres que agonizaban en los hospitales empezaron a hablar de lo que significaba ser gay, y querían que sus parejas estuvieran a su lado. Algunos corrieron el riesgo de escribir sobre el hecho de ser gay, y las cámaras de televisión empezaron a entrar en los hogares gays. Éste fue el único aspecto positivo del sida. Finalmente pudimos decir: «He aquí un gay con valentía». Todos nos apoyamos en el hombro de esos hombres que, al final de su vida, decidieron que era importante levantarse y hablar.

Estos son mis consejos para encontrar un mentor:

1. Supera tu ansiedad y habla abiertamente con un gay a quien admires. Tal vez sea mayor que tú, o esté en una etapa más adulta de su vida gay. Deja que sepa que admiras su situación y que te gustaría comentar con él lo que funciona y lo que no. «Pareces estar al tanto de todo, y me gustaría que me contaras cosas de tu vida como gay. ¿Te apetecería ir a tomar un café para compartirlas conmigo?»

2. Si un hombre te aborda y no te gusta, díselo; es algo que puede hacerse de una forma educada y sin faltar al respeto. Dale a entender que te gusta su compañía, pero que no te interesa iniciar con él una relación sexual o sentimental. Para que se sienta bien, pregúntale: «En tu caso, ¿qué es lo que ha funcionado?»

Estos son mis consejos para un hombre maduro que quiera ejercer de mentor:

1. No te apartes de determinados actos gay sólo porque pienses que eres «demasiado viejo». De acuerdo, habrá quien piense que lo eres, pero también habrá otros hombres que estarán encantados de conocerte. Recuerda que muchos gays jóvenes necesitan un modelo o buscan una relación con alguien mayor que ellos.
2. Si te fijas en un chico joven que te cae muy bien, dile que te gustaría conocerle mejor. Si muestra cierta aprensión, explícale que no lo abordas en busca de sexo y que te interesa como persona. Si no te cree y no llegáis a nada, no te lo tomes como algo personal: el problema no es tuyo. Tú has allanado el camino ofreciéndole tu amistad y tus consejos. Quizás te siente mal el rechazo, pero eso es normal. Una explicación razonable del rechazo podría ser: «Ese chico tiene sus propias razones para no aceptar mis consejos. No tiene nada que ver conmigo, como gay o como persona».
3. Acude a la asociación gay de tu comunidad y diles que te gustaría convertirte en consejero. Si no disponen de un programa, proponles uno tú mismo.

En *Golden Men: The Power of Gay Midlife*, Harold Kooden y Charles Flowers dicen: «La mediana edad sólo se convertirá en la edad de oro si nos tratamos como si estuviéramos esculpidos en ese metal precioso: como algo sexy, infinitamente maleable y que no tiene precio»[22]. Me gustaría que los hombres de mediana edad adoptaran esta actitud. Presentaos ante la comunidad como lo que sois: algo que no tiene precio.

---

22. Kooden, Harold y Flowers, Charles. *Golden Men: The Power of Gay Midlife*. Avon Books. Nueva York, 2000.

Capítulo 7

Aprovecha el «trabajo» de la terapia

NO VEMOS LAS COSAS TAL COMO SON, SINO TAL COMO SOMOS.
Del Talmud

No hace mucho tiempo, la homosexualidad se consideraba como un trastorno mental. En 1973 fue finalmente suprimida de la segunda edición del *Diagnostic and Statistical Manual of Mental Disorders* (conocido abreviadamente como *DSM II*).

Como expliqué anteriormente, en 1975, cuando tenía 15 años, fui a ver a un terapeuta que estaba firmemente convencido de que las inclinaciones homosexuales eran la consecuencia de una madre posesiva y dominante y de un padre distante y las más de las veces ausente. Aunque ese terapeuta me ayudó en muchos sentidos, siempre discutíamos acerca de si yo era gay o no. Él creía que ésa no era mi verdadera orientación. Yo sabía que sí lo era y que no podría cambiar por mucho que lo intentara. Para mí, sin embargo, él era «médico», una figura con autoridad. Así que traté de salir con una chica llamada Laurie. Mientras me enseñaba a besar con lengua, yo me imaginaba que ella era Billy, un compañero de clase del que estaba enamorado. Le dije a mi terapeuta que las chicas no me decían nada y que me gustaban los chicos. Él quiso conocer los detalles sobre mi interés sexual y sentimental por otros muchachos, y yo se los conté... dos veces por semana, durante tres años. Me ayudó en mis conflictos de adolescente y también me animó a ser sincero y franco con respecto a mi homosexualidad, y le estoy agradecido por ello. Si no hubiera insistido en que yo hablara abiertamente sobre mi homosexualidad y mi determinación a ser lo que quería ser, no podría haber salido del armario siendo tan joven, y mucho menos empezar a ejercer como terapeuta para pacientes en su mayoría gays y lesbianas.

En 1980, en la tercera edición del *DSM*, se acuñó el término homosexualidad *ego-distónica* para definir a la persona que se siente incómoda o incluso en conflicto con su homosexualidad y que quiere cambiar su orientación. Como siempre, argumentaban que las necesidades homosexuales interfieren en su vida o que la falta de deseo heterosexual le impide llevar la vida que anhela. El término contrario, homosexualidad *ego-sintónica*, se empleaba para referirse al significativo número de gays y lesbianas que se sentían satisfechos con su orientación sexual y sentimental y que no presentaban síntomas de psicopatología.

La homosexualidad ego-distónica siguió apareciendo en la tercera edición del *DSM* hasta 1987, cuando el manual fue revisado *(DSM III-R)*. La junta concluyó que *todos* los gays y lesbianas empezaban siendo ego-distónicos (es decir, que se sentían incómodos con respecto a su orientación). Al salir completamente del armario, pasaban a ser ego-sintónicos y se sentían cómodos siendo gays. (¡Si has leído el capítulo 2, es algo que ya sabías!)

El actual *DSM-IV* no incluye la homosexualidad como trastorno, pero aún se permite diagnosticar como «trastorno sexual, si no se especifica lo contrario» las conductas con «la marcada y persistente angustia provocada por la orientación sexual», el mismo diagnóstico empleado en la adicción al sexo y la compulsión[23]. (Se ha hablado de crear una categoría diagnóstica de adicción al sexo para la próxima edición del *DSM*, pero en el momento de escribir este libro aún no existe)

Por desgracia, miles de gays tienen recelos con respecto a iniciar una terapia; temen dar con un terapeuta que no sea objetivo. Muchos buscan terapeutas gays o lesbianas, pero ésa no es necesariamente la mejor decisión. Un terapeuta gay no ofrece ninguna

---

23. *Diagnostic and Statistical Manual of Mental Disorders* (conocido abreviadamente como *DSM II*).

garantía de que no habrá que enfrentarse a la homofobia o el heterosexismo. La «homonegatividad» sigue siendo, aunque en menor medida, homofobia. Puede que esa persona se sienta bien siendo gay, pero que siga teniendo ideas negativas con respecto a la cultura gay en general.

Yo empleo el enfoque psicoterapéutico afirmativo para gays y lesbianas, que se plantea las serias consecuencias psicológicas de la homofobia y el heterosexismo. Hace hincapié en que el problema no está en el gay, sino en lo que le *han hecho*. Cuando un gay sale del armario, pierde muchos de los privilegios que los hombres heterosexuales dan por sentados, y el dolor que experimenta por dicha pérdida suele ser a menudo muy intenso.

Dan, un soltero de 32 años, oyó decir que yo me había especializado en tratar la adicción al sexo y vino a verme para que le ayudara en lo que él llamaba «comportamientos sexuales compulsivos». Hablaba poco, y era una persona con una fuerte tendencia a la pasividad. Simplemente aceptaba lo que le pasaba, sin hacerse responsable de su destino. Era miembro de una organización vinculada a la iglesia que se dedicaba a «curar la homosexualidad». Los comportamientos a los que se refería eran «recaídas» durante las cuales se masturbaba con fantasías «homosexuales». (Escribo «homosexual» entre comillas porque él empleaba este término en sentido peyorativo)

Durante la visita en que analizamos su caso, me dijo que era un «ex gay» y que quería seguir siéndolo. Dan también reconoció que no se sentía atraído sexualmente por las mujeres. Todo su interés sexual y sentimental iba dirigido a los hombres adultos. El objetivo de su vida era convertirse en un monje célibe de la Iglesia Católica Romana. Así pues, la masturbación le provocaba una gran dosis de angustia, y sus «resbalones» le deprimían. Se refería a los gays como «homosexuales», seguidores de un «estilo de vida alternativo». Pensaba que sus necesidades homosexuales eran el resultado de una educación paterna pobre e inadecuada.

Como hemos visto en los capítulos anteriores, éstas son las consignas de las «terapias reparativas», como la que Dan seguía a través de su iglesia. Le dije que yo era gay y —teniendo en cuenta su opinión con respecto a la homosexualidad— que debería saber que no aprobaba su punto de vista si iniciábamos una terapia.

Para mi sorpresa, me dijo que eso no le importaba. No creía que mis opiniones interfirieran en mi capacidad para ayudarle en sus «comportamientos sexuales compulsivos». Quiso que le asegurara que yo no trataría de convencerle de que ser gay era la solución a su problema. Le dije que no lo haría: mi trabajo es ayudar a los pacientes a descubrir lo que es mejor para ellos. Pero, en honor a la verdad, le dije que lo más probable era que sus «recaídas en la masturbación con fantasías homosexuales» fueran el resultado de su intento por reprimir algo natural en él. Dan no se mostró de acuerdo conmigo, pero seguía estando ansioso por iniciar la terapia.

En mi despacho tengo una fotografía en la que estamos mi pareja, Mike, y yo, junto con otras fotos de mis sobrinos, mi hermana y mi cuñado. «¿Eres feliz con tu pareja?», me preguntó Dan, y yo le respondí que sí, que era muy feliz. Él dudaba que algún gay pudiera ser feliz en una relación de pareja «incompleta», a la que le faltara «el elemento femenino complementario» (en palabras de su terapia de grupo reparativa).

Animé a Dan a que ampliara su opinión sobre mí —y sobre el hecho de que fuera gay—, planteándole de este modo el proceso de transferencia que expliqué en el primer capítulo. Dan ya había empezado a transferirme sus sentimientos negativos sobre su homosexualidad. Esto era una señal positiva de que la terapia le estaba ayudando a comprenderse mejor a sí mismo. Durante nuestras sesiones, se refirió a la homosexualidad como a un «estilo de vida triste». Pensaba que yo no era verdaderamente feliz, que me había convencido a mí mismo de serlo, y que había «sucumbido» a mis necesidades homosexuales. Siguió la terapia durante unos ocho meses; un día canceló una cita y ya no volvió nunca más.

Si Dan era gay, fue incapaz de admitirlo, por motivos religiosos y personales. Yo respeté su decisión de reprimir sus necesidades homosexuales, porque eso era lo que él quería. Sin embargo, cuestioné sus esfuerzos por negarlas y «repararlas». Esa lucha le hacía sentirse peor y más deprimido que si hubiera simplemente aceptado que era un gay que quería vivir su vida como un célibe.

El hecho de considerar las necesidades de uno como algo «sucio» y tabú sólo hace que éstas sean más fuertes. Cuando Dan dijo que yo había sucumbido a mi homosexualidad —algo que no era lo mejor para mí—, lo que hacía era proyectar su lucha en mí. En realidad, Dan se estaba engañando a sí mismo al pensar que podría erradicar sus necesidades homosexuales; de hecho, *él* sí había sucumbido: a la religión y a unas terapias antigays que le decían que había algo malo en él.

La mayor parte de instituciones religiosas rechazan a los gays. Al no ser aceptados por el clero, ser condenados al ostracismo y excluidos de los lugares de culto, los gays religiosos suelen sustituir a menudo la religión por la terapia. He atendido a muchos pacientes gays católicos que probablemente nunca habrían acudido a mí si hubieran podido ir en busca de un sacerdote que les apoyara y ayudara y su iglesia hubiese aceptado a los gays. No importa cuál sea el problema que plantean: observo muy a menudo que lo que buscan realmente es consejo espiritual y comprensión, algo que yo no puedo proporcionales, y eso les hace sentirse frustrados.

En el ejercicio de mi profesión he conocido a gays que se definían a sí mismos como «católicos en fase de recuperación». Se pasaron años haciendo terapia, tratando de reparar el daño que les había provocado el hecho de escuchar durante toda su vida que el sexo gay es una «abominación» y que si lo «practicaban» irían al infierno.

En mis grupos, siempre suelo decir a los participantes: «La semana que viene se incorporará un nuevo miembro». Eso es todo lo que les digo. El padre Arturo, como le llamo yo, se incorporó al grupo, dijo que practicaba activamente la sexualidad y que tenía necesidad de hablar del hecho de ser gay. Finalmente, dijo que era sacerdote. El grupo (católicos en un 85%) reaccionó de forma muy negativa. Uno de los participantes me dijo que debería haberles «advertido» sobre la incorporación del padre Arturo, a fin de que pudieran prepararse o irse antes de que él llegara. Yo no sabía que muchos gays católicos juzgaran tan severamente a los sacerdotes, y simplemente no había previsto su reacción ante uno que practicara activamente el sexo.

Mientras se estaban haciendo mayores, esos hombres se habían sentido heridos por los sacerdotes, y el padre Arturo era el blanco perfecto para toda su angustia y su dolor. ¡Pero él superó todos los desafíos! Planteó un montón de temas nuevos, que todos pudieron desarrollar y analizar más a fondo. Fue toda una oportunidad terapéutica, no sólo para el grupo, sino para el propio padre Arturo, quien, a través de los juicios de todos esos hombres, se vio obligado a trabajar su propio caso como sacerdote gay sexualmente activo.

Siempre suelo bromear diciendo que me alegro de ser judío, porque muchas de las cosas que aprendí en la escuela hebrea me las enseñaron sobre todo en esa lengua. Si el rabino cargaba contra la homosexualidad, diciendo que era pecado y una abominación, yo no entendía ni una palabra de lo que decía. Es algo que siempre hace reír a la gente.

Como es sabido, a los niños les enseñan a no actuar, sentir o pensar de determinadas maneras, y a no experimentar todas las sensaciones de su cuerpo. En varios de mis talleres, los gays han hecho una lista detallada de los «noes» que escucharon de pequeños:

«No te comportes como un mariquita.»
«No seas crío.»
«No te toques las partes.»
«No pienses en ser bailarín, artista, músico o actor.»
«No te sientes con las piernas cruzadas.»
«No muevas las manos así.»
«No mires o toques a otros chicos ni dejes que ellos lo hagan.»

Estas admoniciones son inherentemente sexistas. Si algún muchacho tiene algún rasgo «femenino», las convenciones sociales nos empujan a creer que hay algo malo en él. ¡En estos elementos de nuestra cultura va implícito el mensaje de que hay algo malo en las mujeres! Sin embargo, no juzgamos a las mujeres de igual manera; se acepta que practiquen deporte o que vayan a trabajar vestidas con traje y corbata. A las mujeres se les permite que se toquen el cuerpo o el pelo, que se abracen, e incluso que vayan al baño juntas.

Creo que ésta es la razón por la que los jóvenes gays son conscientes de su orientación antes que las lesbianas: cuando un gay siente el deseo de tocar a otros chicos o el impulso de jugar a «cosas de niñas», en seguida se da cuenta de que es diferente. Las chicas, en cambio, no descubren hasta más tarde que «no está bien» disfrutar de la intimidad física con otras mujeres.

A uno de mis pacientes le dijeron que «los hombres no deberían ser vulnerables», y a otro le advirtieron: «No dejes que los demás se metan en tus asuntos». A los chicos que hacen caso de estos mensajes les cuesta dejar entrar a los demás en su vida y mostrar abiertamente su vulnerabilidad. Este problema no es específico de los gays; todo el mundo debe enfrentarse a mensajes represivos de esta índole.

Erik Erikson definió las fases de desarrollo físico, emocional y psicológico y asignó cuestiones específicas de formación —o tareas, tal y como las llamó él— a cada una de estas fases psicosociales. Creía que si alguna de las fases era atacada o interrumpida, el niño sufriría durante toda su vida como adulto mientras no resolviera la herida que le infligieron en dicha etapa.

Erikson sigue siendo muy leído por su intuición sobre las dinámicas psicológicas, que sabrán apreciar incluso los legos en la materia. En *El ciclo vital completado* analiza cada una de estas fases psicológicas. Yo me referiré exclusivamente a las que resultan más pertinentes para los gays.

El niño en edad de jugar o, como lo llamaríamos ahora, preescolar (2-6 años), se *inicia* en los juegos y se inventa historias, y no se limita a hacer lo que hacen los demás en el patio de recreo. En esta fase, desarrolla un sentido de lo que está bien y lo que está mal, y también un sentido de sus objetivos y su identidad, vistiéndose con la ropa de los adultos y jugando con muñecos, camiones, grúas, etc.

En esta etapa, los gays empiezan a sentirse heridos y a experimentar otras influencias negativas. Una vez un gay en edad preescolar empieza a demostrar interés por juguetes propios de niñas, el padre se distancia de su hijo «mariquita». Puede que incluso se muestre crítico y avergonzado. En *The «Sissy Boy Syndrome» and the Development of Homosexuality*, Richard Green incluye un estudio según el cual el 75% de los niños que se sintieron atraídos por juguetes propios de niñas y que se identificaron con ellas fueron gays[24]. Jugar a juegos de niñas no *convierte* a un niño en gay, pero es uno de los primeros indicadores de que lo es. Por otra parte, no todos los gays han jugado con juguetes propios de las niñas, lo que indica que tal vez no se sintieran heridos en esta fase.

De un buen padre se espera que interactúe con sus hijos, pero como se supone que los niños no deben jugar con muñecas, rara vez dedicarán su tiempo a «practicar» con ellos mientras sean pequeños. Cuando nació mi primer sobrino y mi hermana me dejó que lo abrazara o le cambiara los pañales, no sabía qué hacer; como no me habían dejado jugar con muñecas, no estaba acostumbrado.

No soy capaz de decir cuántos gays y lesbianas —en mis talleres, terapias individuales o de grupos— recordaron que alguien les hubiera dicho que jugar como los niños del sexo opuesto estaba mal. Obviamente, una sensación de vergüenza como ésta puede tener efectos que persistan durante la madurez.

Si los padres o tutores de un niño cuidan bien de él en esta fase, aprenderá que ciertas cosas están permitidas y otras no, pero sin sentir vergüenza o sentimiento de culpa. De esa forma, los niños gays se sienten libres para usar su imaginación, inventando y jugando sin necesidad de esconderse.

Durante los primeros años de escolarización (aproximadamente entre los 6 y los 12), un niño debe desarrollar su competencia y cumplir con sus objetivos llevando a cabo sus tareas y siguiendo instrucciones. De este modo, desarrolla su autoestima.

En este caso, los padres y los educadores deben estimular intelectualmente al niño y ayudarle a adquirir unas capacidades que le permitirán ser productivo y alcanzar el éxito. Si los niños no desarrollan su capacidad de competencia, sufren un complejo de inferioridad. Cuando sean adultos, esos niños pueden mostrarse competitivos con las demás hasta obsesionarse. En el ejercicio de mi profesión —y en la comunidad gay en general— he visto a muchos hombres inseguros con una fuerte tendencia a la competitividad. Tienen que «estar al mismo nivel que los Jones» para sen-

---

24. Green, Richard. *The «Sissy Boy Syndrome» and the Development of Homosexuality.* Yale University Press. New Haven, 1987.

tirse a gusto consigo mismos. Muchos de esos hombres se sienten amenazados por los éxitos, las relaciones y el estatus social y económico de otros gays.

Esta neurosis es un reflejo condicionado de la sociedad norteamericana, pero creo que para los gays es algo más. Muchos gays se sienten angustiados porque lanzan una pelota como una chica, se sientan como una chica, no les gusta pelearse y no encajan en un grupo de chicos porque son diferentes. Empiezan a sentir que son totalmente incompetentes como hombres. Este es un tema muy importante que analizamos en los talleres: nos sentimos heridos en nuestra masculinidad a raíz del montón de consignas negativas que nos han mandado.

En su mayor parte, los heterosexuales consideran que el deporte es una buena válvula de escape para una sana (y a veces malsana) competitividad. Pero los gays tenemos más tendencia a ir al gimnasio que a unirnos a un equipo. En consecuencia, se da un montón de malsana competitividad en cuestión de aspecto físico, músculos y dotación.

Quizás las peores heridas se producen durante la adolescencia, entre los 12 y los 18 años. Es el momento en que confluyen todas las etapas previas. ¿Tiene el joven un marcado sentido de independencia, confianza y competitividad? ¿Tiene la sensación de que controla su vida? Según Erikson, la adolescencia es la fase más decisiva. Si la persona es capaz de manejar con éxito esta crisis, integrando todas las etapas de un modo sano, estará preparada para seguir adelante y planear su futuro. Pero si no lo consigue, el adolescente se creerá incompetente, tendrá problemas para tomar decisiones y seguirá estando confuso con respecto a su orientación sexual, su futuro profesional y su papel en la vida en general. Además de los obstáculos normales a los que se refiere Erikson, los gays y lesbianas adolescentes deberán enfrentarse a desafíos adicionales; esos jóvenes están confusos con respecto a su identidad sexual, en gran medida porque no han podido analizarla de una forma sana y productiva.

Durante este período de «crisis de identidad», el adolescente desarrolla su verdadero yo. Para llegar a entender quién es en realidad, sale con un grupo de amigos, lo que le proporciona un sentido de pertenencia. Trata de ensamblar una imagen de sí mismo a partir de un montón de modelos distintos: el deportista, el rebelde con cazadora de cuero, el empollón, el adicto a los ordenadores, el «más popular» o «el que tiene más probabilidades de triunfar», o quizás sólo el chico polifacético.

A un adolescente gay le arrebatan el sentido de pertenencia. La clase de chico que parece ser gay —aunque no lo sea— es el que todo el mundo quiere evitar. Tiene que comportarse como un heterosexual, salir con chicas y fingir ser alguien que no es. El impacto negativo es muy profundo.

Erikson se refiere a la siguiente fase de desarrollo como los años del adulto joven (entre los 19 y los 40). Aquí, se trata de elegir entre el compromiso personal con otro ser humano (en el rol de pareja, cónyuge o padre) y la soledad. El joven se inicia en las experiencias del sexo, el amor y la intimidad, esta última, a mi modo de ver, la más importante de las tres. El objetivo consiste en combinar el sexo con los sentimientos y el enamoramiento.

Ahora, las relaciones amorosas se convierten en lo prioritario. Según Erikson, no importa el éxito que un hombre pueda alcanzar, porque no habrá completado su desarrollo hasta que experimente la intimidad. Si todo sale bien, el adulto joven estrecha sus vínculos con los demás y disfruta de un certero sentido de la identidad. En caso contrario, tendrá miedo al compromiso y le costará depender de alguien. Muchos gays se encuentran solos porque la homofobia y el heterosexismo les ha impedido desarrollar la capacidad para experimentar la intimidad.

La psicoterapia individual y de grupo puede ayudar a los gays a resolver temas pendientes de la adolescencia y la primera madurez. Para el adolescente, los grupos de amigos se convierten en una influencia muy importante. En la escuela, desarrolla un intenso sentido de la identidad, se distancia —lo que no significa rebelarse— de sus padres y experimenta una sensación de pertenencia.

Durante la siguiente etapa —la del adulto joven— empezamos a interpretar roles heterosexuales. En un episodio de la serie *Will & Grace*, la profesora de interpretación de Will le pregunta a éste si tiene alguna experiencia como actor. Él le contesta que ha interpretado a un heterosexual durante casi diecinueve años. Entonces, ella le dice: «¡No demasiado bien, deduzco!». Aunque nos parezca divertido, es triste que un joven deba fingir ser alguien distinto de quien es en realidad.

En su libro *Now That I'm Out, What Do I Do?*, Brian McNaught señala que la mayoría de gays «han estado muy traumatizados, aunque no sea de una forma consciente, por la presión social que experimentaron al identificarse y comportarse como... heterosexuales, aunque dicha presión no sea considerada como un abuso sexual por los expertos en la materia. Imaginemos cómo reaccionaría la sociedad actual si un heterosexual de entre 13 y 19 años fuera obligado a salir con alguien de su mismo sexo. ¿Cuál sería la reacción si se esperara de ellos que cogieran de la mano, bailaran, abrazaran, besaran y dijeran «Te quiero» a alguien por quien no se sintieran atraídos sexualmente? ¡La gente pensaría que es una atrocidad! Los tutores serían enviados a prisión, los jóvenes «responsables» de eso serían expulsados de las escuelas, y las víctimas inocentes de dichos abusos deberían seguir años de terapia... Y, aun así, eso forma parte de la vida cotidiana de los adolescentes gays»[25].

Ésta es la razón por la que el tipo de terapia que propongo a los gays es similar, en muchos aspectos, a la que se ofrece a pacientes que sufrieron abusos sexuales en la infancia. Si padecieron la clase de abuso sexual *cultural* encubierto que comentábamos anteriormente, la terapia debe abordar esa experiencia en concreto.

Algunos terapeutas se presentan sencillamente a sí mismos como una pantalla en blanco, demostrando poca o ninguna emoción (el término es «afecto plano») y un *feedback* mínimo. No comparten nada personal con sus pacientes. En realidad, lo que pretenden es sostener ante sus pacientes un espejo, ofreciéndoles la oportunidad de analizar sus propias proyecciones. Esta clase de terapia tiene su público, pero teniendo en cuenta que el gay que decide iniciar una terapia ya tiene un largo historial de disfunciones emocionales (y sentimentales), es un enfoque que no suele ser eficaz.

---

25. McNaught, Brian. *Now That I Am Out, What Do I Do?* St. Martin's Press. Nueva York, 1997.

Para quien ha sido víctima de un abuso sexual, la «pantalla en blanco» resulta ineficaz por las mismas razones. El mundo en el que vive ya es una pantalla en blanco; la falta de respuesta de la cultura heterosexual con respecto al sufrimiento de un gay es una de las causas principales de su angustia psicológica. La insistencia del terapeuta en el alcance de sus heridas emocionales sólo sirve para poner más énfasis en su frustración cuando se ve incapaz de conectar con la sociedad en general. Para que un gay que se siente solo y aislado se recupere, es fundamental que la relación con su terapeuta esté basada en la seguridad y la confianza. No resulta de ninguna ayuda sentarse con él y asentir simplemente con la cabeza sin ofrecerle un *feedback* que le ayude a transformar su experiencia en un diálogo.

La terapia individual puede ayudar a curar las heridas que sufre un gay en su infancia cuando sus primeros intentos por desarrollar sus capacidades para el afecto fracasan. Si su madre *fue* demasiado protectora (cariñosa) y su padre demasiado distante, el joven gay espera recibir cariño tanto de alguien distante como de alguien próximo... está «enmarañado», tal y como lo llaman los psicólogos. Así pues, cuando se haga adulto, puede que ponga mucha distancia entre él o sus amigos y parejas o, por el contrario, que tenga tendencia a sentirse muy próximo a ellos.

Yo trato de que los gays entiendan que el amor es un equilibrio entre la distancia y la proximidad, y que ir demasiado lejos en cualquiera de las dos direcciones no es bueno. La relación terapéutica puede ser un ejemplo de esto. Establecemos unos límites sanos al tiempo que cultivamos una relación de proximidad y de sana dependencia.

Como hemos visto, en la terapia individual el paciente proyecta o transfiere a su terapeuta las características de quienes cuidaron de él en su primera infancia. La transferencia positiva se da cuando los atributos positivos son transferidos al terapeuta; la negativa, en cambio, se produce cuando se transfieren los negativos. Esto también ocurre con nuestros compañeros de trabajo y amigos, y en especial con nuestras parejas, como veremos en el capítulo 9. Cuanto más próximos nos sintamos a alguien emocionalmente, más se dará la transferencia.

En terapia, sin embargo, provocamos la transferencia y hablamos acerca de ella. El paciente *debería* transferir sus imágenes y sentimientos negativos al terapeuta, lo que le permitiría viajar atrás en el tiempo hasta su infancia para experimentarlos de nuevo, sólo que en esta ocasión con un mejor resultado. Ahora, con la inteligencia del adulto y la madurez —y la ayuda del terapeuta—, el paciente es capaz de relacionar sus sentimientos con una experiencia positiva, y de ese modo puede curar sus heridas.

La transferencia positiva y la negativa son especialmente importantes para abordar los temas planteados por los gays. Los pacientes que inician una terapia conmigo tienen un amplio espectro de sentimientos con respecto al hecho de que yo me declare abiertamente como un terapeuta gay. Algunos acuden a mí esperando conseguir parte de la vida que yo disfruto: una relación de pareja, el éxito en el trabajo, y salir del armario hasta donde les sea posible. Empiezan la terapia muy ilusionados, porque creen que puedo ayudarles a llegar hasta donde ellos pretenden. Me idealizan, y, de ese modo, me transfieren positivamente todos sus deseos. No obstante, después de unas cuantas sesiones o de unos meses, empiezan a ser conscientes de que a mí me llevó años sentirme cómodo conmigo mismo siendo gay. No se esperaban el esfuerzo que eso supone.

¡Y entonces es cuando empieza la transferencia negativa! Algunos pacientes se enfadan y dicen cosas como ésta: «Usted no puede ayudarme», o «Yo no conseguiré lo que usted ha conseguido». Abandonan la terapia o, en el caso de que la continúen, me culpan de haberles causado «demasiado dolor». Con el tiempo se dan cuenta de que son sólo sus propias barreras las que les obstaculizan el camino. Puede que tuvieran un padre que no se ocupara de ellos o que no les aconsejara adecuadamente —o simplemente que no les aconsejara—, en especial sobre el hecho de ser gay. A medida que los pacientes son más dependientes de la terapia, la relación terapéutica se va pareciendo cada vez más a las relaciones de dependencia de su niñez. Yo me convierto en un doble de ese padre negligente.

Esto es normal, y es una señal positiva de que el paciente ha empezado el trabajo psicológico. Empieza a valorar la lucha por convertirse en un gay seguro de sí mismo, capaz de desarrollar todo su potencial. Si consigue superar este desafío, entonces inicia su *propia* terapia.

Como veremos en los capítulos 9 y 10, la transferencia negativa es un serio obstáculo para las relaciones íntimas adultas de los gays, porque siendo niños y adultos jóvenes fueron pocos los que disfrutaron de una interacción positiva y no sexualizada con otros gays. Si los pacientes son capaces de entender que sus actuales sentimientos se refieren a otros tiempos, de prescindir de ellos como «agua pasada», y trabajarlos con mi ayuda, estarán preparados para mantener unas relaciones sentimentales sanas como adultos.

Para un gay, iniciar una terapia con un gay que se manifiesta abiertamente como tal resulta a menudo un gran desafío. Puede que sea la primera vez que se contempla a sí mismo y a otro gay de una forma sincera o habla con otro gay en un lugar que no sea un bar oscuro en el que se consume mucho alcohol y la música suena a todo volumen. Irónicamente, que fuera otro gay quien le invitara por primera vez a otro lugar que no fuera ése podría resultarle aterrador, porque esa clase de relación requiere unos niveles de intimidad, honestidad y autenticidad a los que no está acostumbrado. El solo hecho de decirle a otro hombre «Soy gay» le produciría ansiedad.

Está empezando una batalla interior. Está violando un tabú que les han enseñado a todos los hombres, tanto gays como heteros: no está bien hablar con otro gay si no es con desdén o desprecio. La costumbre de evitar referirse a otros gays sale a la superficie, y eso impulsa al paciente a dejar la terapia. Pero para alguien que acaba de salir del armario, esta experiencia también puede resultar muy estimulante. Por vez primera puede analizar su orientación de una forma segura, sincera e íntima.

Alguien que ha salido del armario hace tiempo y que se ha involucrado en la comunidad gay ya se ha formado una idea de lo que supone ser gay. Si cuestiono lo que piensa o le propongo nuevos puntos de vista, puede que me diga que estoy insistiendo en una idea que no concuerda con su experiencia. Mi trabajo no consiste en decirle a un paciente quién debe ser, sino simplemente en compartir con él lo que yo percibo. Incluso un gay que hace tiempo que ha salido del armario puede que no sea consciente de sus sutiles formas de homobofia interiorizada.

John hacía más de veinte años que había salido del armario, pero en la terapia con él descubrí en seguida que no era muy consciente de la mayor parte de aspectos de la vida gay. Durante la pasada década, para él estar fuera del armario significaba exclusivamente ir a bares de ambiente, de modo que lo único que conocía era la vida que se hacía en ellos. Ahora, tras haber cumplido 40 años, tenía la sensación de que los gays le rechazaban, hecho que él atribuía a la importancia que otorga la cultura gay a la juventud. Como sabemos, los hombres pueden comportarse de ese modo, y, efectivamente, muchos gays sólo buscan hombres más jóvenes. Sin embargo, también son muchos los hombres cuyos intereses no son tan limitados y que no van a los bares. Lo que le había ocurrido a John es que simplemente no había dado con ellos.

Él no me creyó cuando le dije que el mundo gay era más amplio de lo que él se imaginaba, pero deseaba hacerlo, por lo que prosiguió la terapia. Durante nuestras sesiones, reunió el valor necesario para acudir a las fiestas del Orgullo Gay, donde conoció a hombres que se interesaron por él. Admitió, satisfecho, que debía ampliar su perspectiva de lo que era la vida gay.

La terapia ofrece un lugar seguro para que un paciente aumente el conocimiento de sí mismo. A medida que se desarrolla la transferencia, es normal que deje de lado (conscientemente o no) los motivos que le llevaron a acudir a la consulta e inicie una terapia. ¡Poco importa que sepa que este cambio de prioridades es *su* trabajo! Puede que el paciente me diga: «Usted se siente bien siendo gay sólo porque tiene una relación», o bien: «Si yo disfrutara como usted del éxito, podría permitirme salir del armario». Lo que no sabe es que antes de que yo conociera a Mike y de que mi carrera despegara, estaba tan fuera del armario como lo estoy ahora. Pero, una vez más, esta reticencia es una señal positiva de que un paciente ha iniciado su terapia. Se trata de *sus* opiniones y de *sus* proyecciones, de ventanas abiertas a lo que es, pistas que me permiten llegar a conocerle mejor y ayudarle a conocerse mejor.

A veces, mi forma de asumir que soy gay provoca una intensa homofobia en mis pacientes. Me convierte en un contenedor en el que pueden verter toda su ira y frustración. Algunos terapeutas se sienten tan incómodos con la ira que emerge de la transferencia negativa que no quieren analizar estas proyecciones: o piensan que no serán de ayuda para sus pacientes, o encuentran otras formas menos problemáticas de hacerlo. Pero yo creo firmemente que hay que dejar que emerjan estos sentimientos. Soy una excusa para el paciente, el doble de la persona, quienquiera que sea, con quien él necesita enfadarse *de verdad*. La transferencia negativa es información en clave acerca del paciente.

El objetivo de descifrar la transferencia negativa no es encontrar a alguien a quien echarle la culpa, sino identificar a quién va realmente dirigida la ira. El paciente puede dirigirla hacia mí y hablar sobre ella para descubrir su verdadero origen. A menudo no resulta de ninguna ayuda enfrentar a los pacientes con los auténticos responsables de su ira para «aclarar las cosas». Resulta más fiable —y en general más eficaz— sacar a la luz lo que ha sido reprimido dentro del espacio seguro de la terapia y trabajarlo en el seno de ésta. Si un paciente necesita acudir a las personas que le hicieron daño, es cosa suya. Sin embargo, es una decisión que suelo apoyar a menudo y que puede ser de ayuda, aunque, en primera instancia, el paciente debe analizar el problema por sí mismo.

Con frecuencia me refiero a las viejas cintas mentales que llevamos dentro, y que se ponen en funcionamiento en cuanto nos enfrentamos a una situación difícil. Si la situación actual se corresponde con lo que nos enseñaron, entonces nuestras cintas coinciden con la realidad y no causan problemas. Pero si la realidad contradice aquello que nos enseñaron, las cintas entran en conflicto. Obviamente, cambiar las cintas resulta más fácil que tratar de alterar —o, lo que es peor, negar— la realidad.

En terapia, por supuesto, se activa cualquier cinta homofóbica de la que se disponga. Dándole la vuelta al viejo chiste, me convierto en el hombre contra el que los padres previenen a sus hijos.

Como terapeuta, creo que la gente solicita mis servicios no sólo porque va en busca de compasión y de un espacio de afecto, sino también para que les desafíe y para crear controversia. Yo no me peleo con los pacientes ni les provoco un dolor innecesario, pero sí les hago ver los momentos en que algo de lo que dicen va en contra de los objetivos internos y externos que aseguraron querer alcanzar.

En el capítulo siguiente veremos cómo las parejas buscan «válvulas de escape» cuando una relación alcanza demasiada intensidad y el otro acorta las distancias. En terapia pasa lo mismo. Cuando un gay se siente demasiado próximo a mí o abordamos algo con demasiada complicidad, sé que reaccionará de una de las siguientes maneras:

1. Abandonará la terapia.
2. Decidirá acudir a otro terapeuta.
3. Contará con defensas dentro de la terapia, como la evitación o la resistencia.

Estas reacciones son típicas de mucha gente que hace terapia, pero con los gays las observo con mayor frecuencia. Cuando los pacientes recurren a estas estrategias, trato de presionarlos, con amabilidad y compasión, para que se queden y sigan analizando su dolor. Soy como el tipo del gimnasio que ayuda a alguien a levantar más peso cuando no es lo bastante fuerte para hacerlo por sí mismo.

A menudo, a los pacientes gays les resulta difícil «aguantar» su dolor. Además, un terapeuta gay puede que lleve a un paciente a plantearse esta pregunta: «¿Estoy intimando demasiado con este tipo?», aun cuando sepa que cualquier buen terapeuta establece muchos límites. Aquí es donde emerge todo lo relacionado con el afecto, la competencia y la intimidad, tanto para el paciente como para mí. Incluso revisitar la más feliz de las infancias puede suponer un viaje lleno de peligros, y algunos pacientes tratan de mitigar sus miedos tirándome de la lengua. Lo hacen intentando meterse en mi vida privada haciéndome preguntas personales, concentrándose en mí. Si no explico nada acerca de mi vida privada, mantengo los límites con el paciente; pero sincerarme sobre algunos aspectos de mi vida puede ser de gran utilidad. También puede ayudarles a decidir que *mi* vida no es la que ellos desean vivir. Lo importante es que los pacientes tengan algunas ideas positivas sobre la vida gay.

La transferencia que los pacientes dirigen hacia mí es sólo una forma de expresar sentimientos negativos con respecto a la vida gay. Muchos se quejan de los gays que son afeminados y de las *drag queens*. Esta homofobia interiorizada no hace sino dañar su autoestima y sus futuros intentos por hacer amistades dentro de la comunidad gay.

En terapia, algunos pacientes se refieren despectivamente a los «guetos gays». Insisten en que no deberíamos distanciarnos de nuestros homólogos heterosexuales. Yo les pregunto: «¿Piensa lo mismo sobre los barrios judíos, Little Italy o Chinatown, donde viven otras minorías?». Normalmente responden: «Ah, no».

Jeff, de 39 años, era un alto ejecutivo de una importante agencia de publicidad. Hacía tres años que se había divorciado de su mujer, con quien llevaba quince años casado, para irse a vivir con un hombre. Vino a verme porque estaba preocupado por el comportamiento sexual de su pareja fuera de la relación.

En nuestra primera sesión, Jeff me dijo: «Estoy seguro de que tu pareja y tú no sois monógamos y que debéis acostaros con cualquiera. ¡Así es la vida gay! Entonces, ¿cómo podrás ayudarme a ser monógamo y a aplicar los valores heterosexuales a mi relación?». Por supuesto, Jeff sólo estaba haciendo una proyección.

Me contó que habían ido a una fiesta, donde vio a su pareja besando apasionadamente a otro hombre. Me dijo que lo aceptó, «porque eso pasa en algunas de las fiestas a las que vamos». Insistió en que yo no podía entender muchos aspectos de su situación, porque él había estado casado con una mujer y yo no. En otra ocasión se echó a llorar porque tenía la sensación de que yo le había juzgado por querer tener una relación con su pareja que reflejara los valores del ideal heterosexual.

En cuanto le hablé sobre la transferencia, tanto positiva como negativa, y le expliqué el concepto de proyección, Jeff dio un giro a su terapia y fue capaz de encontrar respuestas por sí mismo. Analizamos sus opiniones y las empleamos como pistas para ayudarle a descubrir quién era.

Le dije en seguida que yo creía en la monogamia. ¿Era esa la opinión de Jeff sobre lo que debería ser una relación? ¡Yo creo en ella! Le dije a Jeff que yo me habría quedado horrorizado si hubiera visto a mi pareja besando apasionadamente a otro hombre. Para nosotros eso era algo inadmisible, y *no* ocurría en ninguna de las fiestas a las que asistíamos. Él pensaba que yo estaba a favor de la promiscuidad porque era gay. Le expliqué que eso era una proyección homofóbica *suya*.

Lo cierto es que los gays están divididos con respecto a la monogamia, y hablamos más abiertamente sobre ella que las parejas heterosexuales. (Más información al respecto en el capítulo 10.) En efecto, algunos sectores de la cultura gay aceptan las relaciones abiertas, aunque otros no. Le aseguré a Jeff que podría encontrar tanto gays que son monógamos como otros que respetan sus límites y los de su pareja.

Estaba de acuerdo con Jeff: ignoro todos los matices de un matrimonio heterosexual, pero he tratado a cientos de hombres casados, y estaba dispuesto a aprender más sobre el tema. El miedo de Jeff a que yo no le entendiera era otro ejemplo de transferencia. Durante su matrimonio, creía que si comentaba a la gente sus verdaderos sentimientos, nadie le entendería. Este problema se remontaba a su infancia. Cuando, de pequeño, Jeff quería exponer algún problema, sus padres no le prestaban atención, y él se sentía incomprendido. Lo que hacía ahora era proyectar esos sentimientos de su pasado en mí.

Jeff comprendió que gran parte de lo que observaba en la vida gay era un reflejo de su propia y limitada consciencia con respecto a ser gay. Entendió que la transferencia negativa que dirigía hacia mí era el resentimiento que tenía hacia sus padres (así como hacia otros gays que le habían juzgado con severidad por querer aplicar los valores heterosexuales a su relación de pareja). Quería ser conservador, monógamo y tener un círculo de verdaderos amigos. A fin de conseguir todo eso, derramó muchas lágrimas y experimentó mucho dolor, tristeza y alegría.

Discutir es bueno. ¡Viva la disparidad de criterios! Cuando mis opiniones no satisfacen a los pacientes, a veces me dicen: «Joe, eso te funcionará a ti, pero a mí no». Y yo estoy de acuerdo con ellos.

La terapia consiste en ser dueño —y hacerse cargo— de tus propios pensamientos, opiniones, sentimientos, transferencias y proyecciones. Eso significa remontarte a tus orígenes para analizar qué dicen acerca de ti mismo.

Un terapeuta heterosexual ofrece a los gays otra clase de beneficiosas transferencias. Puede que el paciente esté preocupado porque el terapeuta quiera convertirle en hetero (como tal vez hicieran sus padres)... ¡o que espere que lo consiga! Un terapeuta heterosexual también puede representar a la sociedad en general o los privilegios heterosexuales que un gay perderá al salir del armario. Trabajar con un terapeuta heterosexual que aborde estas cuestiones puede resultar altamente provechoso y terapéutico.

La «terapia de grupo» también resulta beneficiosa para los gays, porque imparte un sentido de pertenencia y les ayuda a desarrollar unas capacidades sociales que nunca pudieron llevar a la práctica durante la infancia. Puede que sea la primera vez que un paciente se reúna con otros gays en un sitio con mucha luz, en el que no haya drogas o sexo de por medio. La primera vez que dirigí una terapia de grupo, todos los participantes estaban tensos, angustiados y nerviosos, incluido yo. ¡Era una novedad para todos!

Sea cual sea el comportamiento de un hombre en el mundo real, para bien o para mal lo lleva consigo a la terapia de grupo. Una vez que un paciente inicia una terapia de grupo, observo cómo se relaciona con los demás y viceversa: en vivo, *unplugged* y sin censura. Yo puedo intervenir, interpretar y corresponder con el *feedback* para que sus futuros encuentros tengan consecuencias positivas.

Nuestro primer grupo es la familia que nos ha educado. Inevitablemente, en una terapia de grupo hay alguien que puede recordarnos a nuestra madre, a nuestro padre, a un hermano o hermana. Estas similitudes ofrecen muchas oportunidades para corregir y reparar experiencias al volver a experimentar (de una forma agradable o no) esa energía familiar, esta vez con un resultado diferente.

Nuestro segundo grupo es el que nos ayudó a relacionarnos en sociedad. Nuevamente, habrá alguien que nos podrá recordar a un viejo amigo, un jefe, un amante, un vecino, un rabino, un cura, una ex pareja o alguien importante en la época en que nos distanciamos de la familia y fuimos al instituto o a la iglesia. Una vez más, se presentan oportunidades de mejora a través de estos «dobles» del grupo.

* * *

¡Conseguir que alguien entre y participe en una terapia de grupo para gays es todo un reto! La primera cosa que suelo oír casi siempre es: «No quiero sentarme en una habitación llena de locas que se hacen la víctima y se lamentan de su vida». Yo contesto que el grupo no tiene nada que ver con eso, porque no se permiten las quejas ni los lloriqueos: o la gente viene a trabajar o se va.

Algunos dicen que necesitan el *feedback* de un profesional como yo y no el de unos «diantes». Yo les comento que los miembros del grupo son sus compañeros y no figuras con autoridad. Con demasiada frecuencia, la terapia individual es una relación parcial en la que el paciente sólo habla de sí mismo, lo que limita el alcance de mi participación —en cuestión de opiniones y luchas personales— para que la experiencia resulte terapéutica. Una terapia de grupo con gays se parece más al mundo real. Para llegar al fondo de su personalidad, cada participante comparte sus luchas personales y necesita oír las opiniones —y reaccionar ante ellas— de otros legos en la materia. Yo estoy allí para intervenir si alguien responde con un *feedback* inadecuado o poco útil.

Eso no implica que una terapia de grupo no resulte en algunas ocasiones violenta. Un participante querrá oír incluso opiniones y reacciones equivocadas porque esos desafíos a su autorepresentación le prepararán para lo que se encontrará habitualmente «ahí fuera», en la vida real.

La transferencia y la proyección se dan tanto en la terapia individual como en la de grupo. Como he dicho antes, uno de los participantes puede que le recuerde a otro a un familiar o una ex pareja. Tal vez alguien tenga una reacción negativa con respecto a otro miembro del grupo o, por el contrario, sienta algo por él. Esta dinámica interacción supone una gran oportunidad para analizar, madurar y recuperarse. Por esta razón, la combinación de la terapia individual y la de grupo resulta ideal: los pacientes gays pueden resolver sus problemas íntimos en privado y luego aportar al grupo lo que han aprendido.

Siempre que un participante expresa su frustración por el funcionamiento del grupo, otros suelen unirse a él. Es una conducta típica que se da cuando los participantes empiezan a sentirse más fuertes. Sin embargo, en una terapia de grupo con gays con un terapeuta gay he observado que el «lamento del coro» es más enérgico que el de un grupo mixto. Pero esta significativa forma de comportarse permite que se planteen más dinámicas familiares. ¿Cómo nos trató nuestra familia mientras crecíamos? ¿Qué se siente al contar con el apoyo de otros miembros del grupo (hermanos nuestros) presionando en contra de papá (el terapeuta)? ¿Cómo nos han tratado como gays? Analizar estas cuestiones puede ayudar a curar las heridas de la infancia.

A fin de garantizar la seguridad física y emocional, impongo algunas directrices que no son negociables; la más importante de todas es la confidencialidad. Cualquier comunidad gay es lo bastante pequeña como para que los miembros del grupo tengan amistades comunes. Por lo tanto, respetar la confianza de cada uno de los miembros resulta obligatorio, en la terapia de grupo y en todas las futuras consultas, de modo que nadie debe preocuparse por haberse visto «empujado fuera del armario» por el hecho de haber asistido a una terapia de grupo.

A los miembros del grupo no se les permiten actitudes sexuales, citas o ni tan siquiera alternar con otros participantes. Existen razones de peso para ello. En primer lugar, el grupo es el marco donde debe llevarse a cabo *todo* el trabajo. Podrían surgir problemas si se crearan subgrupos o amistades. Un miembro podría comentarle de forma inocente a otro algo que éste no quiere que sepan los demás. Esto traicionaría el principio de que todas las confesiones deben mantenerse en el seno del grupo. La necesidad de mantener secretos es lo que lleva en primera instancia a un hombre a iniciar una terapia, y el hecho de compartirlos en privado tiende a diluir la energía del grupo y los objetivos generales.

Sólo se puede asistir a la terapia si no se han tomado drogas ni alcohol. Si uno de los participantes se está medicando por prescripción del médico, es otra cosa. Pero si alguien ha tomado aunque sólo sea una copa durante la cena, le pido que se vaya. Un participante me dijo una vez que había fumado marihuana; sostenía que, puesto que decía la verdad, merecía quedarse. ¡Un buen ejemplo de transferencia negativa! No estaba dispuesto a analizar su problema con las drogas, de modo que me echó la culpa a mí y al resto del grupo cuando le pedí que se marchara. Había roto el acuerdo estipulado con el grupo de no tomar nada que no le hubiera prescrito el médico, y no estaba dispuesto a asumir su responsabilidad.

El grupo desencadena sentimientos y desata emociones; alguien que los reprime con fármacos no prescritos o alcohol está entorpeciendo el esfuerzo colectivo. La terapia no funcionará si alguien tiene el estado de ánimo y la mente alterados. Además, algunos miembros pueden estar en proceso de recuperación; por eso tiene sentido prohibir las drogas y el alcohol en las sesiones.

La terapia de grupo consiste en forjar y analizar relaciones con otros gays. Los demás nos prestarán su apoyo, pero nosotros también debemos estar ahí para ellos. Esto, dada nuestra marcada capacidad para *no* estar ahí para otros gays, resulta en algunas ocasiones difícil. ¡Cuando se está solo esto es mucho más fácil! Se pueden elegir las experiencias que uno quiere, decidiendo exactamente cuánta energía —mucha o poca— se quiere dedicar a ellas. Esto es igualmente cierto en el caso de la terapia individual: uno decide lo que quiere compartir, siguiendo su propio ritmo. Pero, en la terapia de grupo, como en la de pareja, la cooperación es un elemento de la ecuación. Nos reunimos todas las semanas, no importan los planes que se hayan hecho: hay que estar ahí, puntuales y preparados para llegar hasta donde nos lleve la sesión.

Durante unas semanas, un participante puede optar por no compartir nada personal. Con sentarse y escuchar el trabajo de los demás bastará para que desencadene ideas y sentimientos. Hará el trabajo por sí mismo, conscientemente o no. Aprenderá técnicas que le serán útiles en cualquier relación de pareja. Rara vez será capaz de intuir lo que dirá otro o qué sentimientos e ideas aflorarán. De un modo parecido, en las relaciones no se sabe adónde conducirán las interacciones del día a día con una pareja. En una relación íntima, convivir con la incertidumbre —y aprender de ella— es una obligación. Cualquier relación le arrastra a uno a terrenos inexplorados, lo quiera o no. ¡Y eso es bueno!

* * *

En una sesión, Will comentó que se sentía culpable por haber salido del armario sólo ante algunos miembros de su familia. Mario, otro miembro del grupo, se volvió hacia él y le dijo: «Estoy harto de oír eso una y otra vez. Debes dar un paso adelante».

Will se sintió profundamente ofendido. «¡Se suponía que éste era un sitio seguro para poder hablar de lo que siento sin que nadie me juzgue!». Mario insistió en que lo había dicho con buena intención. Pensó que Will estaba atascado y que necesitaba esa clase de *feedback*; además, *estaba* harto de oír eso.

Will estaba muy enfadado y amenazó con abandonar el grupo. Mario se echó a llorar y dijo que pensaba que aquél era un lugar donde «podía expresarme sin tener que reprimirme».

Efectivamente, la terapia de grupo es un lugar seguro para expresar ideas y sentimientos y desvelar historias. Pero que sea seguro no significa que no se pueda desafiar a los demás. Sí significa, en cambio, que un miembro no insultará a otro, que no le abandonará física o emocionalmente o mostrará una falta de respeto acerca de sus más profundos sentimientos. Del mismo modo que un participante merece el respeto de los demás, también debe mostrarlo hacia ellos.

Mario tenía todo el derecho a responder a Will, aunque la terapia de grupo exigía que Mario también analizara sus propios sentimientos. Otros miembros del grupo no tuvieron la misma reacción. Así pues, como debe hacer cualquier grupo, ayudamos a Mario a analizar qué era lo que en *su* caso le había conducido a mostrarse tan sensible ante el hecho de que Will repitiera algo que había oído muchas veces.

Descubrimos que cuando Mario se estaba haciendo mayor, sus padres daban vueltas a sus problemas una y otra vez, sin abordarlos o tratar de solucionarlos. Su interminable retahíla de quejas hacía que Mario se sintiera frustrado y confuso. Mario empezó a darse cuenta de que el caso de Will era distinto: *debía* reciclar su historia para poder dar un paso adelante y trabajar su culpa. Una vez que Mario supo de dónde provenía la frustración que le provocaba Will, empezó a trabajar el asunto de sus padres: Will fue el detonante para que lo llevara a cabo.

Luego, por supuesto, tuvimos que analizar por qué Will estaba tan enfadado con Mario. Ciertamente, habría sido mucha la gente que se hubiera enfadado por lo que dijo Mario, pero la reacción excesiva de Will y su deseo de abandonar la terapia daban a entender que había algo más detrás de su respuesta.

Después de que Will se calmara dijo haber «oído» que Mario le decía que estaba haciendo mal su trabajo y que no iba a ninguna parte. Este mensaje, por supuesto, era el mismo que su familia le había transmitido. Siempre que Will daba un paso adelante, su familia lo minimizaba, lo que le hacía sentirse «mal» y pensar que estaba «equivocado». De forma insospechada, Mario había despertado el viejo resentimiento de Will; éste había «oído» a Mario repetir la cinta que había puesto en marcha en su cabeza.

El interés de Mario por los progresos de Will era sincero, y su deseo de que siguieran adelante se debía a su preocupación por que no se quedara estancado. Efectivamente, en la familia de Will el hecho de quedarse estancado estaba bien visto. Nadie le había desafiado nunca a mejorar. Así pues, en vez de captar el interés —algo ajeno a Will— que se escondía detrás de la observación de Mario, sólo sintió el dolor que acompañaba a la convicción de que había tomado otra «mala decisión».

En la terapia individual, situaciones como la de Will se dan de vez en cuando entre paciente y terapeuta. En la de grupo, sin embargo, hay muchas más probabilidades de que se produzcan, y con más rapidez, porque todo el mundo se muestra mucho más predispuesto. Todos los miembros del grupo sacan provecho de sus intercambios, lo que ayuda a profundizar en su trabajo. Mario y Will no habrían percibido lo que escondían sus reacciones sin la ayuda de los otros miembros del grupo y la mía.

Evidentemente, la terapia de grupo puede ser una experiencia muy intensa. Al igual que Will y Mario, los participantes nunca saben qué es lo que va a desencadenar un enfrentamiento. Pero, una vez más, el enfrentamiento es una señal positiva de que el grupo está en el buen camino, aunque es posible que eso provoque un cierto miedo a asistir a las reuniones.

La terapia de grupo aborda la intimidad, ayuda a aprender cómo es estar junto a otros gays. Semana tras semana, los participantes se van familiarizando cada vez más, en el plano emocional, con los demás. Es difícil que no sea así, teniendo en cuenta que revelan aspectos importantes y personales de su vida. Ésta es la razón que justifica la norma de que nadie que esté pensando en abandonar la terapia lo haga sin avisar con un mínimo de tres semanas de antelación. La mayoría de la gente lo pasa mal cuando debe decir adiós. Desaparecer sin decir nada después de meses o años, o llamar por teléfono para comunicar que se abandona el grupo es una falta de respeto hacia la gente que te ha otorgado tu confianza.

La primera semana antes de dejarlo, el participante anuncia que va a abandonar la terapia y explica su decisión. A la siguiente semana, se despide de todos los miembros del grupo y explica por qué le conmovió cada uno de los participantes y lo que ha sacado de las experiencias que ha compartido con ellos. La última semana, todos los participantes, incluido yo, nos despedimos de él. Los otros miembros del grupo se dirigen a él para decirle que esperan que continúe haciendo progresos.

Como veremos en los capítulos 9 y 10, las relaciones sentimentales a largo plazo conducen a lo inesperado. Puede que tú quieras que las cosas sigan una dirección, pero puede ser que el hombre de tu vida piense de otro modo. Trabajar estas capacidades —no veinticuatro horas al día, pero sí una vez a la semana— es un privilegio de la terapia de grupo.

El grupo contribuye a curar las más profundas heridas de un gay en la intimidad. En un mundo perfecto, podríamos contarle cómo nos sentimos a alguien que se preocupa por nosotros o a quien admiramos y apreciamos. Pero incluso dentro de la comunidad gay, la gente no suele mostrarse muy predispuesta a escuchar nuestros problemas personales y a analizar nuestra vida. El grupo exige que todos escuchen nuestras penas y alegrías, y viceversa.

En la mayoría de libros, películas y programas de televisión, las historias románticas son heterosexuales. Para sentirnos implicados en dichas historias, los gays debemos identificarnos con el personaje femenino o imaginar que el «protagonista» es gay. En cualquier caso, no contamos con modelos de conducta válidos.

Recuerdo la primera vez que vi una película protagonizada por gays. Al ver a dos hombres que tenían una relación profunda, que se besaban apasionadamente o que flirteaban entre ellos me eché a llorar. La comunidad gay necesita desesperadamente imágenes más positivas y afirmativas. El grupo ofrece historias similares en la vida real, sin necesidad de «trasladar» una experiencia heterosexual a un contexto gay. Los miembros del grupo escuchan historias sobre gays en compañía de otros hombres; pueden imaginarse a sí mismos dentro de esas historias, y este reflejo terapéutico puede resultar muy beneficioso con vistas a la recuperación.

Faltar a una de las reuniones puede suponer varias cosas. Es posible que un participante se diga que esa noche sólo se está dando un respiro, pero podría estar perdiéndose una gran oportunidad. Además, el mensaje que manda es que los otros miembros del grupo no son tan importantes como él, y que no siente la obligación de estar ahí para ellos. En consecuencia, no permito que los participantes falten más de cuatro veces al año. Si alguien no puede cumplir este requisito, simplemente no es admitido en el grupo.

El compromiso es algo muy importante para los hombres en general y para los gays en particular. La terapia individual puede seguirse a otro ritmo, y permite que un paciente falte a algunas sesiones o se tome un respiro, pero la de grupo requiere un mayor nivel de compromiso. Se abordan unas técnicas de desarrollo de la intimidad que pueden resultar beneficiosas para todos fuera del grupo.

Cuando se practica el ejercicio físico, se hacen esfuerzos por levantar peso, de modo que cuando salga del gimnasio uno se vea más definido y se sienta más fuerte y con más confianza en sí mismo. La terapia individual es como tener un monitor personal. Pero, como diría cualquier culturista, hacer ejercicio donde también lo están haciendo otros hombres que sudan la camiseta y se esfuerzan es un gran aliciente para cumplir al dedillo la tabla de ejercicios. (Las parejas, por supuesto, constituyen por sí mismas su propio «grupo», como veremos en los capítulos 9 y 10.)

Muchos gays hacen lo que sea por no iniciar una terapia —como muchos heterosexuales—, porque eso significa que son débiles y no pueden solucionar los problemas por sí mismos. En parte, ésta es la razón por la que doy conferencias y ofrezco talleres los fines de semana: eso permite que los cautos asistan y se informen a través de algo que carece del estigma de la «terapia». No tienen que mojarse. Pueden conocerme y descubrir que no soy tan aterrador como creían. Y cuando conocen a otra gente que está siguiendo una terapia, empiezan a replantearse su creencia de que ésta no podía serles de ayuda.

Los talleres de fin de semana también ponen énfasis en la experiencia de los hombres que ya están siguiendo una terapia. Aunque los talleres no sean una terapia, resultan *terapéuticos* y pueden convertirse en parte del tratamiento. El hecho de asistir a un taller puede acelerar su proceso de recuperación y plantear unas situaciones que no se dan ni en la terapia individual ni en la de grupo. Del mismo modo que la terapia de grupo acelera y analiza más a fondo el trabajo llevado a cabo en la individual, los talleres de fin de semana ponen énfasis en la experiencia de la terapia de grupo.

Las parejas gays a quienes les da miedo empezar una terapia juntos pueden asistir a «Encontrar el Amor que Buscas», un taller para parejas, familiarizarse conmigo y con mi forma de trabajar y ver por sí mismos si serían capaces de iniciar una terapia regular. Para las parejas que ya están siguiendo una terapia individual o de grupo, asistir juntos a este taller puede resultar muy beneficioso. Yo solía trabajar en terapia individual durante largos períodos, dedicando mucho tiempo a ayudar al paciente a recuperarse y madurar. Pero cuando volvían con sus parejas, que no habían seguido la terapia, las cosas entre ellos no funcionaban. Mis pacientes habían aprendido nuevas formas de convivir ajenas a sus parejas, que tenían tendencia a provocar problemas o incluso a poner en peligro la relación.

En estos talleres para parejas, los gays y lesbianas están juntos, en pareja, compartiendo el mismo espacio; esto, al principio, puede resultar incómodo, habida cuenta de que gays y lesbianas no suelen relacionarse demasiado. Pero, en el ecuador del taller, empiezan a ver las ventajas de la presencia de los demás y de la interacción. Las parejas de lesbianas ofrecen a las de gays puntos de vista que no se habían planteado antes, y viceversa. La interacción entre las parejas de gays y lesbianas no es obligatoria, lo que también contribuye a que se sientan más cómodas.

Yo animo a la gente con la que trabajo a asistir a los talleres con sus parejas para acelerar sus progresos. Así, son testigos de la información que absorbe su pareja y aprenden a utilizar herramientas para mantener abierto el diálogo, de modo que ambos pueden madurar juntos para asegurarse de que su relación siga siendo fuerte y estable.

Capítulo 8

Mantén relaciones gratificantes

LA VIDA ES CAMBIO. MADURAR ES OPCIONAL.
ESCOGE CON PRUDENCIA.
Karen Kaiser Clark

Steve, de 41 años de edad, había salido del armario hacía tiempo. Antes de convertirse en agente de publicidad, había trabajado como camarero en un local gay. Vino a verme después de que su pareja, con la que llevaba cinco años, le dijera que iba a dejarle.

Steve reconoció que tenía una visión negativa de la cultura gay. En el bar donde había trabajado había visto a muchos hombres que quedaban con alguien que habían conocido, para acabar rompiendo en un tiempo récord. Como mucho, una relación duraba unos dos meses.

Durante sus quince años como camarero, se esforzó por encontrar al hombre perfecto, pero al final se convenció de que eso era algo sencillamente imposible. Pensaba que la cultura gay resultaba más accesible en el contexto de un bar, y nunca consideró la posibilidad de explorar otros caminos.

La mirada de Steve era cálida y sensible, y eso resaltaba aún más el atractivo de sus marcadas facciones. Cuando me habló de su infancia, me di cuenta de que sus padres no se habían ocupado de él. Incluso le llamaban «Feo», aunque «de forma cariñosa», según me contó. Efectivamente, Steve *se veía* feo, y lo atribuía a su nariz rota, producto de una pelea, y al paso de los años. A decir verdad,

Steve era un tipo muy guapo. Su característica nariz no hacía sino aumentar su rudo atractivo. Además de su 1,80 de altura y de una sólida constitución, tenía una voz profunda y muy agradable.

En el instituto, sus compañeros se burlaban de su nariz. Las chicas no querían salir con él y le llamaban «narizotas». Se describía a sí mismo como grueso y desmañado. Pero, cuando cumplió 20 años, adelgazó y se sometió a una operación que le enderezó un poco la nariz; en los bares de ambiente, los hombres le perseguían. Según Steve, le contrataron como camarero porque era «guapo».

A pesar de todo, Steve era incapaz de verse así, por lo que su autoestima dependía de factores externos. Cuando empezó a trabajar como agente de publicidad, conoció a Todd en el bar donde había trabajado, aunque nunca pensó que saldría nada de esa relación. Todd fue muy perseverante en su interés por Steve, y al final se enamoraron y se fueron a vivir juntos. Pero durante sus años como pareja estable no compartieron amigos gays.

Además, la mayoría de amistades de Steve y Todd eran mujeres heterosexuales. Cuando Todd le dijo que iba a dejarle, Steve encontró compañía en mujeres a las que quería muchísimo y que también le querían mucho a él, pero no tenía relación con otros gays, aunque sólo fueran conocidos.

La decisión de venir a verme le supuso un gran esfuerzo, teniendo en cuenta que no confiaba demasiado en los gays; sólo se había relacionado con ellos en los bares y en el gimnasio. Steve me habló de su inconsciente y homofóbica creencia de que la cultura gay sólo estaba basada en el sexo. Creía que nunca encontraría otra pareja, porque consideraba el hecho de haber conocido a Todd como una casualidad, algo que sólo pasa una vez en la vida y que ahora había llegado a su fin. Hizo todo lo posible por convencer a Todd para que se quedara con él, pero no sirvió de nada. Su pareja quería ser libre, conocer a otros hombres; pensaba —¡equivocadamente!— que su inevitable lucha de poder (que explicaré de forma más amplia en el capítulo 9) era una señal de que su relación había terminado. Todd no pudo convencer a Steve para que compraran una casa o se relacionaran más con la comunidad gay. Así pues, tras largas consideraciones, decidió poner fin a la relación y no seguir enfrentándose a la lucha de poder.

Ahora Steve estaba solo, no tenía amigos gays, se sentía vacío y aislado. Le propuse que se apuntara a la terapia de grupo para gays. Debido a problemas económicos y de tiempo, no quiso comprometerse con una cita semanal. También le animé a asistir a mi taller para gays, que no costaba tanto dinero y exigía menos tiempo, y que también le ofrecía la posibilidad de entrar en contacto con otros gays.

Steve no aceptó. Su trabajo en la terapia conmigo consistió en trabajar su dolor por la pérdida de Todd y adaptarse a una vida de soltero sin amistades gays. Empezó a quedar con hombres a través de los anuncios de *Between the Lines*, una revista local para gays, pero esos encuentros sólo confirmaron su creencia de que no había ninguna esperanza de encontrar otra relación duradera.

Cuando empezó a sentirse menos deprimido, dejó de venir a verme con la frecuencia con que lo había hecho hasta entonces. Al final, reconoció que la razón era el dinero, porque, como su pareja se había ido, ahora debía hacer frente a los gastos del alquiler él solo. Al cabo de poco abandonó la terapia.

La resistencia de Steve a relacionarse con otros gays le causó un montón de problemas. Sólo sirvió para alargar el período de duelo por haberse quedado sin pareja y empeorar la sensación de aislamiento. Muchos pacientes recurren a la falta de tiempo y al dinero como excusas para dejar su terapia, pero he observado que la gente suele encontrar tiempo —y dinero— para hacer lo que realmente desea. Steve se resistía a acudir a los lugares que le convenían en el plano emocional. Sospecho que nunca encontró un espacio seguro para él dentro de su familia. Teniendo en cuenta que sus padres no se ocuparon de él y que le infligieron un abuso emocional, a Steve le parecía «normal» que sus compañeros de instituto le trataran con esa misma falta de respeto.

Consciente o inconscientemente, los compañeros que cometen un abuso, sea a la edad que sea, saben casi siempre a quién pueden infligírselo. Puede que su víctima lleve una luz de neón en la frente, pero lo ignora. Si el niño —o el adulto— nunca contraataca, sólo consigue empeorar su situación.

En el caso de los gays, las rupturas son distintas. Los heterosexuales suelen contar con la compasión de amigos y familiares, que tratan de «reparar» su soledad. Esto no suele ocurrirnos a nosotros, porque nuestros amigos heterosexuales y los miembros de nuestra familia no conocen a otros gays que puedan ayudarnos. ¡Ni siquiera se muestran siempre felices por vernos en pareja! Un gay soltero es menos conspicuo, por lo que su familia puede que se sienta secretamente aliviada por no tener que tratar con su pareja. Pero si cuenta con amigos gays o un grupo de apoyo, puede que le inviten a tomar un café para hablar de sus antiguas relaciones o de sus actuales problemas, proporcionándole el tipo de comprensión y consuelo que posiblemente no podrá ofrecerle ninguno de sus amigos heterosexuales.

Al no contar con amigos gays durante su relación, Steve se había vuelto vulnerable. Los bares y los gimnasios no proporcionan una imagen fiel de lo que representa la vida gay. Sólo son una analogía de la vida *hetero* que se hace en los bares y los gimnasios, donde las relaciones superficiales y la expectativa de una rápida satisfacción son la norma.

Steve se resistió a asistir a la terapia de grupo para gays, a los talleres de fin de semana y a los grupos de apoyo porque, inconscientemente, pensó que participando en estas actividades reviviría los sentimientos experimentados durante la infancia, cuando fue rechazado por su familia y sus compañeros. Cuanto más insistía yo en estos puntos, más faltaba a la terapia. Simplemente no estaba preparado para ello.

En los cursos que imparto sobre temas gays y lésbicos, me gusta leer algunos fragmentos del capítulo «Homosexual Love Relationships», del libro de Joseph Nicolosi, muy mal informado, *Reparative Therapy of Male Homosexuality: A New Clinical Approach*. Sin embargo, describe de forma muy gráfica la manera en que son consideradas y juzgadas nuestras relaciones por los heterosexuales, los homofóbicos y la gente desinformada.

«Las parejas gays se caracterizan por su corta duración y por ser muy volátiles: hay muchas peleas, discusiones, reconciliaciones y constantes decepciones. Pueden adoptar la forma de un intenso romance, donde la atracción es básicamente sexual, y se definen por un encaprichamiento en el que no hay lugar para un amor maduro; o, si duran, es porque se mantienen relaciones fuera de la pareja»[26].

En una ocasión, una mujer heterosexual de unos cincuenta años levantó la mano y me dijo: «Joe, mientras estabas leyendo eso no sabía si te referías a mi primer matrimonio, al segundo o al tercero». El resto de la clase se echó a reír. Todo el mundo estaba de acuerdo en que, a menudo, estos problemas se dan en las relaciones heterosexuales.

La diferencia es que nuestros homólogos heterosexuales cuentan con mucha más ayuda, apoyo y formación sobre cómo conseguir que funcionen sus relaciones. (Sólo hay que acudir a una librería para ver cuántas obras hay destinadas a parejas heterosexuales y cuántas a nosotros.) Sin embargo, Nicolosi no se refería a eso. Ninguna terapia reparativa analiza por qué tienen problemas las parejas gays. Se quedan en la explicación de que los tienen simplemente por ser gays y no por lo que nos han hecho por el hecho de serlo.

Muchos de los gays que acuden a mi consulta quitan importancia a la necesidad de moverse en un entorno gay. A menudo se refieren a su deseo de «mezclarse» y llevar una vida «normal» en la que su primera identidad no es ser gay. Se trata de una elección personal, por supuesto, pero con mucha frecuencia son esos mismos hombres quienes tienen problemas para encontrar amigos o una pareja gay. Desgraciadamente, su homofobia interiorizada les lleva a un callejón sin salida: es difícil conocer gays si no se acude a los lugares donde se puede coincidir con ellos.

Tenemos una versión paralela de este síndrome dentro de nuestra cultura: las mujeres heterosexuales que prefieren salir con gays antes que hacerlo en compañía de sus amigas. Se quejan porque no tienen muchas citas con hombres, de que no tienen novio y de lo tristes que se sienten por estar solas. Siempre he creído que «mariliendre» es un término muy ofensivo para designar a estas mujeres,

---

26. Nicolosi, Joseph. *Reparative Therapy of Male Homosexuality: A New Clinical Approach.* Jason Aronson. Northvale, 1997.

aunque es la etiqueta que suelen colgarse ellas para referirse a sí mismas.

Al igual que los gays que se distancian de la comunidad gay, estas mujeres siguen unas costumbres contraproducentes que las aíslan. Pero hay cuestiones más profundas en estas costumbres, tanto para las mujeres como para los gays a quienes acompañan. Ante todo, están el miedo a la intimidad y a la autoestima. Una mujer que se siente atraída por los hombres pero que a la vez les tiene miedo puede salir por ahí con tíos buenos porque sabe que no le van a hacer daño. Es una relación segura, sin tensión sexual alguna.

Mientras tanto, como los amigos gays están fuera de su alcance, los gays aislados se sienten a salvo. Y para cualquier gay con homofobia interiorizada, una mujer heterosexual es un sostén para su autoestima: pasar tiempo con ella le hace sentirse mejor consigo mismo y mejora su imagen ante la sociedad. Puede esquivar la homofobia escudándose detrás de ella y disfrutar de los privilegios de la gente que cree que es heterosexual.

Ninguna familia religiosa se iría a vivir a un barrio que tuviera la iglesia o la sinagoga más cercana a 150 kilómetros de distancia para quejarse luego de que se sienten aislados de los que comparten su misma fe. Éste es el fundamento del «gueto gay», donde algunos hombres encuentran consuelo por la numerosa presencia de otros gays. El objetivo no es limitar nuestro espectro social, sino acabar con el aislamiento y aumentar las posibilidades de hacer amistades gays.

Otra cuestión a la que debemos enfrentarnos es la tendencia a aceptar los mensajes y juicios negativos, considerándolos como verdades. En «Multiple Mirroring with Lesbian and Gay Couples», un capítulo de *Healing in the Relational Paradigm*, Sharon Kleinberg y Patricia Zorn explican cómo se manifiesta la homofobia interiorizada en parejas de gays y lesbianas[27]. Empiezan desmontando la

---

27. Kleinberg, Sharon y Zorn, Patricia. «Multiple Mirroring With Lesbian and Gay Couples: From Peoria to P-Town», en *Healing in the Relational Paradigm: The Imago Relationship Therapy Casebook*, editado por Wade Luquet y Mo Therese Hannah. Brunner-Routledge. Washington D.C., 1998.

leyenda, muy extendida, de que las parejas gays están condenadas al fracaso. Durante la lucha de poder, son muchas las parejas gays que asumen que esta leyenda es verdad. Pero todas las parejas —tanto gays como heterosexuales— pasan por esta fase.

Zorn y Kleinberg ofrecen más ejemplos, muy sutiles, de homofobia interiorizada:

1. Tratar de fingir ser heterosexual aun cuando estar fuera del armario no resulta peligroso.
2. No identificarse como gay incluso después de haber tenido una relación que ha durado años.
3. No informar de un aniversario a los amigos heterosexuales porque las celebraciones no son tan «importantes» para las parejas gays.
4. Evitar las expresiones públicas de afecto aun cuando no haya peligro al hacerlo.
5. Criticar a alguien porque es muy afeminado.

Como hemos visto anteriormente, muchos gays se han pasado la vida entera evitándose mutuamente siempre que podían por miedo a ser descubiertos y tratados con desdén. En un bar con la música muy alta y tomando una copa, la distancia emocional entre los gays no podría ser mayor.

Otras formas, mejores, de conocer a otros hombres incluyen las actividades de las asociaciones gays, los oficios religiosos *gay-friendly*, salir a correr, montar en bicicleta, jugar a los bolos, ir a nadar, los desfiles del Orgullo Gay, las ofertas de vacaciones para gays de las agencias de viajes y los anuncios personales en Internet o en revistas locales. También se puede hacer un voluntariado en asociaciones políticas o sociales gays, como la Campaña de los Derechos Humanos, o buscar un empleo en empresas *gay-friendly*.

Si uno es capaz de ofrecer servicios especializados a estas organizaciones, debe hacerlo a toda costa. Pero no olvidemos que incluso un trabajo «de poca importancia» como empaquetar es un servicio que permite relacionarse con otros gays.

* * *

Salir con alguien puede ser una experiencia emocionante, tanto para heteros como para gays. Al principio, la pareja no se conoce y, por consiguiente, carece de vínculos. Algunos pacientes míos «odian» la cultura gay por ser tan marcadamente visual. Yo les recuerdo constantemente que no es algo exclusivo de los gays, sino de los hombres en general. Para bien o para mal, los hombres suelen fijarse en alguien que sea atractivo por fuera. Las mujeres también lo hacen, por supuesto, pero desde que empiezan a salir con alguien, tienen tendencia a sentirse atraídas por algo más que un bonito rostro o un cuerpo impresionante.

¡Un paciente mío lo comprobó! Escribió un anuncio sincero, en el que decía que tenía 50 años y sobrepeso. Lo mandó a un periódico de difusión nacional, para que se publicara en la sección «Chico busca chico». Por error, el anunció apareció en la sección «Chico busca chica». Mi paciente recibió respuesta de quince mujeres interesadas en conocerle. Entonces llamó al periódico para pedirles que publicaran el anuncio en la sección correcta. Cuando apareció, ¡no recibió ninguna respuesta!

Las mujeres dan menos importancia al aspecto físico. Comparados con sus homólogos heterosexuales, los gays están en desventaja: los que están buscando pareja son menos indulgentes con los hombres de una cierta edad o de barriga prominente.

¡Pero no hay que darse por vencido! Hay muchos gays que aprenden una valiosa lección de sus homólogas lesbianas, que con mucha frecuencia se sienten atraídas por otras mujeres por algo más que su aspecto.

Muchos gays acuden a mi consulta angustiados por su vida sentimental, porque no son jóvenes ni musculados. Puesto que su aspecto no es el que mandan los cánones, se infravaloran y temen que sus probabilidades de encontrar a alguien sean nulas.

No obstante, no todos los hombres se sienten atraídos por los chicos delgados, de abdominales como una tableta de chocolate o por jovencitos de gimnasio con el pecho rasurado. Tengo un amigo que dirige una página web de anuncios personales para gays y afirma: «Veo muy pocos mensajes que digan "busco a alguien de más de 50 años" o "me gustan los hombres con sobrepeso". Ni que decir tiene que no los quito después de las dos semanas que están autorizados a publicarse. ¡Merecen seguir colgados mientras siga funcionando la página!».

En la comedia de humor absurdo *El Ritz*, el autor teatral gay Terrence McNally presenta un estereotipo muy popular en el mundo gay: el *chubby-chaser*. Alguien a quien conozco fue rechazado en una primera cita porque su relación altura-peso era *demasiado* proporcionada; el otro hombre le dijo: «Sólo me ponen los gorditos». También está la comunidad *bear*, donde ser velludo y rudo es un rasgo muy valorado.

Shan Carr, una humorista lesbiana que suele actuar sobre todo en locales gays, bromeaba en una ocasión diciendo que se sentía mal consigo misma comparándose con los gays. Están todos tan bien hechos, son tan musculosos, y mira cómo comen, decía. Y ahí estaba ella, con sobrepeso y picando cualquier cosa en restaurantes de comida rápida. Luego fue a una convención de *bears* y, al ver que había un montón de hombres que estaban incluso más gordos que ella, se puso a gritar de alegría: «¡Voy a ponerme el bikini! ¡Por una vez, *soy* la maldita sílfide de la piscina!».

Incluso existen organizaciones para jóvenes a quienes les gustan los hombres mayores. ¡Una vez atendí a un paciente de 40 años que me confesó que ni siquiera se fijaba en un hombre que tuviera menos de 70! En nuestra cultura existe una gran diversidad. Sólo hay que salir para comprobarlo. Ciertamente, encontrar a alguien puede resultar difícil, pero eso puede que lo haga incluso más gratificante.

A menudo pienso que mi trabajo consiste tanto en el de consejero de citas como en el de psicoterapeuta. ¡Pero mis pacientes se merecen cuanto pueda darles! Fijémonos en nuestra infancia, en la adolescencia y en nuestras relaciones del pasado. ¿Seguimos buscando hombres, una y otra vez, con las mismas características de quienes nos educaron? ¿O con los mismos rasgos de hombres con quienes ya hemos estado? Si no resolvemos este tema, seguiremos sufriendo con relaciones deprimentes.

Según la teoría de las Relaciones Imago (más información al respecto en el capítulo siguiente), encontramos a diferentes «actores» para leer los guiones de nuestra infancia. De adultos, seguimos buscando —¡y encontrando!— a actores suplentes para que nos lean viejos diálogos de nuestras antiguas relaciones familiares. Esta es la razón de que la gente se encuentre en situaciones que les recuerdan a sus experiencias infantiles, o con «amigos» que les tratan como solían hacerlo sus familiares o compañeros de escuela. Puesto que es un proceso inconsciente, resulta imprescindible hacer un esfuerzo *consciente* para dejar de reciclar el pasado.

Algunos pacientes me dicen: «No puedo cambiar eso. Entonces, ¿de qué sirve?», y raras veces se dan cuenta de que están repitiendo en el presente los paradigmas del pasado.

En sociedad, los gays no siempre pueden saber si van a salir con alguien en plan romántico o sólo como amigos. Yo salí con otros hombres durante diez años, ¡y eso me volvió loco! A veces veía a algún chico que me parecía muy atractivo y le pedía que saliéramos... sólo para descubrir, muchas semanas y muchas «citas» después, que mientras yo me estaba enamorando él sólo me consideraba como un amigo.

Cuesta seguir siendo amigo íntimo de alguien con quien se ha salido, incluso después de que la relación se haya enfriado. Ciertamente, es posible, si no hay celos o resentimiento. En una ocasión salí con el rabino que más adelante celebraría la ceremonia cuando Mike y yo nos casamos. Nuestros padrinos de boda eran pareja, ¡y una vez salí con uno de ellos! Resulta irónico, pero fue un gran honor que los dos estuvieran presentes. Ambos me habían ayudado a encontrar a mi pareja.

Uno de nuestros padrinos fue Jeff. Salí con él unas ocho veces, aunque nunca pensé que fuera mi tipo. Pero, como con todos los hombres con quienes había salido, me acerqué a él con una mentalidad abierta.

En esa época, no quería hacer sexo hasta que me sintiera cómodo, y Jeff respetó mi decisión. Siempre fue muy amable, y empezó a gustarme de verdad. Era una persona estable, intuitiva, inteligente y judío, como yo.

Empecé a sentir algo por él. Entonces, una noche, me dijo que iba a volver con un hombre con quien había salido antes; quería intentar que aquella relación funcionara. Me dijo que yo le gustaba, pero su corazón le decía que debía volver con ese hombre (quien, me enorgullece decirlo, fue su pareja durante más de diez años). Sin embargo, yo me quedé destrozado. Me había arriesgado enamorándome de aquel chico, que decidió dejarme.

Teníamos un ritual: después de cada cita, dábamos un paseo, rodeando el estanque que había cerca del lugar donde él vivía. Aquella noche lo único que yo quería era meterme en el coche, salir corriendo hacia mi casa y echarme a llorar. Pero en lugar de eso saqué fuerzas de flaqueza y le acompañé en el paseo por el estanque. Hablamos sobre lo bonito que había sido salir juntos. Me dio un beso de despedida y conduje hasta mi casa... triste pero tranquilo.

Al cabo de unos años, empecé a valorar lo que había hecho Jeff. Pensaba que era una persona admirable: fuerte, siempre sincero conmigo, empático y respetuoso con lo que habíamos vivido en nuestras ocho citas. ¡Ahora es uno de mis mejores amigos!

Es verdad que cuando alguien te dice que no le interesas, te sientes herido, pero eso forma parte del hecho de salir. No siempre que se batea se consigue un *home-run*. En mi opinión, es más importante tratar a los demás con el grado de respeto que Jeff me demostró.

Después de la separación, me comporté de la misma forma en todas mis citas. La verdad puede doler, pero, como bromeó en una ocasión un escritor: «Es como un limpia cristales para el alma». Deja las cosas claras y te permite forjar una relación de amistad y de mutuo respeto.

Cuando salí por primera vez con Mike, él me preguntó: «¿Se trata de una cita?». Eso fue tan agradable, inocente y atrevido que se me quedó grabado en el corazón. ¿Cuántos hombres habrían tenido el valor para hacer esta pregunta y arriesgarse a que les dijeran que no?

Por supuesto, le respondí que sí.

La segunda vez, antes de que fuéramos a cenar juntos, Mike me preguntó: «¿Sigue siendo una cita?». ¡Otra pregunta sincera y directa!

«Mi respuesta es sí... si aún sigues interesado.»

Seguía interesado. ¿Qué hubiera ocurrido si no lo hubiera estado, o no lo hubiera estado yo? Éste es el inevitable riesgo que corremos todos. La mayoría de gays lo han padecido de tan diversas formas que hacen todo lo posible por evitar el rechazo.

Incluso cuando se es brillante en lo que se hace y se reciben las alabanzas de jefes, profesores y familiares, la perspectiva del rechazo pone en riesgo el romanticismo del corazón. Pero las alternativas —la soledad y el aislamiento— son incluso más terribles y deprimentes.

Yo les digo a los gays que contemplen una cita como una experiencia de aprendizaje que les enseñe a convertir lo negativo en positivo. Sé que no es fácil, pero consiste en venderse a uno mismo. Se trata de conocer las reglas, y también de saber cuándo no existe ninguna. Cuando se queda con alguien hay que pasarlo bien, aunque protegiendo el corazón y el ego. Cuando te rechazan, no tiene nada que ver con la autoestima. Como comentamos en el primer capítulo, en un 90% por ciento, los juicios son un reflejo de quien los emite.

Puede que esto suene algo simplista, pero los asuntos del corazón nunca son sencillos. Yo animo a mis pacientes a enfrentarse a las citas de forma consciente e intencionada. Esta estrategia reduce las probabilidades de ser herido —no importa cuál sea el resultado— y permite aprender más cosas acerca de uno mismo y de la clase de hombre que se quiere conocer.

Cuando alguien no consigue esto, se queda estancado emocionalmente en la adolescencia. En la época en que salía, descubrí que los hombres que escogía —y que me escogían a mí— eran cada vez mejores en términos de madurez, honestidad e integridad. En conjunto, aprendí muchas cosas acerca de mí. ¿Quién y qué era lo que me convenía? Todos los chicos con los que salía y que me gustaban me conducían a otro que me gustaba todavía más. Aprendí de lo que disfrutaba —y de lo que no— con cada persona y cada experiencia. En mi siguiente relación, era consciente de estos factores. Incluso llegué a trabar amistad con hombres estupendos.

Hay algunos aspectos a tener en cuenta para enfocar la cuestión con prudencia. Los pacientes suelen quejarse a menudo de los hombres que «quieren una relación». Puede que el hecho de pensar que se trata de alguien que busca una relación estable seduzca pero —de forma casi inmediata— su conducta no corrobora lo que dice. Sales con tus amigos y él está en el bar, solo, intentando ligar. Alguien comenta que suele frecuentar las saunas. Te enfrentas a él, y dice que su comportamiento no significa nada. No significa que sea «malo» o que esté en un error, ni siquiera que te esté mintiendo. Puede que incluso quiera realmente una relación, pero que aún no esté preparado para ella. También es posible que no sepa lo que implica tener una relación, o que no esté dispuesto a hacer el esfuerzo necesario.

Yo animo a mis pacientes a que discutan con el otro la incongruencia entre lo que dice y lo que hace, y cómo se sienten ambos con respecto a ello. Entonces les digo que dejen de torturarse a sí mismos escuchando sólo lo que dicen. ¡Hay que actuar! Como dijo alguien en un momento de inspiración: «No nos quedemos sólo con lo más evidente... ¡quitemos los árboles para poder ver el bosque!».

Otro tipo de hombre que hay que considerar es el que sólo va en busca de sexo. Puede que te seduzca y flirtee contigo durante toda una noche, diciéndote que tienes unos ojos muy bonitos y una gran personalidad. Después, sin embargo, nunca vuelves a verlo. O, si coincides de nuevo con él, pasa junto a ti como si no te conociera. Evidentemente, eso puede doler mucho, y más aún si la experiencia resultó placentera y albergaste esperanzas.

Después de conocer a unos cuantos hombres así, cambié citas a corto plazo y de esporádico placer por las citas con posibilidades de evolucionar hacia una relación estable. Como dije antes, me impuse una regla —y un límite— fundamental: nada de sexo hasta que no estuviera preparado. Reconozco que no es fácil. Me crucé con muchos hombres atractivos, pero yo estaba bien conmigo mismo. Si no podían esperar o no se sentían lo bastante implicados o interesados, decidía que no me convenían. ¡Nada de culparse o avergonzarse! En este sentido, me ahorré la angustia que podía provocarme el hecho de hacer sexo a cambio de nada.

Cuando les cuento esto a mis pacientes, algunos de ellos me miran como si estuviera loco. «¿Nada de sexo? ¡Yo no podría!» Yo les digo: «Debes hacer lo que consideras bueno para ti. En mi caso, eso fue lo que funcionó».

Cuando se busca pareja, otro factor a tener en cuenta es en qué punto se encuentra uno en el proceso para salir del armario. Por desgracia, muchos pacientes que se comportan de forma abiertamente gay encuentran parejas que apenas acaban de salir del armario. Aun así, inician una relación. He observado que si uno de los miembros de la pareja se encuentra en las primeras fases del proceso y el otro está en otra mucho más avanzada, hay pocas probabilidades de que sigan adelante.

Pongamos que has salido del armario hace mucho tiempo y que vives como gay en el sentido más amplio de la palabra. Conoces a alguien a quien le preocupa qué pensará la gente al ver a dos hombres cenando juntos en un restaurante. Cuando ya se ha convertido efectivamente en tu pareja, nunca te presenta a su familia. O peor aún: piensa que es algo extraño que dos hombres se demuestren su afecto fuera de la cama.

¡Ten cuidado! Las diferencias con respecto a la fase del proceso para salir del armario pueden perjudicar el amor que el uno siente por el otro.

Desde que se convirtió en adulto, Ted había estado fuera del armario. Para él, su relación con Jonathan era la tercera, mientras que para éste se trataba de la primera. Durante los cinco años que llevaban saliendo, Ted quería que vivieran juntos, pero Jonathan se resistía.

Jonathan, copropietario de una tienda de animales, aún no había salido del armario ante su familia y su socio. No tenía pensado hacerlo a corto plazo, y creía que el hecho de vivir con Ted sería una señal de alerta sobre su condición de gay, teniendo en cuenta que ambos rondaban los 30 años.

Esta situación provocaba muchas fricciones entre ellos cuando se reunían los fines de semana. ¿A qué apartamento se mudarían, habida cuenta de que uno de los dos debería trasladarse? Ted se sentía muy frustrado y consideraba la posibilidad de terminar con la relación, aunque no lo deseaba. Ante la insistencia de Ted, él y Jonathan iniciaron una terapia de pareja conmigo.

Finalmente, Jonathan decidió decirle a un primo, menor que él, que era gay y llevar a Ted a una reunión familiar. El primo reaccionó negativamente y le dijo que nunca más volviera a presentarse con ese tipo otra vez. Jonathan estaba destrozado. Ahora que sabía que no podía decírselo a su familia más cerca, vivir con Ted era algo implanteable. Sin embargo, los padres de Ted acogieron a

Jonathan con afecto, y Ted estaba resentido por no disfrutar de la misma oportunidad con los de Jonathan.

Siguieron la terapia de pareja durante unos tres meses, y luego cancelaron su última visita y dejaron de acudir a la consulta. Poco después de eso, Jonathan me llamó, llorando, y me contó que Ted había dado por terminada la relación. Jonathan retomó la terapia, esta vez solo. Él y Ted no habían llegado a vivir juntos. A Jonathan seguía dándole miedo que le vieran con él, pero ahora que la relación había terminado me dijo con lágrimas en los ojos que haría todo lo posible por salvarla, incluso vivir más fuera del armario. Pero era demasiado tarde. Esta vez, Ted iba en serio: había terminado con Jonathan.

Ahora, a los 39 años, Jonathan estaba solo y asustado. Finalmente, se enfrentaba a sí mismo. Yo insistí en que era importante que saliera del armario. Jonathan se dio cuenta por fin de que el hecho de esconderse estaba arruinando su vida. Irónicamente, ahora estaba dispuesto a hacer el esfuerzo necesario para salir del armario, el que no fue capaz de llevar a cabo cuando aún estaba con Ted. Con amargura, lamentaba el precio que había tenido que pagar por ello.

Si alguien no se siente bien siendo gay, o si es su pareja quien no está a gusto, entonces uno de los dos mantiene las distancias, y nunca llegarán a sentirse unidos. Como veremos en el capítulo 9, las diferencias pueden ayudar a estrechar una relación, pero en este caso concreto pueden intoxicarla. Esto es especialmente cierto cuando el objeto de afecto, como en el caso de Jonathan, no tiene ningún interés en salir del armario.

Los pacientes que están en las primeras fases del proceso para salir del armario se quejan de que las relaciones son cortas y volátiles o de sentirse atraídos por hombres que son heterosexuales o están casados. ¿Cuál es la mejor manera de mantener la distancia física y emocional?

No es que el miembro de la pareja que hace mucho que ha salido del armario no pueda ayudar al otro; eso puede incluso estrechar una relación. Un hombre que esté en la primera fase del proceso para salir del armario puede enamorarse de otro a quien admira porque se encuentra en una fase mucho más avanzada. Pero otro hecho que he observado es que cuanto más tiempo permanece alguien dentro del armario, cuando alcanza las últimas fases del proceso, ya no se siente atraído por su pareja. Le ve de una forma diferente, bajo una luz más realista. Quizás ya no tengan nada en común, o no haya chispa... y ya no quiera seguir saliendo con él. Si sus vínculos se basaban exclusivamente en el hecho de estar fuera del armario, ya fuera consciente o inconscientemente, la relación está amenazada.

Don, un abogado de 45 años, había estado saliendo con su novio durante más de un año. Don había estado casado, no tenía hijos y estaba a punto de convertirse en socio de su empresa. Disponía de muy poco tiempo libre y salió del armario relativamente tarde. Un día, en un bar de ambiente, conoció a Mario, un chico de 26 años que estaba *mucho más* fuera del armario que él. A Don no le gustaba que Mario frecuentara los bares y bebiera, pero le atraía su actitud relajada y natural, y que demostrara de una forma tan evidente lo bien que se sentía siendo gay.

Ciertamente, la diferencia de edad podía ser un problema, pero Don, de forma racional, se dijo que, en términos de «edad gay» y a nivel emocional, él también tenía unos 25 años. Con este estado de ánimo, se dijo que hacían una buena pareja.

Don pasaba gran parte de su tiempo en los bares con Mario y sus amigos, que eran muy lanzados y solían beber mucho. En una ocasión, Mario empezó a meterse con Don delante de sus amigos y no quiso parar, incluso a pesar de la insistencia de éste. Luego, Mario condujo de forma imprudente, con Don, que temía por su vida, sentado en el asiento del copiloto. Don le había prestado dinero a Mario, y eso le llevó a definirse ante mí como el «protector de un jovencito» y «un tipo muy rentable».

Animé a Don a entrar en la terapia de grupo para gays, para que conociera a más gays que también se estaban enfrentando a otras cuestiones. Don aceptó y durante dos años, a razón de una vez por semana, empezó a analizar su pasado.

Don solía pintar los domingos, y le encantaba el arte abstracto. Pero su madre ocultaba la afición al arte de su hijo a su marido, a quien molestaba esa «afeminada inclinación artística». Cuando Don se hizo mayor, asistió a una escuela de bellas artes los fines de semana, pero su padre se sentía tan avergonzado que le hacía bajar del coche cuatro manzanas antes de llegar porque temía que alguien le viera acompañando a su hijo a una escuela «de maricas».

Ahora era obvio para Don por qué había repudiado los mismos aspectos de sí mismo que había repudiado su padre. A los 45 años decidió que ya tenía suficiente. Pero, cuando decidió salir del armario, conoció a Mario, que le trataba de forma parecida a como lo había hecho su familia. (Como hemos visto, todos tenemos tendencia a volver a interpretar los guiones de la infancia sólo *porque* nos resultan familiares, aun cuando también fracasaran la primera vez.)

Aunque Mario no estaba dispuesto a cambiar su forma de comportarse, Don seguía sintiéndose atraído por él. A medida que Don estaba más fuera del armario, se daba cuenta de que la relación con Mario era cada vez menos importante. Al final, Don pasó por las seis etapas y se armó del valor necesario para cortar con Mario. Entonces conoció a un hombre de una edad similar a la suya, tanto cronológica como psicológicamente, que había pasado por situaciones muy parecidas. Iniciaron una relación, y Don abandonó la terapia. Tanto él como yo convinimos en que estaba en el buen camino. Las relaciones de pareja entre cuyos miembros existe una gran diferencia de edad sólo pueden prosperar si ambas partes están dispuestas a madurar y a ayudarse mutuamente a superar las distintas etapas emocionales.

Hay otra trampa que acecha a quien busque a alguien muy maduro psicológicamente y también a quien desea encontrar a una persona que quiere que la ayuden. Como decían en la serie *Seinfeld*, ¡no hay nada malo en eso! Pero cuando Don se definió como protector de un jovencito, debería haber oído alguna señal de alarma dentro de su cabeza. Hay muchos hombres y mujeres, tanto gays como heterosexuales, que no quieren asumir responsabilidades, y buscan un socio o un «tutor a largo plazo» que lo haga todo en su lugar.

Las siguientes preguntas tal vez suenen banales, pero tus respuestas pueden dar a entender la presencia de problemas:

1. ¿Quién paga la cuenta?
2. ¿Pagáis a medias?
3. ¿Se ofrece él siempre a pagar?
4. ¿Quién llama a quién? ¿Es proporcional, o siempre le dejas mensajes en el contestador?
5. ¿Quién hace los planes? ¿Es algo mutuo?
6. ¿Te pregunta cosas y escucha tus respuestas, o las emplea como pretexto para hablar de sí mismo?
7. ¿Sabe escuchar? Si no es así, probablemente aún no esté preparado para relacionarse, corresponder y compartir.

El capítulo 5 abordaba los peligros y las dinámicas de la adicción al sexo. En este caso, debe ser uno mismo quien se cerciore de que no está enganchado a modelos de conducta y sustancias químicas adictivas, y que su pareja tampoco. Como dijo uno de mis pacientes sobre su afición a la bebida cuando estaba empezando a salir con hombres, «era como jugar a las cartas con un comodín». Con mucha frecuencia se da el hecho de que un hombre conoce a alguien que bebe o toma drogas, y suele decirse: «Ya se le pasará, es sólo una etapa».

Pero no es tan sencillo. Si la persona con quien estamos sufre algún tipo de adicción que no ha sido tratada, ésta no hará más que empeorar a medida que nos sintamos más próximos a ella. Debemos decirle lo que pensamos y no pasarlo por alto. Veremos si reacciona de una forma racional, si dice que lo dejará pero no lo cumple, o si trata de beber menos sin conseguirlo. Debemos comprobar si su adicción interfiere en su vida y en la relación. Una vez más, hay que prestar atención al comportamiento y no a lo que se dice.

Muchos pacientes me comentan que sabían que un novio les estaba dando falsas esperanzas, incluso que salía con otros hombres, aunque no lo admitían. Sin embargo, seguían viéndose con ese hombre por miedo a quedarse solos. Cualquiera, gay o heterosexual, que dé falsas esperanzas a alguien es un egocéntrico que sólo piensa en sí mismo y que demuestra muy poco o ningún respeto hacia los demás. (Irónicamente, los chaperos y los acompañantes masculinos —hombres que ofrecen abiertamente sus favores a cambio de dinero— son muy atentos y considerados con los sentimientos de sus clientes.) El chico «guapo» explota a «víctimas» con baja autoestima, porque está convencido de que no será rechazado. Lo peor de él es el sociópata que sólo desea crear problemas y ver sufrir a la gente. Muchos gays que se consideran demasiado viejos o poco atractivos se relacionan con hombres así de narcisistas porque creen que no merecen nada mejor.

Cuando un paciente queda con alguien, siempre le recomiendo que sea sincero y directo. Controlar todas las cuestiones que implica una cita ya es algo muy difícil. La integridad no es un tema exclusivamente moral, sino que ahorra un tiempo muy valioso. Si no nos sentimos realmente atraídos por otro hombre, hagámosle saber (con educación) que no nos interesa. De acuerdo, eso puede dolerle, en especial si a él le gustamos. Pero no pasa nada. Dejémosle seguir *su* camino. Hacer que se sienta «mejor» diciéndole algo como: «Ya te llamaré» o «Podemos ser buenos amigos», y luego no volver a llamarle nunca puede resultarle incluso más doloroso. No todo el mundo capta una indirecta, de modo que ¡seamos directos!

Si queremos atraer a un hombre íntegro, es importante que nosotros también lo seamos. No debemos concentrarnos únicamente en el comportamiento de los demás, sino también en el nuestro. Seamos quienes decimos ser, y actuemos de acuerdo con lo que decimos.

Los encuentros sexuales anónimos ofrecen la oportunidad de experimentar cosas nuevas, pero también pueden resultar emocionalmente peligrosos. Uno puede ser rechazado en ambos campos. Y, del mismo modo que salir a ligar ayuda a perfeccionar las armas de seducción, una cita también puede ayudar a clarificar los objetivos emocionales.

Cuando salía con hombres, hice un montón de cosas que en otro caso no habría hecho nunca. Salí a navegar y de acampada con un chico al que le encantaban las actividades al aire libre; antes nunca había hecho algo parecido, y me pareció divertido. Otros hombres con los que salí me ofrecieron cenas exquisitas, me enseñaron diferentes maneras de vestir y formas más placenteras de contemplar la vida. Aprendí a apreciar un buen vino, y también que salir con alguien que fuera demasiado parecido a mí podía ser

aburrido, incluso horroroso. Lo que me convenía era alguien hoga-
reño, y no un tipo inquieto y de intensa vida social. Por encima de
todo, adquirí la capacidad y la confianza para mantener una relación gratificante. Una vez más, se trataba de descubrir lo que funciona y lo que no... para *uno mismo*. He aquí algunos consejos prác-
ticos:

1. Deja de lado tu orgullo. Las citas no son aptas para personas
   muy sensibles. Incluso en el caso de que el otro no se muestre interesado por ti, por tu aspecto o por cómo eres en la
   cama, recuerda que se trata de él y de sus deseos, que no es
   cosa tuya. Puede que otro hombre te quiera por algo que una
   pareja anterior no supo apreciar. Asume que no se trata de
   nada personal. Convéncete de que no hay nada malo en ti.
2. Da un paso adelante. Escucha las opiniones del otro acerca
   de ti, ¡y recuerda que en un 90% se refieren a él! No obstante, puede que haya algo de verdad en lo que dice. Escúchale,
   diga lo que diga, y decide por ti mismo lo que piensas al respecto.
3. No te andes con rodeos. Si no estás seguro de hacia dónde
   va una relación, o cuáles son las intenciones del otro, sé
   directo: «Me gustas de verdad y me encantaría verte más a
   menudo», o bien: «Cuando dos hombres salen juntos, es difícil saber si se trata de una cita. A mí me gustaría pensar que
   lo es. ¿Y a ti?».
4. Sé vulnerable. Dejando de lado y protegiendo tus sentimientos,
   puedes permitirte correr riesgos, hacer y decir cosas que no
   sueles hacer ni decir normalmente. Aprovecha la oportunidad
   para descubrir hasta qué punto quieres iniciar una relación.
5. No dejes que el otro se ande con rodeos o te salga con evasivas. ¿Sentimientos encontrados? «Dices una cosa, pero
   luego haces otra, y eso me confunde. ¿Puedes decirme lo
   que sientes por mí?» Si después de varias conversaciones no
   habla claro, entonces no es tu hombre.
6. Nunca te juzgues a ti mismo ni al otro como bueno o malo,
   ni pienses en si actuáis acertada o equivocadamente. Cuando
   una cita no marcha bien, es muy fácil y habitual que la gente

quiera definir las cosas en términos de blanco o negro. Y eso es un callejón sin salida. Todo el mundo tiene su propia manera de comunicarse y su propio nivel de consciencia, como descubrirás al salir con diferentes hombres. Si crees que en tu caso una determinada cita no funciona, queda con otro hombre; no pienses que alguien es malo sólo porque sea diferente.

7. Déjate ver. Muchos de mis pacientes tienen problemas para conocer a otros hombres con quien salir porque no frecuentan la comunidad gay. Ve a una asociación de gays o lesbianas, incorpórate a su junta o a su comité, haz un voluntariado en organizaciones gays, ayuda con la correspondencia, acude a actos para recaudar fondos. Ahí es donde está la gente activa y segura de sí misma.

8. Incluso —o especialmente— si las cosas salen mal, considera una cita como una ocasión para divertirse, como una aventura. Esta fue una lección que me costó mucho aprender. Salí con un montón de gente interesante durante diez años antes de conocer a mi pareja. Al final, durante los últimos tres años, me dije que iba a divertirme y aprendí un montón de cosas. Cada uno de los hombres con los que salía me enseñó algo diferente y me enfrentó a nuevos retos en mi vida, y les estoy muy agradecido por ello.

9. Aprende de todas las citas. Obsérvate a ti mismo y reflexiona sobre lo que funcionó y lo que no. ¿Te mostraste abierto, honesto y directo? ¿Reprimiste lo que pensabas y sentías sólo para que funcionara la relación? ¿Te precipitaste? ¿O acaso fuiste demasiado despacio?

10. Oblígate a acercarte a los demás, no esperes que sean ellos quienes lo hagan. Si me acerco a un chico, especialmente delante de sus amigos, e inicio una conversación, habrá merecido la pena. ¿De qué otro modo, si no, habría sabido si del encuentro podía surgir algo más? Si la conversación no funciona, seguiré preguntando para romper el hielo. A la gente le gusta hablar de sí misma. Como terapeuta, me interesa mucho saber cosas sobre la gente. ¡Pero ándate con cuidado! Hay algunos hombres a quienes sólo les gusta hablar

de sí mismos. Si durante la conversación no se acaba hablando de ti, considéralo como una señal de alarma. Para muchos hombres, todo lo que dices acerca de ti acaba recordándoles algo sobre ellos.

11. Manda anuncios a páginas web y a revistas locales. He tratado a muchos hombres que han encontrado relaciones muy gratificantes e incluso estables a través de este sistema.

12. Aprende a reírte de algunas de las experiencias que has tenido. Ríete de tus meteduras de pata. Una vez salí con un chico al que no paraban de mirar, fuéramos donde fuéramos. Al principio pensé que eran imaginaciones mías, y acabé preguntándole si él también lo había notado. De entrada lo negó, pero luego lo admitió, aunque no quiso explicarme la razón. ¿Le estarían buscando por algo? ¿Habría salido en las noticias por culpa de algún escándalo? ¡Sólo al final supe que era el alcalde de la ciudad donde estábamos! Puesto que me había mentido con respecto a su trabajo, dejé de salir con él. Cuando lo pensé, no podía parar de reírme al recordar todo lo que había hecho por ocultármelo.

En una ocasión, en una cena, un hombre con el que estaba saliendo le dijo a todo el mundo que él era activo. ¡Yo me quedé horrorizado! Aún no nos habíamos acostado, ni siquiera habíamos hablado de hacerlo, pero después de eso todos mis invitados debieron dar por sentado que yo era pasivo. Aunque no hay nada malo en eso, hubiera preferido que ellos no supieran nada, fuera cierto o no, sobre mi sexualidad. La lección: tomárselo a risa y seguir tu camino.

Capítulo 9

Comprende las etapas del amor

MI PAREJA Y MI PADRE SE LLAMAN IGUAL... ¡PAPI!
Eddie Safarty, humorista

Los chistes como este nos hacen reír porque revelan verdades muy conmovedoras sobre nuestras experiencias como gays. Y sólo en el caso de que nos las tomemos en serio, dichas verdades pueden interferir en nuestra capacidad para encontrar y mantener una relación.

Todos, gays y heterosexuales, queremos conectar y relacionarnos con los demás, anhelamos una relación amorosa adulta y duradera. Mis pacientes y mis amigos hablan constantemente sobre sus deseos y anhelos de encontrar pareja. «Si no tengo a alguien que signifique algo para mí, mi vida no es plena», suelen decir. Por supuesto, podemos oír comentarios similares entre nuestros homólogos heterosexuales. Pero los gays que quieren encontrar pareja deben hacer frente a algunas barreras y obstáculos adicionales.

Modelos de conducta

Cuando mis pacientes van a los bares de ambiente o acuden a algún acto social y ven una mayoría aplastante de hombres solteros —o al menos aparentemente libres—, llegan a la conclusión de que las parejas gays son muy escasas, por no decir imposibles. En los bares, en los desfiles —¡incluso en mis talleres de fin de semana y mis terapias de grupo!—, hay más gays solteros que en pareja. Esto conduce a la lógica pero absolutamente incorrecta conclusión de que, sencillamente, las parejas gays no existen.

Comparadas con las de la comunidad heterosexual, donde las parejas casadas suelen salir normalmente juntas, las relaciones gays —a corto o largo plazo— no resultan ni de lejos tan evidentes. Por desgracia, muchas de las parejas gays «evidentes» que van a los bares o a las discotecas juntas mantienen una relación sexualmente abierta, y ven alimentado su ego cuando otros hombres encuentran atractivas a sus parejas. Puede que flirteen hasta unos límites que hacen difícil saber si forman realmente una pareja.

Irónicamente, los gays somos acusados con regularidad de promiscuidad sexual, aun cuando deseemos que nuestras relaciones monógamas sean valoradas y legalizadas, y nos dicen que estamos equivocados por reivindicar algo así. La Dra. Laura, presentadora de un programa radiofónico, decía que era «muy triste» que alguien quisiera estar en pareja con una persona de su mismo sexo.

Una noche, durante la época en que aún no estaba en pareja, terminé con una relación. Volví a casa después de haber estado en un bar de ambiente; aún apestaba a tabaco, estaba medio sordo por culpa del volumen de la música y con motivos para sentirme deprimido. Y ahí estaba un bienintencionado miembro de mi familia para consolarme. Después de hablarle con desánimo de las pocas esperanzas que abrigaba de encontrar al hombre perfecto, ella me dio un consejo: «Puede que a lo largo de tu vida conozcas a muchos hombres y tengas un montón de relaciones. Limítate a disfrutar del tiempo que pases con ellos. Y, cuando acaben, ten fe y sigue adelante».

En ese momento, el comentario me hizo sentir mejor y me sirvió de consuelo. Con el paso del tiempo, sin embargo, llegué a comprender que sus palabras eran producto de la ignorancia y la homonegatividad. No podía imaginarme a esa persona «tranquilizando» a mi hermana diciéndole: «Tal vez tengas muchos novios y maridos a lo largo de tu vida. Limítate a disfrutar con cada uno de ellos. Cuando terminen esas relaciones, sigue adelante».

Lo que necesitaba oír era lo mismo que necesita oír un heterosexual: «¡Vamos, no te preocupes! El hombre perfecto *te está* esperando ahí fuera. En realidad, hay muchos hombres perfectos... y podrás sentar la cabeza con uno de ellos si es eso lo que quieres. Sigue intentándolo, sal más a menudo, y no exclusivamente a los bares. Te mereces fidelidad y un amor verdadero».

Eso es lo que necesitaba oír esa noche, y eso es lo que quiero que aprendamos en este capítulo.

El apoyo de la familia y los amigos

Nuestra sociedad tiene tendencia a ver las relaciones, tanto gays como heterosexuales, como algo de usar y tirar. Más de la mitad de los matrimonios heterosexuales acaban en divorcio; cuando hay problemas en una relación, muchos pacientes deciden terminarla y tratar de encontrar otra mejor. De hecho, los amigos y los familiares vinculados al cien por cien a la relación desde el comienzo recomiendan a la pareja que la rompa y no siga adelante con ella. Hay innumerables ejemplos en que una pareja en conflicto espera que se plantee el primer problema para emplearlo como pretexto para desafiar el compromiso de sus hijos o hijas heterosexuales con una pareja que no les gustó desde el principio. En el caso de las relaciones gays, la situación es doblemente complicada.

La gente que oye hablar de consejeros matrimoniales y terapia de pareja suele decir: «Las relaciones no deberían suponer tanto esfuerzo». Pero las relaciones, especialmente las que merecen la pena, suponen *mucho* esfuerzo. La creencia de que cualquier problema es un indicio de una relación que no funciona es errónea, salvo en el caso de la violencia doméstica o cuando uno de los miembros de la pareja es adicto al alcohol, a las drogas o al juego y no se somete a tratamiento. La violencia y la adicción son síntomas de que hay que buscar de inmediato la ayuda de un terapeuta.

Comprender verdaderamente en qué consiste una relación

Una cuestión muy importante: ¿estás buscando al hombre perfecto o al hombre perfecto... para pasar un rato? Muchos de mis pacientes dicen que quieren encontrar pareja, pero sus esfuerzos y su conducta no lo dan a entender. En realidad, hacen todo lo posible por evitar conocer a alguien para establecer una relación duradera. Quieren una relación, pero, inconscientemente, el trabajo que eso requiere les da miedo, cuando no lo encuentran directamente aterrador.

Podemos culpar de las relaciones fracasadas a la sociedad, a la familia y a los amigos, pero la realidad es que debemos ser nosotros quienes nos analicemos por dentro. Las relaciones nos obligan a considerar nuestros aspectos más oscuros, así como nuestros más profundos sentimientos amorosos.

Son muchos los hombres que inician relaciones amorosas adultas con la secreta e interiorizada convicción de que tienen defectos y son imperfectos. Las dudas acerca de sí mismos se convierten en una profecía que tiene tendencia a cumplirse, y proyectan su propia flaqueza en su pareja. Mientras tanto, también persiste la sensación, consciente o no, de que la relación no durará. No es de extrañar que surjan los problemas.

Son pocos los que son conscientes de que *se supone* que en una relación van a plantearse problemas y que éstos pueden ser de gran ayuda. Físicamente, un ejercicio moderado —como un breve paseo— contribuye a que los músculos y huesos de las piernas estén fuertes y sanos. Con una relación ocurre lo mismo: un problema leve puede contribuir a fortalecer y estrechar los vínculos.

Como terapeuta, la formación más importante que he recibido es la Terapia de las Relaciones Imago, desarrollada por Harville Hendrix. En *Getting the Love You Want: A Guide for Couples*, Hendrix describe las fases del amor y lo que nos atrae de entrada de nuestras posibles parejas. Aunque la orientación del libro es heterosexual, su teoría puede aplicarse a todo el mundo.

Otros libros sobre las relaciones, como *Men Are From Mars, Women Are From Venus*, de John Gray, y *You Don't Understand*, de Deborah Tannen, se centran en las diferencias entre hombres y mujeres. Hendrix pone énfasis en el individuo, no en el género, lo que hace que su modelo también funcione para las relaciones de gays y lesbianas[28].

---

28. Hendrix, Harville. *Getting the Love You Want: A Guide for Couples.* Henry Holt and Company. Nueva York, 1988.

En latín, *imago* significa «imagen». Todos construimos y creamos un *imago* tanto de los rasgos positivos como negativos de nuestros padres y de otras personas que cuidaron de nosotros durante la infancia. El *imago* es el anteproyecto de la persona que queremos ser en una relación íntima y comprometida. Conscientemente o no, proyectamos esta imagen en nuestras posibles parejas, para comprobar si encaja en ella.

También podemos construir partes de nuestro *imago* a partir de la comunidad en la que nos educamos, la religión que nos enseñaron y de cualquier otro profesor, tutor o institución importante que dejara una profunda huella en nosotros durante la infancia. Esta imagen compuesta se convierte en una suerte de mapa del tesoro que dirige nuestra búsqueda del amor siendo adultos. Vamos tras aquello que nos resulta familiar y por lo tanto «seguro», aunque a alguien le pueda resultar extraño. Por consiguiente, buscamos a alguien que nos recuerde tanto los mejores como los peores rasgos de nuestros padres y tutores. Y así debe ser, porque, aunque suene muy poco romántico, estamos en pareja para curarnos y completar el proceso inacabado de nuestra infancia. Puesto que sufrimos nuestras primeras heridas —y, para los gays, esto incluye la homofobia y el heterosexismo— en el transcurso de las relaciones con las personas que nos educaron, nuestra recuperación también debe llevarse a cabo en el seno de una relación.

A algunas personas les cuesta asumir esta idea, porque el término «herida» les parece demasiado fuerte. Siempre les pregunto si les suena mejor «influencias negativas». Otros piensan que no sufrieron heridas durante la infancia. Les digo que consulten cualquier libro de Psicología del Desarrollo y que comprueben todas las tareas que se deben llevar a cabo para sobrevivir a la infancia. Nadie lo consigue sin alguna influencia negativa. El solo hecho de asistir al nacimiento de otro hermano puede resultar traumático, ya que se deja de ser el hijo único. No existen los padres capaces de educar a un hijo a la perfección; el impacto de la forma en que lo hicieron aflorará en nuestras posteriores relaciones.

Por supuesto, se trata de un proceso inconsciente. Puede que veas a un chico y pienses: «¡Vaya, está buenísimo! ¡Me encanta su sonrisa, su culo, su lo que sea!». Mientras tanto, tu subconsciente dice: «¡Vaya, me resulta familiar! Me recuerda a papá y mamá. ¡Voy a por él!».

Si alguna vez quieres comprobar este fenómeno sólo tienes que hablar con alguien que tuvo un padre alcohólico. Te dirá que puede que en una habitación haya 499 personas sobrias, pero él se fijará en la alcohólica; dicha persona ni siquiera tiene que decir nada para que el hijo del padre alcohólico se sienta atraído por ella. (Una famosa actriz de cine se casó con un director homosexual y luego se divorció de él. Unos veinte años después, la hija de ambos, también actriz, se casó con un músico y cantante gay —del que luego se divorció— que acabó muriendo a causa del sida.)

Imagina que tu infancia es como un gran éxito de taquilla de Broadway que sigue en cartel año tras año. Sin embargo, cuando la obra se va de gira, hay que sustituir al reparto original. La historia sigue siendo la misma, pero los actores que interpretan a los protagonistas son otros. Cuando nos hacemos adultos y llevamos de gira nuestro «espectáculo», elegimos parejas, amigos y colaboradores que puedan asumir los papeles de nuestras madres, padres, ex parejas y hermanos para ayudarnos a reciclar nuestra infancia, para bien y para mal.

Durante años he oído quejarse a mujeres —en terapia y en conversaciones— de que todos los hombres quieren casarse con sus madres. ¡En mi caso, el hecho de ser gay solucionó este problema! Yo sabía que no quería casarme con mi madre ni con nadie que se le pareciera, de modo que pensé que estaba exento del problema. En cuanto a mis relaciones con otros hombres, pensaba que era muy probable que debiera enfrentarme a mi padre (con quien no mantenía una buena relación). ¡Nada de eso! En nuestra búsqueda del *imago*, el género no es la cuestión. Yo escogí a un hombre que tiene los rasgos positivos y negativos de mi madre y de mi padre.

Por supuesto, son los rasgos negativos de la figura dominante —la que más te influyó— los que empiezan a interferir en la relación. Estás intentando resolver las cuestiones de la infancia... ahora, durante tu relación actual. El objetivo es encontrar un facsímil de tus padres en un hombre que te provoque como lo hacían ellos, pero que esté dispuesto a modificar su comportamiento para reabrir de nuevo las heridas.

Una vez más, nuestra participación en este grandioso drama es inconsciente. No obstante, cuanto más sepamos acerca del proceso, más conscientes seremos de él, y tomaremos mejores decisiones a la hora de elegir una pareja. Si ya se está en pareja, esta información resulta un gran alivio. Cuando surge un conflicto, se podría pensar que estamos con una persona equivocada. ¡Nada de eso!

La pareja *perfecta* está dispuesta a cambiar con nosotros, consciente de que esta predisposición para el cambio también resultará beneficiosa para ella. La teoría Imago nos enseña que nuestras parejas tienen el anteproyecto para nuestro propio desarrollo personal. Normalmente, lo que más necesitamos de una pareja es lo que le resulta más difícil darnos. Y es difícil porque lo que le estamos pidiendo suele ser a menudo lo que deben hacer por ellos mismos.

Por ejemplo, una terapeuta de Imago explicaba cómo las conferencias y los cursos que había dado en todo el país la obligaron a estar lejos de su marido, por lo que se sintió sola y aislada. Ella le preguntó si él estaría dispuesto a llamarla todos los días mientras estuviera fuera. Él se resistió, y le dijo: «Estoy demasiado ocupado».

Ella le dijo que se sentía ignorada y desatendida, y que sería como una terapia para él si hacía eso por ella, aunque sólo fuera durante ese mes. Al final, él accedió; la llamó todos los días para decirle que la quería y que la echaba de menos. Ella empezó a sentirse más segura emocionalmente con respecto a él y, a mediados de mes, le dio las gracias por haber hecho esas llamadas y le dijo que ya no le hacían falta.

«Pero yo no quiero dejar de llamarte —le dijo él—. Me gusta llamarte todos los días. Eso también me hace sentir que estoy más cerca de ti.»

Ambos se echaron a reír. Él también recuperó una parte perdida e íntima de su infancia que de otro modo no habría rescatado. Ésta es la razón por la que es importante mostrarse tan atento con las necesidades de la pareja como ella se muestra con las nuestras. Ambos podéis salir beneficiados cuando cada uno le da al otro lo que más necesita.

Mike y yo nos conocimos en 1993. Poco antes había tenido algunas relaciones que no habían durado más de tres o cuatro meses, y yo no sabía qué era lo que estaba haciendo mal. Había seguido una terapia, me había formado como terapeuta y aún no sabía por qué era incapaz de encontrar al hombre perfecto. Si hubiera seguido antes la formación de la terapia Imago, tal vez me habría ahorrado algunos años problemáticos. Había conocido a hombres narcisistas y desconsiderados que sólo pensaban en sí mismos. Aun así, ni siquiera debían abrir la boca para que yo experimentara su poder y me sintiera atraído por ellos. «Se trata de su aspecto», me decía yo.

Ahora sé que había algo más. Siempre que empezaba a salir con alguno de esos hombres por los que sentía una gran atracción me decían que yo estaba muy enfadado. Yo les respondía que eran *ellos* los que me hacían enfadar, y que si se comportaran de otro modo yo me calmaría. Al final —¡evidentemente!— esta situación acababa por no funcionar, y uno de los dos terminaba con la relación.

Gracias a lo que aprendí en la Terapia de las Relaciones Imago, ahora entiendo por qué me atraían esos hombres. Cuando era pequeño, en la escuela, los otros niños se metían conmigo y me humillaban. Nunca me defendí, porque no sabía cómo hacerlo. Simplemente me aguantaba. Nadie me enseñó a protegerme. Mis padres se divorciaron cuando yo tenía tres años, y, a causa de la ausencia y la desatención de mi padre, me quedé solo con mi madre, que era la más dominante de las dos figuras. En casa, su lema era: «Aquí mando yo». Nuevamente, decidí aceptarlo. Mi hermana no lo hacía, por lo que mi madre la castigaba constantemente por incumplir la consigna. Así pues, esos hombres narcisistas con los que salía tenían bastante razón: efectivamente, yo estaba enfadado. Pero no se merecían mi enfado, porque no iba dirigido a ellos; se trataba de una ira no resuelta durante mi infancia hacia mis padres y los niños del colegio que se metían conmigo.

En las relaciones, hacemos una regresión a nuestra infancia, a la época en que nos decían que nos calláramos y que aceptáramos lo que decidían los mayores. Puesto que no somos conscientes de esto, damos por sentado que cualquier problema lo plantea nuestra relación actual. En la mayoría de los casos, la relación simplemente desencadena recuerdos y temas pendientes del pasado.

Si en su momento nos sentimos heridos por nuestros padres (o influyeron en nosotros de forma negativa), entonces son ellos quienes más pueden ayudarnos a curarnos. Sin embargo, una pareja cuyos rasgos coincidan con los de ellos puede funcionar como su doble. La curación se produce cuando la pareja que hemos elegido nos dice: «No soy consciente de haberte hecho daño, pero, a diferencia de tus padres, estoy dispuesto a modificar mi conducta». En mi caso, si alguno de esos hombres con los que salí y que sólo pensaban en sí mismos hubiera estado dispuesto a decirme: «Siento haberte decepcionado, Joe. Comprendo tus razones y estoy dispuesto a tener más en cuenta tus necesidades», entonces podría haber empezado a curar las heridas de la infancia. Mike, mi pareja, fue el primer hombre con el que salí que finalmente hizo eso, y me llegó al corazón.

Mark y Barry, ambos de poco más de 30 años de edad, eran pareja desde hacía seis años. Acudieron a la terapia porque ninguno de los dos se sentía seguro compartiendo sus sentimientos con el otro. Éste es un problema habitual de las parejas: cuando la comunicación se rompe, pierden algo tan esencial como la confianza y la seguridad.

Mark procedía de una familia de condición económica y social muy humilde. Cuando era pequeño, su padre les abandonó, y fue su madre quien se ocupó de educarle a él y a sus dos hermanos. Salió con hombres violentos que la pegaban. Cuando Mark tenía 11 años, uno de los novios de su madre apuñaló a otro hombre delante de él. Tenían poco dinero, y su madre se preocupaba constantemente por cómo pagar las facturas. Muchas noches, ella salía, dejando a Mark, que era el mayor, al cuidado de sus dos hermanos. Teniendo en cuenta que su padre no estaba, ser el «hombre de la casa» le hacía sentirse importante y privilegiado. Su madre solía llamarle su «hombrecito». Mark estaba decidido a cumplir los deseos de su madre y evitar que tuviera más preocupaciones; al hacer eso, estaba negando la violencia que le rodeaba.

Mark supo desde muy pequeño que era gay, y pensó que convertirse en el «hombrecito» de la casa sería una excelente tapadera. Su madre nunca se fijó en su sexualidad ni la cuestionó. En consecuencia, Mark nunca le negó nada a su madre ni aprendió a construir unas barreras adecuadas.

La madre de Barry murió cuando él era un niño; su hermano mayor se mantuvo al margen, se centró en sí mismo y no se relacionó con él. Su padre, un jugador compulsivo, salía de casa en plena noche para jugar al póquer. Más adelante, el padre de Barry se casó con una mujer que fue muy maternal y cariñosa con él, y empezó a considerarla como una madre. Pero esta mujer y el padre de Barry no se llevaban bien. Un día, ella le dijo que iba a divorciarse de su padre y se fue. Una vez más, Barry se sintió solo y abandonado.

Desde muy pequeño, Barry había aprendido a cuidar de sí mismo y a no confiar en los demás. Cuando establecía vínculos, la gente más importante de su vida le abandonaba. Más adelante, como es fácil suponer, empezó a relacionarse con hombres que le dejaban de forma repentina, mientras él se preguntaba por qué.

Durante la terapia, Mark afirmó que Barry le exigía demasiado; si no hacía las cosas como él quería, tenía la sensación de que éste no atendía a razones. Por su parte, Barry se sentía frustrado, porque cuando Mark estaba preocupado era incapaz de admitirlo. Barry sólo lo descubriría más adelante, cuando ya no era posible dar con una solución rápida y eficaz.

Mark dijo que Barry simplemente «debería saber» cuáles eran sus necesidades sin que se las tuviera que explicar. Pero, por supuesto, Barry no podía saber cuáles eran; luego, semanas después de lo ocurrido, se sentía atacado por la ira de Mark. Entonces, Barry ocultaba sus sentimientos temiendo que si se mostraba herido y confuso Mark podría dejarle. Éste era el quid de la cuestión. Se peleaban por diferentes motivos, pero siempre acababan igual: Mark pensaba que Barry era demasiado exigente, y éste no era consciente de que Mark estaba preocupado.

Entonces les ofrecí la explicación Imago según la cual los conflictos del pasado se reciclan en las relaciones adultas, normalmente bajo un disfraz. Le hice ver a Mark cómo proyectaba un deseo de su infancia en Barry, dando por sentado que éste debía intuir sus necesidades sin que se las explicara.

Esto es algo que se da muy a menudo en las relaciones, ya sean gays o heterosexuales. Con frecuencia oigo que alguien le dice a su pareja: «No tendría que habértelo dicho, simplemente deberías haberlo sabido».

Siempre advierto que esto es muy peligroso. El único momento en que no tendrían que haberse manifestado las necesidades que se tienen es, sobre todo, durante la infancia. Cuando somos adultos, debemos explicar nuestras necesidades, preferencias y prioridades. De otro modo, ¿cómo puede comprenderlas una pareja, a menos que se comporte como un detective o tenga percepción extrasensorial?

Lo primero que tenía que hacer Mark era verbalizar sus necesidades y luego dejar que Barry las safisficiera. También debía imponerse sus propios límites y decir cuándo creía que Barry estaba siendo demasiado exigente. Sin embargo, éstas eran unas capacidades que no había desarrollado siendo un niño. La madre de Mark no solía estar a su alcance ni psicológica ni, a veces, físicamente, lo que le había llevado a ocuparse de las necesidades de todos salvo de las suyas. En consecuencia, trató de que fuera su pareja quien le diera lo que su madre nunca le había dado. El problema era que su pareja no podía saber cuáles eran sus necesidades a menos que las verbalizara.

Agobiar a una pareja para que se ocupe de *todas* las necesidades infantiles no satisfechas es, lógicamente, algo inadecuado; sin embargo, es normal que la mayoría lo intentemos. Comprender este proceso tan habitual ayudó a Mark a identificar sus necesidades y a dárselas a conocer a Barry, quien se mostró compasivo al enterarse de que los silencios de Mark tenían su origen en la infancia. Barry se dio cuenta de que lo que hacía era simplemente estimular una sensibilidad (una «alergia» psicológica, si se quiere) que Mark había desarrollado mucho tiempo atrás. El problema no era culpa de Barry, como él había creído inicialmente (y como Mark le había dicho).

Por su parte, Barry supo que estaba reciclando el dolor por la pérdida de dos mujeres a las que se sentía muy unido —su madre y su madrastra— y la desatención de un padre distante y adicto al juego. Barry se guardaba para sí mismo sus miedos a los conflictos y el abandono, se enfrentaba interiormente a ellos y no los compartía con Mark. Para que la relación funcionara, el desafío de Barry consistía en arriesgarse a hablar de sus necesidades y enfrentarse al temor de que Mark pudiera dejarle.

Una vez Mark hubo comprendido el origen del trauma de Barry, se mostraría más comprensivo, garantizándole a Barry que un problema pasajero no le haría plantearse una ruptura. Como es fácil imaginar, todo esto supuso una gran liberación para ambos. Barry y Mark empezaron a tenerse mutua confianza, la comunicación entre ellos mejoró y su relación se hizo más profunda.

Inconscientemente, también buscamos personas en las que veamos unas partes de nosotros mismos que hemos negado o rechazado. Así pues, nuestra pareja «ideal» puede que refleje aspectos de nosotros que han desaparecido, que han sido deformados mediante mecanismos de defensa o que —al menos por ahora— se han perdido de forma consciente.

Cuando conocí a Mike, me atrajo inmediatamente su paz y su tranquilidad, algo que se alejaba mucho de la forma en que yo me había educado. Yo procedo de una familia muy franca y sincera; todo el mundo dice lo que piensa, sin tener en cuenta los sentimientos de los demás. Nunca sabías cuándo iba a surgir una discusión. Si yo hubiera sido una persona acomodaticia y de trato fácil, se me hubieran comido vivo; por esa razón, estos aspectos de mi personalidad quedaron ocultos.

Sin embargo, la familia de Mike no era emotiva ni efusiva. En mí, él encontró la parte de sí mismo que quería discutir o demostrar profundas emociones. Él me dijo: «Eres muy apasionado, vibrante y vital». Así pues, nuestras partes desaparecidas se encontraron con las del otro, junto con el amor familiar de los que cuidaron de nosotros durante la infancia. Reflejábamos el *imago* del otro sin ni siquiera ser conscientes de ello.

Esto también es un «trabajo a la sombra», por supuesto, en palabras de Carl Jung y Robert Bly. Mi yo pacífico estaba en las sombras, igual que el yo emocional de Mike. Nuestras dos sombras se encontraron y salieron a la luz de su escondite. Básicamente, es como descubrir un tesoro enterrado.

* * *

El objetivo de la Terapia Imago es establecer relaciones comprometidas, conscientes e íntimas alineando el pensamiento consciente (que normalmente busca la felicidad y la satisfacción) con las prioridades del inconsciente, que busca la salud y el desarrollo. Lo que me gusta de la Terapia Imago es que da un giro a los problemas existentes en las relaciones que en otras circunstancias sería imposible.

Casi todos entramos en una relación por la puerta, ancha y espléndida, del *amor romántico*. El cine, la literatura, la televisión y la música pop celebran el período del enamoramiento a plena luz. Todos los detalles positivos son vívidos y visibles. ¡Todo es maravilloso!

Para las lesbianas y los gays, es un momento que reviste gran importancia. Es cuando nos damos cuenta de que hemos encontrado algo (para ser más precisos: alguien) que nos habían dicho que nunca tendríamos. Nos sentimos muy dichosos, satisfechos y finalmente realizados. ¡Hemos esperado toda una vida para tener una relación así! No queremos que acabe nunca. Durante esta etapa, que la sociedad llama «amor verdadero», todo el mundo —gays, lesbianas y heterosexuales— dicen sentirse eufóricos, felices y radiantes.

Hay tres sentimientos arquetípicos que ofrecen una panorámica de la esfera inconsciente del amor verdadero:

1. *«Sé que nos hemos conocido hace poco, pero tengo la sensación de que nos conocemos desde siempre.»*
   La gente tiene esta sensación porque su inconsciente reconoce los rasgos positivos y negativos del otro. En cierto sentido, es como si «conociera desde siempre» a esa persona. Se ha puesto en marcha un proceso de selección.
   Puesto que el inconsciente no conoce la diferencia entre pasado y presente, se tiene realmente la sensación de conocer «desde siempre» a alguien que se parece a una persona que cuidó de nosotros durante la infancia.

2. *«Cuando estoy contigo, tengo una sensación de plenitud total.»*
   Experimentamos una sensación de plenitud cuando conocemos a alguien que representa las partes de nosotros mismos que hemos «perdido», por haberlas negado o rechazado.

3. *«No puedo vivir sin ti.»*
Esta es una transferencia inconsciente a una pareja de nuestra responsabilidad por haber sobrevivido a nuestros padres. Inconscientemente, tememos que si nuestra pareja nos deja, perderemos la vida. Es un sentimiento primitivo. Los niños saben que si sus padres les abandonan no sobrevivirán. Pero durante la edad adulta, el inconsciente no reconoce la diferencia cuando quien nos abandona es una pareja.

Estos sentimientos son más fuertes cuando los dos miembros de la pareja están físicamente juntos. Durante ese tiempo, pueden provocar trastornos del sueño; efectivamente, las personas que están enamoradas dirán que se sienten como si estuvieran drogadas. Si antes se sentían deprimidas, ahora afirmarán estarlo menos. Si padecían algún tipo de adicción, puede que estén menos ansiosas o que incluso sientan que se han «curado». La conducta sexual se incrementará para coincidir con la de la pareja.

Y aún hay más: la experiencia de enamorarse produce una anfetamina natural llamada feniletilamina (PEA). En el capítulo 5 hablamos sobre la PEA que se liberaba durante la excitación sexual. Esto también ocurre cuando se está enamorado: ¡estamos realmente drogados sin que nos demos cuenta de ello! Cuando la PEA se libera por primera vez, alcanza su máxima potencia, razón por la cual la gente no olvida su primer amor, aunque recordarlo también puede provocar adicción al sexo y al amor. El problema es que cada vez que se libera tiene menos potencia y los períodos de duración son cada vez más cortos. ¡Esto no significa que se acabe! Su objetivo es poner en contacto a personas que de otro modo serían incompatibles, establecer vínculos entre ellas para que deseen estar juntas y puedan ayudarse mutuamente.

Muchos gays no buscan nada más que la experiencia de la PEA. Cuando ésta pasa, se quejan de que una relación no debería suponer «tantos esfuerzos», y empiezan la búsqueda de otro hombre. En cuanto a las parejas heterosexuales, cuando ya han pasado por la experiencia de la PEA, a menudo ya están comprometidas, y acaban casándose y teniendo hijos. No es que sean las mejores razones para seguir en pareja, pero son factores que contribuyen a que las parejas heterosexuales continúen juntas. Normalmente, los gays no tienen estos lazos de firmeza.

Aun así, el encaprichamiento no es auténtico amor, y mucho menos «amor verdadero». Es sólo la forma en que la naturaleza une a dos seres humanos. Es algo que se supone que debe ocurrir, pero asimismo, tanto para gays como para heterosexuales, se supone que debe terminar. (La mayoría de heterosexuales no lo saben, como puede deducirse por el porcentaje de divorcios.) Y cuando termina, a veces sume a los gays en una desesperación incluso mayor.

Con demasiada frecuencia, iniciamos una relación pensando que las relaciones heterosexuales son superiores a las nuestras y que las gays no duran. Así pues, cuando una relación gay acaba, parece como una confirmación de la leyenda de que el amor y el romance están exclusivamente reservados a los heterosexuales y que los gays no pueden disfrutar de un amor duradero.

¡Nadie nos dice que este fenómeno es universal! El amor romántico se supone que acaba... para todo el mundo. La PEA sólo contribuye a que estar juntos sea más fácil al principio, antes de que deban empezar a hacerse unos esfuerzos que son necesarios.

Aun así, cuando la chispa se apaga, muchos gays hacen todo lo posible por seguir junto al hombre que la encendió. A veces, las parejas gays se separan y vuelven a unirse muchas veces, porque eso produce una renovada dosis de PEA. Tras un período de ausencia, ambos recuerdan la emoción de cuando se conocieron y dicen: «¡Vamos a vivirla de nuevo!». Esto explica el fenómeno de las parejas que se divorcian y que muchas veces vuelven a casarse.

Algunos hombres, gays y heterosexuales, tratan de conservar este clímax romántico manteniendo relaciones sexuales fuera de su relación, aunque no signifique que disfruten necesariamente con ellas. La emoción del ligue resucita el punto culminante de la PEA, que luego llevan a su relación. Otra forma de conseguirlo es invitar a participar a otros hombres en sus relaciones sexuales; esta estrategia no es muy madura, y lo único que hace es posponer la lucha de poder.

Ésa es la siguiente fase de una relación una vez termina el amor romántico. La *lucha de poder* también tiene una duración finita...

afortunadamente, ya que esta fase no es muy agradable. Surge la desilusión, y es el momento en que se perciben de forma más consciente las diferencias entre los dos miembros de la pareja.

En cuanto decidimos invertir algo más en la persona de la que estábamos románticamente enamorados, la PEA se desgasta. Si uno de los miembros había estado deprimido, vuelve a estarlo; si cuando el nivel de PEA era alto su actividad sexual era muy importante, ahora experimenta un descenso de la libido. Vuelve a la «normalidad». La mayoría de la gente, desconocedora de este proceso inconsciente, se culpa a sí misma —o, con más frecuencia, a su pareja— de esta disminución del interés. Merecen que les informen sobre el proceso biológico del amor romántico.

Cuando empieza la lucha de poder, los miembros de una pareja suelen decir, en orden ascendente de compromiso:

1. «Compremos algo que podamos compartir.»
2. «Vamos a estar juntos y a dejar de quedar con otra gente.»
3. «Vayámonos de vacaciones.»
4. «Vayámonos a vivir juntos... o hablemos de la posibilidad de hacerlo.»
5. «Casémonos [o comprometámonos].»

Cuando Mike y yo hablamos por primera vez de la posibilidad de vivir juntos (antes de que conociera la Terapia Imago), empezamos a discutir. ¿Dónde íbamos a vivir? ¿Cómo amueblaríamos la casa? No soy superficial ni materialista, pero de pronto todos estos detalles empezaron a preocuparme muchísimo. Él no iba a renunciar a su punto de vista, ni yo al mío. Aunque discutimos sobre la vivienda y el mobiliario, ésos no eran los verdaderos problemas.

Esto también es normal: es muy habitual que las parejas discutan sobre cosas que no son el quid de la cuestión. El inconsciente encuentra formas de evitar el verdadero problema con asuntos inocuos y aparentemente poco importantes.

La lucha de poder es, pues, la segunda fase de las relaciones. Muchas parejas nunca llegan al final de la lucha de poder, porque no saben cómo manejar el desarrollo de ésta.

El contexto de la lucha de poder es material cifrado; descifrándolo, hallaremos información que nos ayudará a conocernos mejor... como personas y como pareja.

La mayor parte de las emociones que vinculamos a un problema están relacionadas con el pasado. Una vez que nosotros y nuestra pareja somos conscientes de ello, hay más predisposición por ambas partes para enfocar la situación de un modo distinto. Eso no es siempre la solución, pero ofrece mejores posibilidades de llegar a ella que a través de otras vías de abordar un conflicto.

Mike y yo continuamos discutiendo sobre sillas y sofás hasta que llegamos a la raíz del problema... con respecto a los dos. Yo me había educado en una familia en la que, para sobrevivir, tuve que dejar de lado mi sentido del yo. Así pues, cuando Mike sugirió que me trasladara a *su* casa en la que estaban *sus* cosas, volví a la época en que me dijeron que mis necesidades no eran importantes. Eso no era ni de lejos lo que Mike me estaba diciendo, pero yo lo estaba proyectando en él de forma inconsciente. Me puse a la defensiva y contraataqué. No había sido capaz de hacerlo durante la infancia, pero ahora podía discutir acerca de mis necesidades, y eso fue exactamente lo que hice. Lo que ocurrió es que pensé, de forma consciente, que el problema se refería a la casa y a los muebles y no a mi sentido del yo.

Una vez lo entendí, insistí en mis necesidades de otra manera y animé a Mike a que las satisficiera con comprensión y compasión. Él se dio cuenta de que el problema no tenía nada que ver con él, sino que su origen estaba en otra época de mi vida, lo que contribuyó a que entendiera mi punto de vista.

Afortunadamente, descubrí a tiempo el verdadero problema para que pudiéramos enfrentarnos a él. Hay quien no tiene tanta suerte y rompe una relación sin ni siquiera llegar a saber cuál era el motivo de una discusión.

En el amor romántico, nuestros puntos de coincidencia nos unen. La PEA nos ayuda a estrechar los lazos... por un tiempo. Pero durante la lucha de poder, nos separan las diferencias que pensábamos que podríamos superar. La naturaleza nos presta su ayuda en la fase romántica, pero nos deja tirados, sin guión alguno, durante la lucha de poder. ¡Pero para eso están los Terapeutas Imago!

La lucha de poder se inicia de verdad al darnos cuenta de que nuestra pareja no puede o no quiere satisfacer todas nuestras necesidades, como esperábamos en un principio. (Puede que lo hubiera prometido durante la fase del amor romántico.) Es por eso que reaparecen viejas heridas y resentimientos. Las más de las veces, se trata de heridas sufridas durante la infancia, pero también pueden surgir a partir de conflictos que no se resolvieron en relaciones anteriores.

Hay teorías según las cuales tenemos tendencia a recrear nuestro primer amor adolescente. La primera dosis de PEA puede ser tan potente como para imprimir otra plantilla en nuestro ideal de Imago. Entonces, esa persona se convierte en «nuestro tipo», y tendemos a sentirnos atraídos por hombres cuyo aspecto y conducta se parecen a los suyos. Si este primer y decisivo encaprichamiento acabó mal, existen muchas posibilidades de que, inconscientemente, tratemos de resolver el trauma de esa primera relación en todas las que vendrán después.

Durante la fase de la lucha de poder, oiremos cosas como: «¡Tú sabes lo que necesito! ¡No tendría que decírtelo yo!», o bien; «Tú tienes lo que necesito, pero no me lo das».

Cuando el período romántico llega a su fin, la actividad sexual vuelve a la normalidad. Una persona con la libido muy alta puede que diga: «Cuando nos conocimos eras más sexual. Sólo fue una estrategia para que siguiera contigo». Dicho de otro modo: *Tú tienes lo que necesito, pero no me lo das.* Este «lo que necesito» suele reflejar normalmente alguna necesidad infantil no satisfecha; no se trata de sexo, por supuesto, sino, en general, de la atención y la responsabilidad de los adultos.

Durante la fase romántica, empezamos a sentir una especie de derecho con respecto a todo lo que queremos obtener de nuestra pareja, como si nos perteneciera. (Una vez más, se trata de una regresión a los felices días de la infancia, cuando un ideal de tutor estaba siempre dispuesto a atender todas nuestras quejas.) Ahora vemos que nuestra pareja es distinta de lo que creíamos, y es por eso que la culpamos. Las cosas que de verdad nos atrajeron de ella no nos gustan; las cualidades que en su momento adoramos nos parecen ahora insoportables.

Si hemos reprimido algunos aspectos de nosotros mismos, dejándolos en la sombra, sólo podremos tolerarlos en una pareja por un corto espacio de tiempo. Luego intentaremos «matar» dichos rasgos, que vemos en la pareja pero no en nosotros. Con excesiva frecuencia, la primera víctima es la relación.

Os recuerdo cuánto me encantaba la calma y la serenidad de Mike. Durante nuestra lucha de poder, le pregunté cosas como: «¿Estás vivo? ¿Alguna vez tienes alguna clase de sentimiento?». Al principio, le encantó mi pasión, pero pronto se quejó de ella: «Eres demasiado emotivo». Él se iba a otra habitación, pero yo le seguía, exigiéndole que aclaráramos las cosas. A él le asustaba mi insistencia, y a mí que se fuera... tenía miedo de que me dejara. Como mucha otra gente, supuse que descargando una tormenta verbal podría obligar a hablar a Mike. En lugar de eso, se comportó como una tortuga que se mete en su caparazón.

En la mayoría de relaciones, uno de los miembros es la tortuga y el otro la tormenta. Uno se esconde y el otro explota, verbal y emocionalmente. (Y, en función del tema, a menudo ambos cambian sus papeles.) Las tormentas asustan, porque son muy ruidosas y violentas. Pero para una tormenta, que una tortuga se meta en su caparazón puede resultar igualmente aterrador, porque la hace sentirse abandonada y amenazada. (El autor de esta metáfora fue Harville Hendrix. Yo la empleo en mis talleres, donde suele ayudar a la gente a arrojar luz sobre esta habitual lucha de poder.)

Mucha gente cree que este conflicto es el fin de una relación. Pocos —en especial los gays— se dan cuenta de que esta dinámica es beneficiosa; lo que *no* es beneficioso es la forma en que la mayoría de la gente se enfrenta a ella.

Sí, en efecto: pasar por la lucha de poder es muy difícil, pero es la puerta de entrada al amor de verdad. Podría parecer más sencillo romper la relación, tener una aventura o engancharse a un comportamiento adictivo que enfrentarse a los conflictos y miedos más profundos. Lo bueno es que la lucha de poder a la que nos enfrentamos con nuestra pareja es una prueba real de que estamos con la persona indicada para alcanzar nuestro máximo desarrollo. Hemos conocido a alguien que nos desafiará para llevar a cabo los cambios necesarios en nosotros, que serán beneficiosos para ambos. Es una oportunidad para desarrollar la proximidad y la intimidad manteniendo nuestra individualidad.

El conflicto es crecimiento en proceso de desarrollo; nos permite diferenciarnos de la pareja, establecer límites y posiblemente prosperar juntos. Para nosotros, gays y lesbianas, que nos hemos pasado la vida entera tratando de conformarnos y rechazar lo que realmente somos, mantener este sentido del yo en una relación resulta incluso más importante.

Las diferencias son amenazadoras para cualquier pareja, pero en especial para las gays. Puesto que la sociedad considera «diferentes» a los gays, decidimos que las diferencias no son buenas. Esto, a su vez, hace que los gays tengan dudas al verse obligados a aceptar los criterios de los demás. Aunque, al fin y al cabo, ¿no es esto lo que pretendemos que hagan nuestras familias y la sociedad en general, para ser lo que somos, para dejar que cualquiera sea lo que es y que las diferencias simplemente existan?

Una vez más, no me estoy refiriendo a las diferencias que representan un abuso. Si tenemos una relación con alguien que no se hace responsable de su propio comportamiento, sino que nos culpa de la mayoría de problemas, entonces se trata de falta de respeto y de integridad por su parte, no de diferencias.

Todos los años, en otoño, con la perspectiva de las vacaciones, les pregunto a las parejas gays qué planes tienen. A menudo dicen que irán a visitar a sus familias, pero sin su compañero. Yo siempre les digo a mis pacientes que han contratado mis servicios para que cree controversia y les desafíe, de modo que cuestiono lo que me dicen, no para que se sientan incómodos, sino para provocar reacciones. Quiero analizar si este modelo de vacaciones representa una homofobia interiorizada (normalmente suele serlo). A menudo, pregunto a las parejas si se imaginan a sus padres marchándose de vacaciones por separado. Todos suelen echarse a reír y dicen que posiblemente *querrían* hacerlo, aunque no lo hacen.

La mayoría de parejas heterosexuales suelen visitar por turnos anuales a las respectivas familias (o a ambas el mismo día), y lo hacen juntos. En el caso de las parejas gays, digo que al no hacerlo así están mandando un mensaje a sus familias y a ellos mismos de que no están unidos o que la relación no es tan auténtica como los matrimonios de sus hermanos y parientes heterosexuales. Esto no hace sino debilitar su relación.

Hay que plantearse lo siguiente: ¿con quién estamos comprometidos, con nuestra pareja o con nuestra familia? La opción «familia» resta intimidad a nuestra relación. Hay chicos y chicas heterosexuales que se comprometen con parejas que sus padres puede que no aprueben, luego, ¿por qué debe ser distinto nuestro caso? Sin embargo, ¡comprometerse con una pareja provoca la lucha de poder!

La incapacidad de una familia para reconocer la vida en común de dos gays como una relación de pareja válida se manifiesta de muchas maneras. La familia de un hijo gay suele considerar que está «soltero», aun cuando esté en pareja. Lo más normal es que no tengan hijos, que no hayan celebrado una ceremonia e incluso que no hayan verbalizado que se trata de una relación de pareja. A menudo, un gay considera que su relación de pareja tiene menos valor que la de sus hermanos casados. Depende de nosotros que nos presentemos como una familia.

Kenny y Brad llevaban dos años juntos cuando vinieron a verme. Kenny había salido completamente del armario ante su familia, pero Brad no lo había hecho ante la suya. Tenían problemas porque un año antes de conocer a Kenny, Brad terminó una relación de cinco años. En las reuniones, la familia de Brad, que no era consciente de la realidad, le preguntaba constantemente por Charlie, que para ellos era sólo un amigo de Brad que había asistido a todas las reuniones familiares. Kenny estaba furioso por tener que oír a la familia de Brad diciendo una y otra vez lo mucho que apreciaban a Charlie.

Normalmente, un heterosexual presenta a la chica con la que está saliendo como su novia. Si rompen su relación, él se lo comunica a su familia y le presenta también a la siguiente chica con la que sale como su novia. Queda claro que es la nueva mujer de su vida, y la familia suele tener tacto y no le pregunta por su antigua relación delante de su nueva pareja. A consecuencia de este conflicto, la comunicación entre Brad y Kenny se había cortado, lo que contribuyó a debilitar el sentimiento de seguridad y mutua confianza.

Después de que los tres trabajáramos juntos durante unos meses, su capacidad para comunicarse mejoró, y reencontraron sus puntos en común, así como la seguridad y la confianza. Pero Kenny seguía sintiéndose frustrado por la reticencia de Brad a decirle a su familia que era gay, que él era su pareja y que formaban una familia.

En efecto: «familia» es, decididamente, la expresión que debe emplearse. (A menudo oigo a parejas heterosexuales sin hijos que se definen como familias.) En la comunidad gay, las parejas solemos llamarnos «familias» para ayudar a la gente —y a nosotros mismos— a admitir que hay muchas clases de familias válidas. Y una pareja gay es una de ellas.

Sin embargo, con las vacaciones de Navidad y Hannukah a la vuelta de la esquina, les hice mi pregunta habitual a Kenny y Brad: «¿Qué vais a hacer?». Me contestaron que seguirían visitando a sus respectivas familias por separado, y también me contaron que ninguna de las dos familias compraba ningún regalo para la pareja del otro. Y lo que es aún peor: la familia de Brad continuaba haciéndole regalos a Charlie todas las Navidades.

Al final, Brad decidió que había llegado el momento de salir del armario ante sus padres. Le resultó muy difícil, a varios niveles y por diversas razones. Pero sabía que su relación sólo se fortalecería si reforzaba la idea de que había formado su propia familia.

No veo a a Brad y Kenny desde hace tiempo, pero hace poco recibí una invitación para su ceremonia de compromiso, en la que reunieron a sus amigos y a los familiares de ambos. ¡Han recorrido un largo camino!

Presentar a nuestra pareja como a un «amigo» da a entender que no es lo suficientemente especial para nosotros como para decir la verdad. Y aplazar un desafío como este sólo significa que volverá a plantearse con más intensidad.

En mis charlas para gays y lesbianas insisto mucho en la importancia de dejar claro que estamos en pareja a los anfitriones que nos mandan una invitación. Resulta inadecuado decir «y acompañante» o mandar dos invitaciones para convocar a una pareja. Pero es cosa nuestra informar a quien nos mande la invitación que *formamos* parte de una pareja. No es justo suponer que deberían saberlo, y mucha gente simplemente no sabe cómo manejar la situación. (Salvo en el caso de la compasiva columnista Judith Martin, que escribe como «Srta. Modales», no hay un gurú del protocolo que les diga a los heterosexuales cómo deben tratar a las parejas gay para que lo hagan con la misma gracia y tacto que les dispensan habitualmente a las heterosexuales.)

Si alguien se enfrenta a un dilema como éste, mi consejo es que llame a la persona que va a enviarle la invitación y simplemente le diga: «Por favor, manda una invitación para los dos».

Cuando ya estaba en pareja, es justamente lo que hice. Mandé tarjetas de Navidad en mi nombre y en el de Mike. Si uno de mis familiares me enviaba una invitación, le llamaba para decirle que estaba en pareja, y que me gustaría ir a la fiesta con Mike. Luego le pedía si la próxima vez sería tan amable de invitarnos a los dos. A algunos de mis familiares no les pareció bien, y fue duro.

Sabía que estaba corriendo un riesgo, pero el mero hecho de saber que se está corriendo un riesgo hace que éste resulte menos arriesgado. Si a Mike no le invitaban a una reunión, yo tampoco iba. Era una forma de mandarles un contundente mensaje a mis familiares —y a Mike— de que ahora éramos una familia, y que no aceptaría menos respeto que el que demostrarían a una pareja heterosexual.

Maya Kollman, una terapeuta de 25 años de edad, me dio clases para conseguir el título de terapeuta de Relaciones Imago. En su artículo «Helping Couples Get the Love They Want» dice: «El proceso Imago es especialmente útil para nuestra comunidad, porque las parejas del mismo sexo, que sufren los típicos altibajos de las parejas heterosexuales, se supone que se enfrentan a estos desafíos sin los amplios sistemas de apoyo de que disponen los heterosexuales. A menudo se sienten a la deriva o abandonadas en una isla desierta. Explicarles el modelo Imago es como ofrecer a un náufrago las herramientas necesarias para construir un paraíso de relaciones»[29].

---

29. Kollman, Maya. «Helping Couples Get the Love They Want», publicado en la revista *In the Family*, abril de 1997.

¡Me encanta esta idea! Con el montón de influencias negativas que tienen que soportar nuestras relaciones, debemos buscar donde podamos el apoyo que nos hace falta. Tanto personal como profesionalmente, le estoy muy agradecido al modelo Imago, por su optimismo y su enfoque: es una de las mejores acciones terapéuticas para ayudar a nuestras relaciones a evolucionar hacia un amor maduro.

Capítulo 10

Comprométete con tu pareja

Cuando oí este chiste, pensé inmediatamente en todos mis pacientes gays que habían estado casados. El gay casado está en un apuro; si lo pensamos bien, su matrimonio es mixto: él es gay, y su mujer heterosexual. Así pues, el nivel de intensidad de la intimidad de la pareja es limitado, igual que la conexión entre sus dos miembros, comparada con la complicidad que el hombre podría tener con otro hombre (y la que la mujer podría tener con un hombre que fuera heterosexual).

Aun cuando la mayoría de gays casados admiten esto hasta cierto punto, se muestran contentos por haberse casado y disfrutan de todo lo que ello conlleva: su boda, el nacimiento de sus hijos, el apoyo de la familia y un hogar estable y seguro. Como hombres heterosexuales casados, no tienen que preocuparse por los prejuicios cuando sus esposas les llaman al trabajo, cuando asisten a una fiesta o por las fotos que colocarán en la mesa de su despacho. Normalmente, a los pacientes casados les preocupa que todas estas cosas no puedan recrearse en la cultura gay.

Como gays podemos disfrutar de todo esto, aunque requiere un poco más de esfuerzo que para nuestros homólogos heterosexuales. Todo el mundo debe comprender que cuanto más se comprometa con una pareja, más difíciles serán sus relaciones. Pero como vimos en el capítulo anterior, las partes difíciles de una relación pueden ser positivas y beneficiosas. Sólo hay que saber cuál es la mejor manera de manejarlas.

Ya seamos gays o heterosexuales, todos anhelamos tener una relación amorosa duradera. Los gays son normalmente acusados de ser promiscuos y de que lo único que buscan es el sexo anónimo. Entonces, cuando luchamos para que nuestras relaciones monógamas no sean ya sólo respetadas sino legalizadas, ¡nos dicen que no podemos tenerlas! Somos la única minoría que la sociedad critica por nuestro deseo de tener relaciones comprometidas con otros miembros de nuestra propia cultura.

Muchos pacientes que estuvieron casados dicen que las cuestiones que se plantean en sus relaciones gays son parecidas a las que tuvieron que enfrentarse en su matrimonio. Pero ahora estas cuestiones tienen más intensidad. Estar con alguien del mismo sexo proporciona al gay una pareja Imago mejor. El romance es más estimulante, y la lucha de poder más aguda. Pero normalmente suelen decir que el enfrentamiento merece la pena, porque saben que están con la persona adecuada.

Greg, un albañil alto y muy bien parecido, sabía que era gay, pero mantenía la esperanza de que cambiaría. Durante años, diversos terapeutas le habían dicho que la atracción que sentía hacia personas de su mismo sexo era una «fase». Él creyó lo que le decían, y, esperando que estuvieran en lo cierto, se casó con una mujer a la que amaba profundamente. Durante los años que estuvieron juntos intentaron tener hijos, pero les fue imposible. Aunque Greg le fue fiel a su esposa, tenía fantasías con otros hombres mientras duró su relación con ella. Ahora, a los 36 años de edad, se había enamorado de otro hombre. Este desafío a su matrimonio le había distanciado de su mujer, pero Greg se sentía cómodo con la situación y no intentó acercarse a su esposa. Ella, por su parte, tampoco trató de salvar el abismo que se había abierto entre los dos.

La mujer de Greg tenía una relación muy estrecha con su perro; él sabía que era absurdo sentir celos de un animal, pero lo que quería era la atención que ella le dedicaba al perro. Cuando su mujer quiso hablar con él para intentar descubrir qué estaba ocurriendo, Greg se negó; pensaba que el esfuerzo no merecía la pena.

Al cabo de un tiempo, dejaron de mantener relaciones sexuales, y ninguno de los dos hizo ningún intento por solucionar el asunto. Greg admitió que tenía problemas en su matrimonio, pero había algo que le impedía hacer nada por resolverlos. Pensaba que su homosexualidad era estrictamente sexual y que podía arreglárselas guardándosela para sí mismo. Sólo después de conocer y enamorarse de Eric, un contratista de obras de fontanería que también estaba casado y tenía un hijo, Greg fue consciente de que su homosexualidad era tanto emocional como sexual.

Greg conoció a Eric en la casa en la que estaba trabajando, y en seguida se gustaron. Empezaron a pasar tiempo juntos, iban al gimnasio, al cine, jugaban al golf y salían de copas. Se convencieron a sí mismos de que tan sólo eran amigos. Poco después, Greg empezó a comparar su relación con Eric con la que mantenía con su mujer. Tras un tiempo, asumió que era gay, se divorció de su esposa e inició una relación con Eric.

La relación romántica entre los dos, según dijo Greg, era algo que él nunca había vivido, y el sexo era muy pasional. Pero cuando terminó la etapa del amor romántico, se planteó la inevitable lucha de poder y se distanciaron. Como le había pasado con su ex esposa y el perro, Greg empezó a molestarse por la atención que Eric le dedicaba a su hijo. En esta ocasión, sin embargo, Greg intentó hablar con Eric sobre sus celos. La conversación acabó en discusión, lo que les dejó a ambos con más sensación de inseguridad y les distanció aún más. Sin saber por qué, su actividad sexual disminuyó. Greg se estaba enfrentando a un problema que le resultaba muy familiar incluso en una relación radicalmente distinta.

La distancia que se estableció entre él y su ex mujer no le provocó ningún tipo de dolor, pero la que sentía en su relación con Eric era insoportable. Intentó hablar de nuevo con él, pero éste no estaba en condiciones de hacerlo, y la distancia entre ellos se hizo aún mayor. Eric también se sentía mal. Ninguno de los dos quería que terminara la relación, y fue por eso que Greg sugirió iniciar una terapia de pareja.

Los gays casados y los gays que han disfrutado de largas relaciones de amistad con mujeres tienen una ventaja. Si uno o ambos miembros de la pareja vienen de un matrimonio heterosexual, tienen tendencia a estar más implicados en su relación actual. Son, sencillamente, más compasivos, comprensivos y adaptables.

Creo que estas cosas las enseñan (¡si es que no las exigen!) las mujeres en sus vidas. Los gays que no han vivido esta experiencia con mujeres heterosexuales deben aprender estas capacidades y técnicas por ellos mismos.

De los 22 participantes en uno de mis talleres de fin de semana para gays, 18 seguían estando casados, estaban a punto de terminar con su matrimonio o lo habían dejado hacía algún tiempo. Comparados con los otros participantes del taller, eran mucho más puntuales. Se mostraban más consideración mutuamente y hacia los responsables del taller; eran muy conscientes del tiempo que dedicaban a hablar y a compartir y, por encima de todo, mostraban más comprensión hacia todo lo que se decía.

Cuando un paciente cree que los gays no pueden comprometerse a fondo, le demuestro que no es así. A lo largo de treinta años, John Gottman, un conocido psicólogo, ha trabajado con parejas heterosexuales y, durante la última década, también con gays y lesbianas. Su trabajo de investigación se basa en un sistema de observación cuantitativa. Llevaba a las parejas a un «laboratorio del amor»; cada pareja mantenía relaciones mientras diversos aparatos controlaban el ritmo de su corazón y el nivel de transpiración.

Los descubrimientos de Gottman son una importante y novedosa aportación al estudio de las relaciones entre personas del mismo sexo. En su trabajo en colaboración con Robert Levenson, Gottman demostró que las parejas de gays y lesbianas tienen algunas ventajas sobre sus homólogas heterosexuales[30]. Para determinar por qué funcionaba o fracasaba una relación, Gottman y Levenson estudiaron a 21 parejas gays y 21 parejas de lesbianas durante 12 años, basándose en la observación directa de sus expresiones y tonos de voz, informes, entrevistas y grabaciones en

---

30. Ver www.gottman.com.

vídeo. Compararon los resultados con un grupo «controlado» de 42 parejas heterosexuales, en total 84 parejas que llevaban juntas al menos dos años.

Las parejas gays eran comparables a las heterosexuales en cuanto a la calidad de sus relaciones, y mostraban el mismo grado de felicidad y satisfacción. Había un dato interesante, y es que las parejas gays no eran tan propensas a los celos. Si un hombre heterosexual dice: «Esta mujer está buenísima», su esposa se molestará. Si una mujer comenta que un hombre tiene un buen «paquete» o unos abdominales fantásticos, su pareja puede sentirse ofendida y tal vez le monte un escándalo. Sin embargo, un gay puede comentar lo atractivo que es un hombre sin que el otro miembro de la pareja se lo tome como algo personal o se sienta amenazado.

De las parejas heterosexuales que he tratado, las mujeres piensan a menudo que al comentar el atractivo de otros hombres, sus maridos se sienten literalmente engañados. Puede que las parejas de gays y lesbianas reaccionen de igual manera ante dichos comentarios, pero en menor medida.

Gottman y Levenson descubrieron que las parejas del mismo sexo hablaban de forma mucho más abierta y sincera sobre su vida sexual. En un artículo de Mubarak Dahir publicado en *Windy City Times*, Gottman señalaba: «Cuando grabamos en vídeo a una pareja heterosexual hablando sobre hacer el amor, no tenemos ni idea de lo que están diciendo»[31]. Somos del mismo sexo, tenemos las mismas reacciones orgásmicas, tiempos y sensaciones. Las parejas heterosexuales no comprenden tan bien al otro y funcionan de forma distinta.

Gottman y Levenson llegaron a otra reveladora conclusión: durante 12 años de estudio, sólo un 20% de las parejas gays rompió, mientras que el porcentaje de las heterosexuales que lo hicieron fue de un 38%. Al final de su estudio, eran casi el doble las parejas heterosexuales que ya no seguían estando juntas. Frente a la adversidad, las parejas de gays y lesbianas eran mucho más optimistas;

---

31. Dahir, Mubarak. «A Gay Thing», en *The Windy City Times*, 21 de febrero de 2001.

cuando abordaban los conflictos que surgían entre ellas, lo hacían con más humor y afecto.

Cuando acaba una sesión, antes de abandonar mi consulta, las parejas de lesbianas suelen darse un abrazo. Para mí fue una lección, y animé a las parejas de gays para que hicieran lo mismo, o, como mínimo, a que uno contara un chiste para que el otro se echara a reír, lo que resulta igualmente efectivo. Sólo en contadas ocasiones he conseguido que una pareja heterosexual haga algo así después de una sesión.

Gottman y Levenson también descubrieron que las parejas de gays y lesbianas se toman las cosas menos en serio. Es algo que he visto de forma más habitual entre parejas gays. Los gays —una vez más, porque estamos condicionados para actuar como los demás hombres— podemos quitarle importancia a una discusión y no tomárnosla demasiado a pecho. Sin embargo, he dedicado muchísimas horas en terapia a tratar de ayudar a parejas de lesbianas para que no se tomen las cosas como algo personal. Por otro lado, con demasiada frecuencia las parejas gays tienden a no darle importancia a las discusiones, y debo ayudarles a tomarse las cosas más en serio para asegurarme de que sabrán enfrentarse a las cuestiones importantes.

Ted y David fueron a pasar sus vacaciones a un popular enclave gay en busca de hombres interesados en hacer un trío. A David no le hacía mucha gracia la idea, pero Ted insistió en ir. Finalmente, David dejó de intentar que Ted entendiera su punto de vista y siguieron adelante con la idea. Debo hacer hincapié en el hecho de que el problema no era buscar un trío, sino que David no estaba de acuerdo con ello; necesitaba ayuda para enfrentarse a la falta de interés de Ted por sus sentimientos. Sin mi intervención, este comportamiento habría continuado, causando problemas tanto a David como a su relación.

Luke y Tony dejaban que su perro durmiera en su cama con ellos durante la noche. En realidad había sido idea de Tony. Al principio a ambos les pareció bien, pero Luke empezó a sentirse incómodo; quería abrazar a Tony o hacer sexo con él, pero éste estaba abrazado al perro. Para poder mantener relaciones sexuales durante la noche, dejaban al perro en otra habitación, pero el animal lloriqueaba y quería entrar.

Luke intentó hablar del asunto con Tony, pero fue inútil. Al final, dejó de lado sus necesidades emocionales y se olvidó del tema. Su trabajo le obligaba a viajar mucho y a estar lejos de casa, de modo que pensó que dejar que el perro durmiera en su cama era «lo mínimo que podía hacer por Tony», minimizando así los problemas que esta decisión causaba a su relación. Una vez más, le insistí a Luke para que hablara con Tony sobre sus sentimientos y no dejara que esa situación siguiera adelante.

Gottman y Levenson observaron que «en una pelea, las lesbianas despliegan más furia, humor, emoción e interés que dos gays en conflicto. Eso da a entender que las lesbianas son más expresivas a nivel emocional —positiva o negativamente— que los gays. Eso puede ser debido a que son dos mujeres las que mantienen una relación; ambas se han educado en una sociedad en la que el hecho de ser expresivo está más aceptado entre las mujeres...». Este estudio reveló que las parejas gays «no están tan preparadas para arreglar una relación tras una situación negativa. Puede que los gays necesiten una ayuda adicional para contrarrestar el impacto de las emociones negativas que surgen inevitablemente cuando una pareja se pelea»[32].

En el ejercicio de mi profesión también he comprobado que las parejas masculinas suelen tener problemas para superar la negatividad después de una discusión. En las relaciones, la mujer suele insistir en hablar abiertamente y expresar los sentimientos. Sin esta energía, estos factores deben plantearse a un nivel consciente en el caso de una relación gay. Como terapeuta, me siento a menudo como una mujer, insistiendo a los gays para que empleen estas técnicas en sus relaciones.

Todas las parejas que he tratado disponen de la energía femenina y la masculina, incluso las gays. Las energías femenina y masculina se refieren a lo que la sociedad occidental suele llamar lo feme-

---

32. Ver www.gottman.com, «What Makes Same-Sex Relationships Succeed or Fail».

nino y lo masculino. Por ejemplo, pensamos que las mujeres son las que cuidan de la casa y de los hijos y que los hombres son los que se ganan el pan. Pero hay muchos hombres —tanto gays como heterosexuales— que prefieren cuidar de la casa. En nuestra sociedad, eso es lo que llamamos energía femenina. Pero, aun cuando sea el hombre quien despliegue esa energía femenina, no tiene por qué tener necesariamente las habilidades para las que la mujer ha sido educada.

En mis talleres para parejas de gays y lesbianas suele haber más mujeres que hombres. Para mí, eso es un indicador de que las mujeres han tenido una educación que les hace valorar más las relaciones. Durante la inscripción para uno de estos talleres, una pareja de lesbianas dijo que había terminado su relación y que se apuntaba para tratar de salvar su amistad. Me contaron que habían pasado 25 años juntas y que querían terminar su relación con integridad, manteniendo los fuertes vínculos que habían tenido, sólo que de una forma distinta. Me impresionó que fueran tan maduras y mostraran tanto respeto hacia su antigua relación.

De nuevo, no hay nada inherentemente gay o lésbico en esto. Se trata sólo de una diferencia entre hombres y mujeres. A las mujeres se las educa para estar en contacto con sus emociones, para valorar las relaciones íntimas y tener consideración por las personas que forman parte de su vida. A los hombres se les educa para ser competitivos, para alcanzar objetivos, para ganarse el pan, para ser sexualmente agresivos y guardarse para sí mismos sus emociones. En consecuencia, muchos gays trabajan más de la cuenta, se concentran en las cuestiones externas más que en las internas, mantienen relaciones sexuales extraconyugales y apenas expresan sus sentimientos a su pareja (¡o a sí mismos o a cualquier otro!).

También he comprobado que la mayoría de gays son capaces de iniciar un diálogo, ser compasivos y establecer vínculos con los demás. A menudo estamos mucho más en contacto con nuestras emociones que los hombres heterosexuales, pero en nuestras relaciones amorosas adultas la cosa es muy distinta. No hemos sido educados para establecer vínculos estrechos con otros hombres; de hecho, nos han educado para todo lo contrario. Debido a la homofobia, nos han enseñado desde una edad muy temprana a no abrazar o besar a otros chicos, a no decirles lo que sentimos o a no hablar con ellos de nuestros pensamientos más íntimos. Y todo este bagaje, junto con la educación de nuestros padres, es lo que aportamos a cualquier relación amorosa.

Harville Hendrix plantea la cuestión de las «válvulas de escape»: los comportamientos que emplea la gente para dejar una relación, ya sea emocional y/o físicamente. En *Getting the Love You Want*, Hendrix dice: «Una válvula de escape es la forma en que alguien pone en práctica sus sentimientos en lugar de expresarlos con palabras»[33].

Si no podemos expresar nuestro enfado con alguien, inevitablemente expresamos la emoción en ausencia de esa persona. (El ejemplo clásico es el del hombre que, después de que su jefe le eche una bronca en el trabajo, vuelve a su casa y le da una paliza a su perro.) O si no, lo expresamos de forma tangencial, con una conducta pasivo-agresiva. Si alguien hace esto, no significa que sea una mala persona, sino que está asustada o confusa. Las válvulas de escape son simplemente una forma de evitar la intimidad.

La mayoría de aventuras son meramente el síntoma de una relación poco saludable. Es cosa de los dos miembros de la pareja, teniendo en cuenta que ninguno de ellos plantea los verdaderos problemas de la relación. Puede que uno o ambos miembros de la pareja tengan actividades fuera de ella (en este caso, una aventura) para expresar su resentimiento y su frustración, de una forma no productiva, por supuesto. Una aventura es siempre un obstáculo para una relación, especialmente si es secreta. Durante la lucha de poder, ninguna relación estable puede competir con una aventura, porque ésta hará que la relación siempre resulte menos excitante. Una aventura es amor romántico, pero con un nivel de compromiso bajo y poco convincente, impulsado básicamente por la feniletilamina.

---

33. Hendrix, Harville. *Getting the Love You Want: A Guide for Couples*. Henry Holt & Co. Nueva York, 1988.

Mientras tanto, la relación pasa por la fase de la lucha de poder. Comprensiblemente, la pareja dedicará más energía a la aventura, porque le hace sentirse bien, que a la lucha de poder, que le hace sentirse mal.

Las válvulas de escape son un fenómeno universal. Todos las empleamos, en general de forma inconsciente. Al igual que las aventuras, surgen muy a menudo cuando una pareja acaba la fase del amor romántico, empieza la lucha de poder y se plantean las cuestiones íntimas en el seno de la pareja. Las válvulas de escape reducen el dolor y la intensidad de la lucha de poder, básicamente diluyendo la dependencia de la relación.

Hay muchas maneras de encontrar una válvula de escape. En los casos menos extremos, se materializan en forma de compras compulsivas, hacer ejercicio, pasando el tiempo con los hijos de los familiares o dedicándose a los animales o a un nuevo *hobby*. ¿Qué tienen de malo estos nuevos comportamientos? No se trata de las actividades en sí mismas, sino del excesivo tiempo que se dedica a ellas con el fin de alejarse de la pareja.

A menudo suelo tratar a parejas gays en las que uno de sus miembros dedica demasiado tiempo a trabajar para la comunidad, o el otro se muestra demasiado cariñoso con una mascota, pasa más tiempo con sus hijos que con su pareja, o dedica todas las horas del fin de semana a trabajar en el jardín.

¿Cómo puede diferenciarse una actividad razonable de una válvula de escape? Pues reconociendo uno mismo que está empleando esas actividades para evadirse, o cuando es tu pareja quien te lo dice. Cuando hago demasiados talleres de fines de semana, Mike, mi pareja, me da unos golpecitos en el hombro y me dice: «¿Otro fin de semana lejos de mí?». Antes solía contestarle: «La comunidad gay lo necesita. ¡Tengo que hacerlo!», o bien: «Es mi trabajo». Ambas respuestas eran ciertas, pero yo no era consciente de hasta qué punto afectaba a mi pareja el hecho de que estuviera fuera.

Lo que Mike estaba intentando decirme —y que finalmente comprendí— no era que debía dejar los talleres de fin de semana, sino que no debía organizarlos tan a menudo. Mike insistió en que pasara más tiempo con él, que era algo que yo necesitaba y que deseaba hacer. Si no lo hubiera planteado, yo no me habría dado cuenta de que estaba dejando de lado nuestra relación.

Otras estrategias para las válvulas de escape coinciden con los comportamientos problemáticos. Por ejemplo, si un hombre amenaza constantemente a su pareja con dejarle, o se dice a sí mismo que siempre puede cortar esa relación, en definitiva: si piensa en terminarla antes que en dar una verdadera oportunidad a su relación, inconscientemente la convierte en algo que se parece a una forma leve de divorcio.

El impulso de la válvula de escape también puede tomar la forma de agresiones, violencia doméstica o abuso verbal y emocional. La negligencia «accidental» —una forma pasiva de agresión— también encajaría aquí. Observamos esta conducta en el hombre que se olvida del cumpleaños de su pareja o, peor aún, que le engaña y que no practica sexo seguro con él. Obviamente, esto pone al otro miembro de la pareja en peligro de contraer enfermedades de transmisión sexual, incluido el VIH. Esto podría ser mortal, y no sólo para la relación.

Menos grave pero aun así destructivo resulta el escaso cuidado de uno mismo (como no hacerse regularmente un chequeo médico o no mantenerse en forma haciendo ejercicio) y la indiferencia pasiva hacia problemas emocionales como la depresión o la ansiedad. Las adicciones no tratadas también funcionan como eficaces válvulas de escape. ¿Está un hombre más comprometido con el alcohol, las drogas, el sexo, el juego o la comida que con su pareja? Una vez más, la adicción reduce la intimidad que exige una relación.

Algunos pacientes se quejan de que sus relaciones les vuelven literalmente locos. Cuando pienso en la demencia, prefiero el concepto que se emplea en el programa de los 12 pasos: seguir unos mismos comportamientos —hacer lo mismo una y otra vez— y esperar resultados distintos. (Creo que engañar a una pareja y no practicar el sexo seguro es también una forma de demencia. Aunque ponerla en peligro no sea el objetivo de quien busca la válvula de escape, negar esa posibilidad es algo demente.) No me estoy refiriendo aquí a la demencia psicótica, en la que alguien tiene alucinaciones, visiones o pierde el contacto con la realidad. La demencia neurótica consiste en estar en contacto con la realidad aunque comportándose de una forma en que uno no debería hacerlo.

Si alguien se deja llevar por una de estas válvulas de escape, es muy importante que no piense que es una mala persona. Estos comportamientos indican simplemente que esa persona tiene problemas o que los tiene en su relación, y que (con o sin su pareja) necesita ayuda profesional.

Harville Hendrix se refiere a «la decisión sobre la válvula de escape». Al comprometerte más con una relación, debes empezar una discusión para cerrar las válvulas de escape. ¡Ciertamente, no todas resultan fáciles de cerrar! Así pues, una expectativa más adecuada es «una discusión sobre la válvula de escape». Por ejemplo, si nuestra pareja bebe mucho o toma drogas, podemos empezar a hablar de los efectos de su comportamiento en la relación. Entonces, pueden dar comienzo las soluciones, la recuperación y la posibilidad de retomar la intimidad, mientras desaparece la energía que impulsaba la válvula de escape, fuera la que fuera.

Cerrar una válvula de escape es un proceso, no una acción. Puede llevar algún tiempo; normalmente, la válvula de escape existe por algún motivo, para satisfacer una necesidad o para evitar el dolor. Cualquiera que sea el motivo, debemos afrontarlo, hacerlo consciente y analizar el impacto que tiene en nosotros y en nuestra pareja. El mero hecho de discutirlo con ella aporta nueva energía a una relación.

Hay gente que inicia una relación sin haber cerrado sus válvulas de escape. Muchas adicciones y trastornos de los estados de ánimo, como la depresión o la ansiedad, están latentes antes de que se inicie una relación. A lo largo de ésta, puede que salgan a la superficie o que incluso empeoren como una reacción a las exigencias de la intimidad. Esto no es la consecuencia de una mala relación, sino más bien una oportunidad de analizar por qué existe una conducta que evita la intimidad y ver qué significa tener un mayor grado de ella en nuestras vidas.

Generalmente, las válvulas de escape son la prueba del conflicto existente entre nuestros deseos de estar en pareja y el miedo a tener una relación. Cuanto más comprometidos estamos, con más frecuencia suelen aparecer sentimientos, recuerdos y experiencias de la infancia, porque aumenta la dependencia con respecto a nuestra pareja. A muchos de nosotros nos asusta decir «quiero estar en pareja» o «quiero tener una relación». Cuantos más abusos y traumas se sufrieron durante la infancia, mayor será el miedo al compromiso. ¡Volver a la infancia es realmente aterrador!

Teniendo en cuenta que a los adolescentes gays les enseñaron a una edad muy temprana a evitar a otros gays, ir en busca de otro hombre choca frontalmente con esa lección. Solemos enfrentarnos al problema de distintas formas. Crear válvulas de escape en nuestra relación nos permite soportar una intimidad que nos preocupa. Nuestra parte «adulta» consciente nos dice: «No hay que tener miedo. ¡Tengo la relación que siempre soñé!». Pero nuestra parte emocional e inconsciente nos dice: «Esto es como volver a vivir mi infancia. ¡Estoy en peligro!».

John estaba confuso. ¿Tenía problemas en su relación? ¿O era su propio «bagaje» —su adicción al sexo— el origen del problema? Gerente de una franquicia de una asesoría fiscal, John llevaba casi seis años con Kyle. Reconoció no haber vivido nunca el amor romántico que otros hombres decían haber sentido por sus parejas. Había hablado con amigos, visto películas y leído libros sobre el período de la luna de miel, y simplemente no se correspondía con la fase inicial de su relación con Kyle. Sin embargo, para John esto no había sido un problema, porque en aquella época era un adicto al sexo. Pero estaba en pareja con un hombre que quería una relación estrictamente monógama y que no era tan sexual como él.

Este aparente desajuste es muy habitual. Muchos adictos al sexo, consciente o inconscientemente, escogen una pareja de convicciones religiosas o morales muy conservadoras, con una libido baja o con ideas más inflexibles sobre lo que debería ser el amor. Es una forma, inconsciente, de que los adictos al sexo puedan controlar su adicción. (El miembro de la pareja más reprimido puede sentirse inconscientemente estimulado por la amplia experiencia sexual del adicto, que le permite disfrutar, aunque sea a través de otro, de unas aventuras que él nunca se ha permitido en la vida real.)

John inició su relación con un problema. Hasta cierto punto, esperaba que su pareja le ayudaría a controlarlo. Al principio de la relación, John pudo reprimir su conducta sexual. Quería ser más como Kyle: sinceramente monógamo y claro con respecto a lo que debería ser un sexo sano. Pero, al cabo de dos años, John volvió a ir a los bares de ambiente, solo o con amigos, en busca de sexo anónimo.

Incapaz de parar, empezó a sentirse culpable. Experimentó la falta de control que implica la adicción sexual. Además, empezó a ligar y flirtear con otros hombres delante de su pareja. Kyle decía que no le importaba que John disfrutara llamando la atención, pero no le gustaba que ligara y flirteara.

Kyle toleraba el comportamiento de John sin aceptarlo. Éste siguió flirteando y ligando, a pesar de que Kyle le ponía objeciones y se sentía herido en sus sentimientos. Ninguno de los dos hablaba del asunto, porque siempre que lo intentaban acababan discutiendo. Si sacaban el tema, lo hacían de una forma no comunicativa, pasivo-agresiva, oblicua.

Estaba claro que la relación de John con Kyle no había dado lugar a la adicción al sexo del primero, aunque pronto se convirtió en un gran obstáculo para ambos. Durante la terapia, descubrimos que un joven que había hecho de canguro de John había abusado sexualmente de él cuando tenía 9 años; recordó que le sujetó mientras le acariciaba y le obligaba a practicar sexo oral. El joven le dijo a John que si contaba algo de lo ocurrido, mataría a su perro. Esto nos ayudó a comprender por qué era un adicto al sexo y también por qué le costaba escuchar las preocupaciones de su pareja. Un tema importante de su relación —y, en última instancia, de la terapia— fue que no le gustaba que le dijeran lo que debía hacer. Los intentos de Kyle por que dejara de ligar le sonaban más como una orden que como el requerimiento de una pareja herida en sus sentimientos que reclamaba una mayor intimidad. Básicamente, John se sentía «atado».

Una vez que John empezó a enfrentarse a su abuso sexual, fue capaz de trabajar su relación. Él y Kyle acudieron juntos a mis talleres para parejas y empezaron una terapia de pareja con otro terapeuta. (Kyle no se sentía cómodo conmigo, porque había tratado a John por separado durante mucho tiempo.) Ahora, ambos podían cerrar su particular válvula de escape.

Una vez descubrió la relación de su conducta sexual con su infancia, John pudo trabajar para dejarla atrás con más probabilidades de éxito. Por su parte, Kyle aprendió a superar su tendencia a guardar silencio sobre asuntos importantes que le causaban problemas y le hacían sentirse frustrado. Él y John salvaron su relación y se comprometieron más a fondo.

Aunque John y Kyle no vivieran el amor romántico al inicio de su relación, eso no significa que ésta fuera un error. Hay quien no aspira al amor romántico (también llamado «enamoramiento»), porque lo consideran algo poco productivo y que distrae la atención.

¡En efecto, el compromiso no es fácil! Cuanto más nos comprometemos, más intensa es la lucha de poder y mayores son los conflictos que surgen. Si no se resuelven los problemas, sentimos que nuestra relación ya no es emocionalmente segura. La comunicación se corta y aparece la falta de confianza, que se convierte en el estado natural de las relaciones que no funcionan. Éste es el punto en que suelen encontrarse las parejas cuando acuden a mí.

La Terapia de las Relaciones Imago propone un magnífico ejercicio de comunicación que empleo con la mayoría de parejas; en realidad, es la base de todas las técnicas Imago. El «Diálogo de Parejas Intencionado» consta de tres partes: reflejo, validación y empatía, y ofrece a las parejas formas de comunicación basadas en el diálogo y no en el monólogo.

Cuando nuestra pareja trata de decirnos algo, la mayoría de nosotros esperamos nuestro turno para responder, sin escuchar de verdad. Nos quedamos estancados en nuestra posición, y no escuchamos lo que nos están diciendo. Esto se llama comunicación basada en el monólogo.

Sin embargo, el diálogo implica el reflejo. Uno de los miembros de la pareja manda información sobre un tema, con frases breves afirmativas que empiezan diciendo «Yo», hasta que ha dicho todo lo que debía decir. El receptor no interpreta, subestima o magnifica el mensaje, sino que simplemente refleja lo que se está diciendo hasta que el emisor dice: «Y esto es todo».

¡Aparentemente es muy sencillo! Es algo que los terapeutas hacen constantemente. Esta capacidad básica y reflexiva para escuchar se aprende en los centros de urgencias. Carl Rogers, un conocido psicólogo, descubrió que la gente se sentía más cómoda y comprendida cuando los terapeutas empleaban estas técnicas reflexivas. Rogers tuvo una idea brillante al sugerir que las parejas también las emplearan entre sí.

¿Qué dijo nuestra pareja? «Me duele que no valores el hecho de que haga la limpieza.» Como receptores, nosotros decimos: «Crees que no valoro el hecho de que limpies la casa. ¿Y eso te duele?». Y luego añadimos: «¿Lo he entendido bien? ¿Hay algo más?».

Y así sucesivamente hasta que el emisor siente que le escuchan y le comprenden.

Al preguntar: «¿Lo he entendido bien?», enviamos el mensaje de que realmente tratamos de entender lo que nos dice nuestra pareja. «¿Hay algo más?» le da a entender que tenemos los oídos bien abiertos y que estamos dispuestos a escuchar.

La segunda parte del diálogo intencionado es la validación. Después de que nuestra pareja termine de hablar, validamos lo que hemos oído desde su punto de vista. Para la mayoría de la gente, esto es difícil. Nosotros respondemos: «Lo que dices tiene sentido. Entiendo por qué piensas así». Esto no significa necesariamente que estemos de acuerdo, sino que simplemente damos por válido el punto de vista del otro. Miramos a través de sus ojos para afirmar la forma en que él percibe la realidad. ¡La nuestra no es la única forma de entender los conflictos de la relación!

Teniendo en cuenta que a los gays y lesbianas nos han repetido una y otra vez que lo que pensamos y sentimos está mal, la validación puede ser complicada. Decirle a alguien: «Eso tiene sentido» puede suponer hacer una concesión, en especial cuando no se está de acuerdo con lo que se ha dicho. En nuestra sociedad, damos por sentado que lo que da la razón a una persona se la quita a otra.

La última parte de la técnica es la empatía. Imaginamos lo que debe sentir nuestra pareja, teniendo en cuenta lo que ha dicho. No validamos sólo sus palabras, sino sus sentimientos. Esto es algo que no nos enseñan ni a hombres ni a mujeres, por lo que, como terapeuta, dedico muchísimo tiempo a ayudar a los hombres a que sean empáticos con los demás. Una vez el emisor ha terminado y el receptor ha reflejado y validado el mensaje y ha mostrado su empatía con el otro, la pareja cambia sus papeles. El emisor se convierte en receptor, y viceversa. Se trabaja con el mismo tema, para evitar que se mezclen cuestiones, permitiendo así a ambos miembros de la pareja que vean las muchas realidades que pueden coexistir en un mismo asunto.

Mike y yo practicamos el diálogo de parejas por primera vez en un taller de fin de semana al que yo debía asistir para ser terapeuta de Imago. Recuerdo que pensé que si Mike y yo estábamos tan mal que debíamos hablar así durante el resto de nuestras vidas, ¡entonces no merecía la pena! Lo encontraba tedioso y mecánico. ¡Y de eso se trata! Pero después de un poco de práctica, me di cuenta de que nos ayudó a escucharnos el uno al otro con más detalle y profundidad. Ahora sólo empleamos esta técnica cuando nos mostramos demasiado reactivos. Nos ha ahorrado un montón de peleas que antes nos habrían hecho sentir heridos en nuestros sentimientos.

Si queremos hablar con nuestra pareja, decidamos un momento para hacerlo. Suena trivial, pero funciona. El miembro de la pareja que se siente frustrado le dice al otro lo que pasa. «¿Es un buen momento para hablar de ello?» Si el otro le contesta que no, ambos se ponen de acuerdo para encontrar un momento mejor. Se recomienda que no pasen más de 24 horas.

Una vez las parejas inician la fase de la lucha de poder, pueden hacer que su compromiso sea incluso más fuerte. Lo que viene a continuación son algunas formas de conseguirlo.

¿Cómo te refieres a tu hombre? «Amante» era el término que se usó habitualmente hasta la pasada década de los 90; a lo largo de ella, se pasó de «amante» a «pareja». En su libro *Permanent Partners*, Betty Berzon atribuye este cambio a la legalización de las parejas de hecho. Los gays y las lesbianas empezaron a considerar la necesidad de protegerse a sí mismos y a sus parejas de una forma legal, pero el término «amante» resultaba inapropiado en un documento[34]. Así pues, se extendió el uso de «pareja».

Como gay, llevo un anillo de boda y espero que mi pareja sea invitada a todos los actos a los que me invitan a mí. Y me encanta hablar de Mike con otras personas. Puede que la sociedad me diga que estoy alardeando de mi relación frente a los demás, cuando todo lo que busco es tener los mismos derechos, privilegios y respeto de los que disfrutan mi hermana y su marido. Casada legalmente, luce su anillo de boda, habla abiertamente de su esposo y lo lleva con ella a cualquier acto o reunión familiar. Nadie se imaginaría diciéndole: «Cariño, no queremos que nos cuentes tu vida sexual, o sea que quítate el anillo de casada. Y no nos hables de tu marido. Ah, y no vengas con él, porque no nos apetece verle. Estás alardeando ante nosotros de tu sexualidad».

Quiero disfrutar en público del amor que siento por Mike. Y quiero compartir con él los beneficios de un seguro. Si él muere antes que yo, no recibiré ninguno de los beneficios de la Seguridad Social, como le ocurriría a cualquier viuda. Quiero poder tomar decisiones si Mike cae enfermo o sufre un accidente. Pero, como «soltero», nada me une legalmente a él, no disfruto de ninguno de estos derechos. En un hospital podrían prohibirme que entrara en su habitación porque legalmente no formo parte de su familia. Tanto él como yo nos hemos encargado de esto en nuestros respectivos testamentos y tenemos poderes notariales recíprocos, de modo que podría ir a juicio para demostrar nuestro acuerdo, pero ¡vaya lío! Son las preocupaciones como éstas las que causan estrés en una relación.

Tanto dentro como fuera del ejercicio de mi profesión, me quedo a menudo muy sorprendido al conocer a parejas gays que llevan juntos muchos años, que comparten la casa y los gastos, y que siguen refiriéndose a sí mismos como «novios». Para mí, un novio es alguien con quien se está saliendo. Al emplear términos como «novio» o «amigo» minimizamos nuestro nivel de compro-

34. Berzon, Betty. *Permanent Partners: Building Gay and Lesbian Relationships That Last*. Penguin Books, Nueva York, 1988.

miso y levantamos una barrera que nos impide alcanzar niveles más profundos de intimidad.

Tanto si se es gay como hetero, siempre resulta más fácil no llegar a un nivel de compromiso muy profundo. Para empezar, comprometerse poco permite tener a mano una salida sin sentirse culpable: «Bueno, si esto no funciona, siempre puedo dejarlo. Esta relación no es como un matrimonio, por lo que no tengo por qué seguir regla alguna». El matrimonio ayuda a las parejas a alcanzar una intimidad psicológica que de otro modo no vivirían. En primer lugar, el mero hecho de considerar la posibilidad de casarse implica un mayor nivel de compromiso de la pareja. Seguir adelante con ello plantea todo tipo de nuevas esperanzas, preguntas e inseguridades.

Al comprometernos más con otro hombre y, por consiguiente, hacernos más visibles y «estar más fuera del armario», tenemos que superar unos obstáculos que nunca encontraríamos si fuéramos heterosexuales. Las novias heterosexuales y sus prometidos se ven normalmente abrumados por las exigencias de sus respectivas familias. Si alguien les dijera: «¿Tenéis los papeles en regla para la boda?», seguro que se sorprenderían ante una pregunta tan ridícula como ésta. Para los gays y las lesbianas, sin embargo, la sola idea de celebrar una boda resulta oficialmente inviable. He oído a muchos gays decir esto como excusa para no celebrar una ceremonia. Creo que, a menudo, la lógica es sólo otra salida, una forma de evitar un mayor compromiso con uno mismo y con su pareja.

El matrimonio no está hecho para todo el mundo, pero los estudios de Gottman demuestran que las parejas heterosexuales que simplemente viven juntas (o «cohabitan») son más propensas a romper que las que tienen un mayor nivel de compromiso. De nuevo, nuestra más profunda recuperación como individuos —y en especial como gays— se consigue gracias a una relación amorosa adulta y comprometida.

En el momento en que estoy escribiendo esto, los gays no podemos casarnos legalmente en ningún lugar de Estados Unidos. En Holanda, el matrimonio gay es legal, pero ese estado civil no es reconocido en ningún otro país del mundo. Vermont permite las «uniones civiles», pero es el único estado que reconoce la legalidad de este tipo de relaciones. Imaginemos lo ofendidos que se sentirían los matrimonios heterosexuales que viajaran a otro estado o a otro país y descubrieran que su unión dejaba de ser válida después de haber cruzado la frontera.

Toda boda consta de dos partes: la ceremonial y la legal. Teniendo en cuenta que a nosotros se nos niega la parte legal, podemos celebrar la ceremonial, que puede ser indistintamente laica o religiosa. Basándose en sus investigaciones y en las de Levenson sobre parejas de gays y lesbianas, Gottman afirma que podemos alcanzar un mayor nivel de compromiso sin necesidad de estar legalmente casados.

Cuando hablo de «matrimonio», siempre me apresuro a decir que no importa lo que se considere una ceremonia. Cada cual hará lo que funcione en su caso. Por el bien de esta discusión, emplearé el término «boda», que es el que a mí me funciona. La idea es celebrar una ceremonia con los elementos y los matices de una boda.

Al planear una boda evocamos los primeros momentos románticos, pero también es algo que intensifica la lucha de poder, porque se estrecha el espacio entre los dos miembros de la pareja. La experiencia removerá momentos de la infancia, cuando experimentamos por primera vez este tipo de relación de proximidad. La clase de familia en la que nos educamos determinará las reacciones ante las nuevas dinámicas de nuestra relación.

Cuando Larry y Curt se conocieron, se enamoraron perdidamente el uno del otro. Amor romántico, sí. A Larry le encantaba Curt porque era un hombre apasionado y seguro de sí mismo, y a Curt le gustaba la independencia de Larry. Pasaron un primer año maravilloso. Cuando acordaron irse a vivir juntos, decidieron llegar hasta el final y casarse. Mientras planeaban su boda, Larry pensó que, más que seguro de sí mismo, Curt era dominante, y éste interpretó la independencia de Larry como falta de interés.

Durante las sesiones de terapia conmigo, descubrieron algo que sorprendió a ambos. Larry había sido educado por un padre dominante y autoritario que era muy estricto y que quería que las cosas se hicieran a su modo. De repente, Larry empezó a percibir esos mismos rasgos en Curt. En efecto: Curt se mostraba muy apasionado con respecto a las cosas que deseaba para la boda, pero no estaba siendo dominante. Aun así, Larry se lo tomó de esa manera: se trataba de una proyección que debíamos trabajar en la terapia.

A Curt le había educado una madre despreocupada que no cuidó demasiado de él durante la mayor parte de su infancia. Él era mejor haciendo planes y tenía más ideas con vistas a la boda; sin embargo, Larry tenía tendencia a hacer las cosas en deferencia a Curt. Pero, en vez de ver la relajada cooperación de Larry como lo que era, Curt se sentía ignorado y pensaba que sólo le dejaban hacer lo que él quería. Él también había hecho una regresión a la infancia. Como comentamos en el capítulo anterior, se supone que esta clase de lucha de poder debe producirse y es un signo indicativo de una relación sana. Pero, mientras se está produciendo, no resulta muy divertida.

Mike y yo nos enfrentamos a desafíos similares mientras hacíamos nuestros planes de boda. En primer lugar, ¿cómo íbamos a llamar a nuestra inminente celebración? Algunos gays y lesbianas la llaman ceremonia de compromiso, mientras que otros se refieren a ella como a una unión. Nosotros éramos una pareja de hombres tradicional, y nos parecían más adecuadas expresiones como «boda» o «matrimonio».

Puesto que los dos somos hombres, no sabíamos nada sobre cómo planear una boda. Las mujeres (especialmente la madre de la novia) tienden a ser la fuerza motriz de una boda. Hablan con sus amigas, sus hermanas y sus madres y se apoyan mutuamente durante los preparativos. Las revistas suelen centrarse en la novia, como lo hace asimismo la terminología de la boda: el vestido de novia, el ramo de la novia, etc. Resolvimos el problema contratando a un experto en planificar bodas para que se ocupara de todos los detalles. El hecho de tener a un tercero en discordia también hizo que surgieran menos conflictos entre nosotros y nuestras familias a la hora de abordar los preparativos. Y, afortunadamente, ¡funcionó!

En segundo lugar, había que decidir dónde se celebraba la boda. Por suerte, el judaísmo reformista reconoce los matrimonios gays, y yo soy judío reformista. Y nuestro maravilloso rabino accedió a oficiar la ceremonia.

Puesto que estábamos comprometidos, quisimos hacer público nuestro compromiso por escrito, como hacen otras parejas, de modo que enviamos una foto nuestra y el anuncio de la boda al periódico local, que nos los devolvió con la siguiente nota: «Aún no estamos preparados para esto».

Aunque nos hirió profundamente, Mike y yo no permitimos que este contratiempo nos detuviera. El siguiente paso fue escoger un fotógrafo, un cámara de vídeo, un florista y una orquesta que fueran *gay-friendly*. Nuestro experto en bodas asumió el riesgo de tener que enfrentarse a la homofobia para encontrarlos. Y, con toda seguridad, debió hacerlo. Le dije que les comentara a los posibles candidatos que la nuestra sería una boda tradicional y clásica, en la que no ocurriría nada «inusual».

Teniendo en cuenta que mucha gente identifica gay con sexo, sus mentes sólo se concentran en este aspecto de nuestras vidas. Nuestro experto en bodas nos dijo que con quienes tuvo más problemas fue con los músicos: les preocupaba ser testigos de las «muestras de cariño entre dos hombres». Llegamos a la conclusión de que no se trataba de una cuestión gay; a la sociedad en que vivimos no le gusta o no apoya el afecto entre los hombres en general. Aunque no hubo mucho donde elegir, nuestro experto en bodas nos consiguió una magnífica orquesta.

En lugar de lanzar el ramo y la liga (ninguno de los cuales figuraba en nuestros planes), decidimos lanzar a Epi y Blas, de *Barrio Sésamo*. Unos años antes de nuestra boda, algunas organizaciones los habían «adoptado» como pareja gay, y le pedimos al florista que decorara las mesas con muñequitos de Epi, Blas y Tinky Winky, atados en un ramo con una etiqueta que rezaba: «La familia perfecta».

La elaboración de la lista de bodas requirió algunos cambios, al igual que el contrato matrimonial. Nos echamos a reír cuando en el formulario se solicitaban los nombres de la novia y el novio. Daba igual quien lo rellenara: el otro siempre se convertía en la novia. Aunque nos divertimos con ello, nos parecía triste que en la jerga matrimonial no hubiera un hueco para las parejas gays.

Espero que algún día haya una opción para el novio y el novio, y para la novia y la novia.

Luego se planteó el tema de la despedida de soltero. Al tratarse de dos hombres, la celebramos juntos. La mujer de un amigo heterosexual le había prohibido las despedidas de soltero, porque tiempo atrás habían sido una causa de conflictos... pero no puso ninguna objeción al tratarse de una despedida de soltero gay.

Todo lo demás se desarrolló sin problemas. Mike y yo nos casamos bajo el tradicional *chuppah*, o palio nupcial, sostenido por cuatro firmes postes por encima del *binah*, o altar, donde se celebran las bodas en una sinagoga. Todos nuestros familiares y amigos estaban allí, y sentimos todo su amor y su apoyo. Queríamos ser sinceros con respecto a nuestro amor y nuestro compromiso. Queríamos tener nuestro lugar en el mundo, ¡y lo conseguimos por nosotros mismos!

Hay una canción estupenda, escrita por Fred Small, que se titula *Everything Possible*. Solía cantarla un grupo formado por gays y lesbianas llamado The Flirtations, que ya se disolvió. La pongo al final de mis talleres, porque creo que es aplicable a todos nosotros. La incluyo a continuación, con la letra íntegra:

> Hemos quitado la mesa y guardado las sobras
> Hemos lavado y secado los platos
> Te he contado una historia y te he arropado
> Al final de tu ajetreado día
> Mientras la luna navega para guiar tu sueño
> A través del mar de medianoche
> Te cantaré una canción que nadie cantó para mí
> Puede que te sirva de compañía
>
> Puedes ser quien deseas ser
> Puedes amar a quien quieras
> Puedes viajar adonde tu corazón te lleve
> Y saber que seguiré amándote
> Puedes vivir tu vida, hacer amigos donde sea
> Puedes elegir a alguien especial
> Y la única medida de tus palabras y tus hechos
> Será el amor que dejas tras de ti cuando estás cansado

Hay chicas fuertes y valientes
Hay chicos tranquilos y agradables
Hay algunos que van por delante y otros que les siguen
Algunos hacen su camino a su ritmo
Hay mujeres que aman a otras mujeres, y hombres que aman a otros hombres
Algunos educan a sus hijos, otros no
Puedes soñar todo el día sin llegar a pensar nunca
Que todo es posible para ti

No te dejes confundir por nombres, burlas ni juegos
Pero busca los espíritus auténticos
Si les das a tus amigos lo mejor de ti
Ellos harán lo mismo por ti

Nadie me ha cantado nunca esta canción, pero ahora me la canto a mí mismo. Y se la cantaré a mis sobrinos, Jacob y Zachary. Todos necesitamos escuchar estas palabras.

Agradecimientos

Este libro está dedicado a Mike Cramer, mi pareja, con quien he vivido y aprendido estos diez consejos, y cuyo amor y paciencia han sido mi sostén. Él ha sido un ejemplo de integridad, confianza y compromiso, y me ha enseñado el verdadero significado de la familia. Él ha hecho del mundo un lugar seguro para mí.

A Jim Gerardi, que me animó a escribir el libro y a empezar su redacción, y a Alan Semonian, cuyos consejos y amistad han significado tanto para mí.

Quiero dar especialmente las gracias a mi querida hermana, Lisa Kort-Jaisinghani y a su familia, sobre todo a mis sobrinos: Jacob, Zachary y Noah, cuya dulzura es una bendición para mí.

A Barb Shumard, asistente social, cuya supervisión y guía me permitieron madurar y crecer como terapeuta y ayudar a los pacientes que solicitaron mis servicios.

A Lynn Grodzki, asistente social, cuyos consejos y enseñanzas pusieron los cimientos para que yo pudiera escribir este libro.

Les estoy especialmente agradecido a todos los hombres y parejas gays cuyo valeroso trabajo he tenido el privilegio de presenciar. He tenido el honor de formar parte de sus vidas y de ayudarles a convertirse en unos gays extraordinarios que ahora forman parte de la comunidad. He aprendido mucho de ellos. Gracias a todos.

Finalmente, quiero darle las gracias a mi suegra, Lee Cramer, que ya no está entre nosotros para leer este libro terminado y que fue una de las personas que más me animó cuando tomé la decisión de escribirlo.

Títulos de la Colección
G

Identidad y diferencia
Juan Vicente Aliaga
José Miguel G. Cortés

Galería de retratos
Julia Cela

El libro de los hermosos
Edición de Luis Antonio de Villena

En clave gay
Varios autores

Lo que la Biblia realmente dice sobre la homosexualidad
Daniel H. Helminiak

hombres de mármol
José Miguel G. Cortés

Hasta en las mejores familias
Jesús Generelo

De Sodoma a Chueca
Alberto Mira

La marginación homosexual en la España de la Transición
Manuel Ángel Soriano Gil

Sin derramamiento de sangre
Javier Ugarte Pérez

Homosexualidad: secreto de familia
Begoña Pérez Sancho

10 consejos básicos para el hombre gay
Joe Kort